ZHISHICHANQUAN YUNYING
RONGZI YU PINGGU

知识产权运营
融资与评估

王悦　张丽瑛◎著

知识产权出版社
全国百佳图书出版单位

图书在版编目（CIP）数据

知识产权运营融资与评估/王悦，张丽瑛著 . —北京：知识产权出版社，2017. 12

ISBN 978 – 7 – 5130 – 5383 – 9

Ⅰ. ①知… Ⅱ. ①王… ②张… Ⅲ. ①知识产权—评估 Ⅳ. ①D913. 04

中国版本图书馆 CIP 数据核字（2017）第 324216 号

责任编辑：徐家春　　　　　　　　　　责任印制：孙婷婷

知识产权运营融资与评估

ZHISHICHANQUAN YUNYING RONGZI YU PINGGU

王　悦　张丽瑛　著

出版发行：**知识产权出版社** 有限责任公司	网　　址：http：//www. ipph. cn	
社　　址：北京市海淀区气象路 50 号院	邮　　编：100081	
责编电话：010 – 82000860 转 8573	责编邮箱：xujiachun@ cnipr. com	
发行电话：010 – 82000860 转 8101/8102	发行传真：010 – 82000893/82005070/82000270	
印　　刷：北京中献拓方科技发展有限公司	经　　销：各大网上书店、新华书店及相关专业书店	
开　　本：787mm×1092mm　1/16	印　　张：21. 25	
版　　次：2017 年 12 月第 1 版	印　　次：2017 年 12 月第 1 次印刷	
字　　数：380 千字	定　　价：68. 00 元	

ISBN 978-7-5130-5383 -9

前　言

　　一个国家要保持经济的持续增长，就必须克服新古典经济学中边际报酬递减的难题。要攻克这一难题就必须寻找一个能够推动经济可持续增长的发动机，大量的研究都在探索和寻找这一能够维持一国经济长期增长的发动机及维持其运转所需要的成本。以 Romer（1986，1990）为代表的内生增长理论，将新古典经济学的技术外生进行了内生化的转变，解决了推动经济可持续增长的发动机问题和保持经济长期增长的内生机制问题，进而解决了新古典经济学的边际报酬递减的难题。对于发展中国家而言，无论是生产要素外溢效应还是人力资本积累理论，内生增长的关键是使要素回报率递增，无论是水平创新还是垂直创新，从实体内部自行发生的变化，创新无疑是核心所在。

　　知识产权运营创新要在有计划的市场经济环境中，制度政策和创新偏好的激励下才能进行，这是一个研发成果进行商业化的过程，是一个获得利润回报的过程。当研发成果形成专利后，只是表明了它在法律上的独占地位，离真正的商业化生产出能够获取超额回报利润的产品还差一个"创新"的过程。对于专利的申请和保护是从制度层面对创新活动成果的保护和尊重，从而促进这些创新活动具有可持续性和长期性。

　　"十九大"报告中进一步强调"建立以企业为主体、市场为导向、产学研深度融合的技术创新体系，加强对中小企业创新的支持，促进科技成果转化。倡导创新文化，强化知识产权创造、保护、运用。"这是对创新的认可，同时也是对知识产权的保障和支持作用的认可。可见，知识产权作为一种特殊的技术生产要素，在其资产价值向经济价值的转变中，能够刺激创新并有效的保护创新成果，实现专利技术向生产力转化，在促进经济增长中起着关键性作用。

　　中国知识产权运营工作起步较晚。虽然逐步建立了以《专利法》《商标法》《著作权法》为主的知识产权法律体系，但对知识产权运营的相关工作还有所欠缺。随着市场经济的不断完善，中国知识产权日益受到重视，知识产权运营作为中国实行知识产权战略的一部分，也迎来了发展的新机遇。为贯彻落实《国务院关于新形势下加快知识产权强国建设的若干意见》和《国务院关于印发"十三五"国家知识产权保护和运用规划的通知》重要部署，深入实施专利导航试点工程，大力推广实施专利导航项目，支撑知识产权运营工作，国家知识产权局开展了一批专利运营的研究工作，我有幸近几年承担了《开展专利组合评价及与目标企业耦合度研究工作》《山东省知识产权运营模式建设》等软科学研究课题，本书在课题研究和资料收集的基础上，重点对知识产权运营中的知识产权运营理论、知识产权融资、知识产权评估和专利组合价值评估四个方面进行了深入的研究，剖析了知识产权运营中关于融资和评估这两大热点和难点的问题，提出了自己的见解和思路，为进一步完善知识产权运营的理论体系添砖加瓦。

在本书的写作过程中得到了业内专家、领导、学者的帮助和支持，在此一并致谢！特别感谢国家知识产权局专利管理司领导给予的大力支持；感谢山东省知识产权局领导提供的资料和支持；感谢济南大学教授贾军博士、济南大学教授高霞博士和山东师范大学教师代丽华博士对本书的贡献；感谢联想集团、中兴通讯、青岛橡胶谷集团、山东星火知识产权服务有限公司提供了大量研究资料；感谢国家专利导航试点工程（江苏）研究基地主任陆介平教授对本研究提出的中肯意见；感谢我的研究生团队对本书的校审做的大量工作；感谢陆彩云主编、徐家春编辑为本书的出版所付出的巨大努力！

本书虽倾尽作者心血，但难免有所疏漏和不足，还望读者批评指正，我们希望有更多关心、关注知识产权运营的专家、学者与我们一起交流，分享思想和观点，为知识产权事业的发展共同努力。

王 悦

2017 年 11 月

目　录

第一篇　知识产权运营理论

第二篇 知识产权融资

第三篇 知识产权评估

第四篇　专利组合价值评估

第一篇

知识产权运营理论

第1章　知识产权运营概述

1.1　中国知识产权运营的背景

中国知识产权工作起步较晚，随之而来的是知识产权运营工作也相对较晚。虽然逐步建立了以《专利法》《商标法》《著作权法》为主的知识产权法律体系，但知识产权运营的相关工作还有所欠缺。随着市场经济的不断完善，中国知识产权日益受到重视，知识产权运营作为中国实行知识产权战略的一部分，也迎来了发展的新机遇。

1.1.1　中国知识产权运营平台建设的现实意义

1. 建设创新型国家的保障

创新是一个民族进步的灵魂，建设创新型国家一直是中国的目标，建立"创新保护和鼓励机制"是建设"创新型国家"的关键，知识产权就是保护创新成果的最坚强保障。创新成果的知识产权化，对于完善中国知识产权法律、规范知识产权市场，重视创新、提升科技实力等诸多方面具有十分重要的引领指导作用；另外，在"大众创业、万众创新"的背景下，知识产权保护和运营成为双创支撑服务体系的一部分。可见无论是保护创新成果，还是激励大众的创新积极性，都离不开知识产权的保障和支撑作用。但中国知识产权市场存在松而散、缺乏知识产权运营平台的问题，知识产权运营可通过收购或自主研发专利技术并开展许可、转让、作价入股、专利池集成运作等一系列运营服务实现其资产价值向经济价值的转变。在知识产权运营过程中，一是能整合知识产权资源，二是能刺激创新并有效地保护创新成果，三是能实现专利技术向生产力的转化，四是能促进经济增长。总的来说，知识产权作为一种特殊的技术生产要素，更需要通过良好的平台来运营，这不仅可以达到知识产权的作用最大化，还能满足创新驱动发展战略的要求，更是建设创新型国家的保障。

2. 建设知识产权强国的需要

知识产权强国是具有强大知识产权硬实力和软实力的国家。中国已经是一个知识产权大国，但显然还不是知识产权强国。自从 2014 年提出知识产权强国建设，中国已在知识产权保护、知识产权人才培养等方面取得很大成绩。然而，中国知识产权信息化建设仍存在"重复建设，没有形成有效的集成和共享机制""社会对知识产权信息的重要价值认识不够，运用知识产权信息的能力不强""现有的知识产权数据库建设和服务网络远不能满足创新活动的需要，公众缺乏获取知识产权信息的权威、高效、便捷的手段"等问题，❶亟需通过建设知识产权运营平台来解决这些问题。知识产权运营平台的优势一是整合了知识产权资源，尤其是将专利集合在一起，这样不仅可以提高检索效率，更降低了重复建设的成本；二是可以实现区域内甚至区域间的知识产权资源共享，大大提高知识产权信息利用水平；三是开放服务程度高，知识产权运营平台面向大众、服务大众，便于公众获取权威的知识产权信息。从以上三个优势方面而言，知识产权运营平台是建设知识产权强国的需要。除此之外，知识产权运营平台还可通过优化知识产权环境、加强知识产权能力、提升知识产权经济绩效等途径来更有力地推进知识产权强国建设。

3. 实现知识产权价值的要求

一方面，知识产权作为具有商业价值的智力资本，已成为间接或直接作用于生产的重要资源，并被国际社会普遍看作国家发展的战略性资源和国际竞争力的核心要素。作为一种特殊的生产要素，知识产权本身就具有一定的价值，但是只有把技术转化为生产力才能实现其最根本的价值，服务于经济社会发展，知识产权同样如此。知识产权运营平台可以通过授权、转让等方式将知识产权推送到市场中去，也可以通过质押融资等方式解决资金问题，从而进一步提升知识产权转化为生产的能力。另一方面，知识产权的重要性在全社会的认可度越来越高，在知识产权运营领域，全社会的参与度高涨，尤其是在企业竞争中更是被作为一种核心竞争力，而企业作为知识产权运营最重要的主体，在通过知识产权运营获得资金以及遏制竞争对手发展上更加得心应手，比如，联想集团、华为集团和小米公司都在知识产权运营方面实施了知识产权运营战

---

❶ 冯晓青. 中国知识产权信息网络平台建设研究 [J]. 湖南大学学报（社会科学版），2013（3）：137－142.

略，这说明知识产权在企业和市场竞争中日益得到重视，同时也成为推进中国实施知识产权运营战略的内在要求。

1.1.2　中国知识产权运营平台建设的政策保障

1. 国民经济和社会发展计划中的知识产权

"五年计划"是国民经济发展规划的一部分，主要是对全国重大建设项目、生产力分布和国民经济等做出规划，为国民经济发展远景规定目标和方向。知识产权是"五年计划"的内容之一，"五年计划"为知识产权提供了政策保障，可以从中探讨知识产权的发展历程，见表1.1。

表 1.1　五年计划中的知识产权

时期	五年计划	次数（次）	要点内容
1991—1995 年	"八五"计划	1	● 保护知识产权
1996—2000 年	"九五"计划	2	● 加强知识产权保护 ● 打击侵犯知识产权的违法犯罪行为
2001—2005 年	"十五"计划	2	● 在主要行业形成若干拥有自主知识产权的大公司和企业集团，依法保护知识产权
2006—2010 年	"十一五"规划	14	● 加大知识产权保护力度 ● 形成一批拥有自主知识产权的知名品牌 ● 发展专利、商标、版权转让与代理、无形资产评估等知识产权服务
2011—2015 年	"十二五"规划	9	● 加大知识产权执法力度 ● 技术开发平台 ● 技术创新服务平台建设 ● 实施知识产权质押等鼓励创新的金融政策 ● 加强知识产权的创造、运用、保护和管理
2016—2020 年	"十三五"规划	8	● 强化知识产权司法保护 ● 建立技术转移和服务平台 ● 加强各类技术交易平台建设 ● 建设知识产权运营交易和服务平台 ● 建设知识产权强国

注：1. "五年计划"在"十一五"之后改为"五年规划"；

　　2. 次数是指"知识产权"一词在每个"五年计划"内容中出现的频数。

20 世纪 90 年代初，伴随着改革开放的不断深入，知识产权也日益受到重视，保护知识产权被首次写入《中华人民共和国国民经济和社会发展十年规划和第八个五年计划纲要》当中，这标志着中国知识产权工作迈上了新台阶。在这之前，中国分别在 1982 年和 1984 年通过了《中华人民共和国商标法》和《中华人民共和国专利法》，这两部法律奠定了知识产权法的基础，也成为保护知识产权的法律依据。从表 1.1 可以看出，知识产权保护工作经历了"保护知识产权→加强知识产权保护→依法保护知识产权→加大知识产权保护力度→加大知识产权执法力度→强化知识产权司法保护"的历程，在不同时期、不同层面上知识产权保护依然是重点工作。另外，"十一五"规划明确提出要发展专利、商标、版权转让与代理、无形资产评估等知识产权服务，更在"十二五"规划中首次指出实施知识产权质押等鼓励创新的金融政策，这表明知识产权作为一种特殊的生产要素参与社会经济发展得到认可。值得一提的是，"十三五"规划中更加明确地提出要建设知识产权运营交易和服务平台，知识产权运营平台被推向了历史前沿并为中国知识产权工作指明了新方向。如果把"八五"计划作为知识产权的起点，那么在经历了后续四个五年计划的发展之后，"十三五"规划标志着知识产权将成为国家战略的重中之重。

2.《国家知识产权战略实施推进计划》中的知识产权

《国家知识产权战略实施推进计划》（以下简称《推进计划》）是在国务院统一领导下，国家知识产权战略实施工作部际联席会议 28 家成员单位每年精心制定的年度战略实施推进计划，是对《国家知识产权战略纲要》的完善和发展，二者之间形成了纲与目的关系。通过对《推进计划》的落实，知识产权工作步步深入，已在全国范围内建立起了较为完善的战略实施体系，见表 1.2。

表 1.2　2009—2016 年《国家知识产权战略实施推进计划》一览表

时间	要点内容
2009	• 把提升企业知识产权创造、运用、保护和管理能力作为重要内容 • 发挥法律服务在知识产权创造、运用、保护、管理等方面的职能作用 • 加快知识产权信息平台和知识产权信息服务平台建设 • 鼓励知识产权转化运用，版权贸易平台，专利技术展示交易平台计划
2010	• 鼓励知识产权创造和运用，提高自主知识产权水平 • 搭建知识产权交易平台，加强战略实施平台建设

续表

时间	要点内容
2011	• 推进知识产权创造和运用，加强知识产权战略信息平台建设 • 动漫公共技术服务平台和战略性新兴产业专利信息服务平台建设 • 开展全国专利运用与产业化公共服务平台体系建设
2012	• 促进知识产权转化运用，推动知识产权成果产品化、商品化和产业化 • 推进农业领域知识产权转化，积极探索农业科技专利质押融资业务 • 专利技术交易平台和专利质押融资公共服务平台 • 文化艺术资源信息平台建设
2013	• 强化企业知识产权运用主体地位，推动知识产权市场化运营 • 搭建 20 个知识产权投融资服务平台，信息共享平台 • 加强知识产权战略实施工作体系和平台建设
2014	• 提升知识产权运用效益，农业知识产权平台建设 • 在 2～3 个产业关键技术领域培育专利储备运营项目 • 推进知识产权公共信息服务平台建设，海外知识产权信息平台建设
2015	• 知识产权运营公共服务平台，知识产权金融创新特色试点平台 • 专利运营机构和专利运营公司，国家专利运营试点企业 • 建设木地板等专利联盟和林业知识产权服务平台
2016	• 建设全国知识产权运营公共服务平台 • 专业化知识产权运营企业，重点产业知识产权运营基金试点

《国家知识产权战略实施推进计划》（以下简称《推进计划》），在完善知识产权制度，促进知识产权创造和运用以及加强知识产权保护等方面皆取得显著成绩。就促进知识产权创造和运用而言，连续八年的推进计划涉及了知识产权信息平台、知识产权交易平台、动漫公共技术服务平台、战略性新兴产业专利信息服务平台、专利质押融资公共服务平台以及农业、林业、海外、国防等多领域、较为全面的知识产权公共服务平台建设，尤其是在 2015 年，推进计划中提到在北京建立知识产权运营公共服务平台，首次提出了"知识产权运营"的概念，2015 年也被许多业内人士称之为中国知识产权运营元年。到 2016 年推进计划就明确指明要建设全国知识产权运营公共服务平台并引导社会资本设立各类知识产权运营基金，在政策保障的大背景下，中国知识产权运营工作迎来了新的里程。

3. 国家层面有关知识产权的相关政策

知识产权在中国的发展尚处于起步阶段，但知识产权的作用早已不言而喻，为保护以及促进知识产权的发展使其更好的服务于社会经济，中国近年来对其重视程度也越来越高。在国家政策文件上的体现是其出现的频率越来越多，涉及范围越来越大，已上升到国家战略的高度，近年来有关知识产权方面最主要的国家政策文件见表1.3。

表1.3 国家政策文件中的知识产权一览表

时间	政策文件	要点内容
20008 年 6 月	《国家知识产权战略纲要》	● 完善知识产权制度，促进知识产权创造和运用 ● 加强知识产权保护，防止知识产权滥用
2010 年 4 月	《国家中长期人才发展规划纲要（2010—2020 年）》	● 促进知识产权质押融资，完善知识产权、技术等作为资本参股的措施 ● 实施国家知识产权战略，加强专利技术运用转化平台建设
2014 年 12 月	《深入实施国家知识产权战略行动计划（2014—2020 年）》	● 推动专利联盟建设，建立具有产业特色的全国专利运营与产业化服务平台 ● 促进专利运营业态健康发展 ● 建立公益性和市场化运作的专利运营公司
2015 年 6 月	《关于大力推进大众创业万众创新若干政策措施的意见》	● 加强创业知识产权保护，积极推进知识产权交易，加快建立全国知识产权运营公共服务平台 ● 知识产权估值、质押融资、证券化、专利保险
2015 年 10 月	《关于进一步加强知识产权运用和保护助力创新创业的意见》	● 重点产业知识产权运营基金，重点领域知识产权联盟建设 ● 完善知识产权运营服务体系
2015 年 12 月	《关于新形势下加快知识产权强国建设的若干意见》	● 构建知识产权运营服务体系，加快建设全国知识产权运营公共服务平台 ● 深入开展知识产权质押融资风险补偿基金和重点产业知识产权运营基金试点
2016 年 3 月	《关于深化人才发展体制改革的意见》	● 加强创新成果知识产权保护 ● 完善知识产权质押融资等金融服务机制，为人才创新创业提供支持

续表

时间	政策文件	要点内容
2016 年 5 月	《国家创新驱动发展战略纲要》	• 提高海外知识产权运营能力 • 加快建设知识产权强国 • 引导支持市场主体创造和运用知识产权，促进创新成果知识产权化
2016 年 7 月	《国家信息化发展战略纲要》	• 加强专利与标准前瞻性布局，完善覆盖知识产权、成果转化等环节的公共服务体系 • 完善技术入股、股权期权等激励方式，建立健全科技成果知识产权收益分配机制。
2016 年 8 月	《"十三五"国家科技创新规划》	• 知识产权证券化试点、股权众筹融资试点 • 建立知识产权质押融资市场化风险补偿机制，简化知识产权质押融资流程

2008 年，《国家知识产权战略纲要》的颁布标志着中国知识产权工作正式步入正轨，最早奠定了中国知识产权发展的基础，是在较长一段时间内指导中国知识产权事业发展的纲领性文件。此后，中国知识产权领域的各项政策文件都是以此为蓝本，最早奠定了中国知识产权发展的基础。后续的相关政策陆续从知识产权人才、知识产权制度、知识产权服务、知识产权保护、知识产权金融等方面做出了补充。在 2014 年出台的《深入实施国家知识产权战略行动计划（2014—2020 年）》中首次出现了"专利运营"；在 2015 年出台的三份文件中都出现了"知识产权运营公共服务平台"，知识产权运营平台上升到国家战略的同时，知识产权强国建设也被纳入国家知识产权战略计划当中。在此基础上，2016 年，知识产权的成果转化、知识产权证券化以及知识产权质押融资等方面也日益成为知识产权工作重点，有效的推动了知识产权运营平台建设。

综上所述，中国知识产权运营既是建设创新型国家的保障，又是知识产权强国建设的需要，还是实现知识产权内在价值的要求；另外，在政府的国民经济和社会发展计划、国家知识产权战略实施推进计划和其他相关知识产权政策中也可以看出政府对知识产权的重视和政策上的大力支持。基于以上所述环境，中国知识产权运营受到了前所未有的关注，迎来了发展的大好时机，其发展前景广阔，但究竟该如何发展、能发展到什么程度、发展中会遇到什么样的问题更是我们需要关注的重点。

1.2　知识产权运营的基本概念

1.2.1　知识产权相关概念及特点

1. 知识产权概念的界定

知识产权包含着两个要素，知识和产权。因此，对这两个要素的理解是确定这一概念的基础。知识是人类在实践中认识客观世界的成果，其概念在不同的经济发展阶段也是不同的，在现今的经济环境里，知识已经成为与资本、人力、劳动资料、劳动工具等并重的生产要素，不再是资本的辅助物，而是成为产出的决定性因素。产权是指"法定权利的客体，它把占有和财富结合在一起，通常强烈意味着个人的所有权，在法律上这个词指人与人之间对物的法律关系综合。"其基本的含义，即产权是人们对财产使用的一束权利。因此，我们认为知识产权是指"权利人对其所创作的智力劳动成果所享有的专有权利"。

对知识产权的概念同样也是众说纷纭，涉及知识产权的两个重要的国际文件，《建立世界知识产权组织公约》和《与贸易有关的知识产权协议》以列举的形式界定了知识产权的范围。

《建立世界知识产权组织公约》是 1967 年斯德哥尔摩的外交会议上缔结的，由此成立了"世界知识产权组织"（WIPO）。1980 年中国加入该组织。该公约的第 2 条（8）款就是知识产权的定义，按照这一定义，知识产权包括：与文学、艺术及科学作品有关的权利，即版权；与表演艺术家的表演活动、与录音制品及广播有关的权利，即邻接权；与人类创造性活动一切领域内的发明有关的权利，即专利发明、实用新型和非专利发明；与科学发现有关的权利；与工业品外观设计有关的权利；与商品商标、服务商标、商号及其他商业标记有关的权利；与防止不正当竞争有关的权利；一切其他来自工业、科学及文学艺术领域的智力创作活动所产生的权利。

世界贸易组织在 1994 年签订了《与贸易有关的知识产权协议》，在协议中以列举的方式指出了知识产权的范围：版权与邻接权；商标权；地理标志权；工业品外观设计权；专利权；集成电路布图设计权；未披露过的信息专有权。

而根据《中华人民共和国民法通则》第 5 章第 3 节第 94~97 条界定，知识产权包括：著作权（或版权）（第 94 条）、专利权（第 95 条）、商标专用权（第 96 条）、发现权、发明权和其他科技成果权（第 97 条）❶。

2. 知识产权的特性

知识产权作为一种独特的产权形式，也具有一些独特的特性。我们将知识产权的主要特性归纳为无形性、专有性、地域性和时效性四个方面。

无形性是知识产权最重要的特点。无形的特点使知识产权与一切有形财产及就有形财产而享有的权利分开。比如，房屋是一项有形财产，它的所有者可以转卖、出借或出租，无论如何行使权利，标的物均是房屋。对于一项知识产权，比如专利权，其所有人行使权利转让它时，表现为是制造专利产品的"制造权"，也可能是销售某种专利产品的"销售权"。"无形"这一特点，使知识产权在保护、交易及计价等方面都显得更加复杂。

专有性即独占性或垄断性；除权利人同意或法律规定外，权利人以外的任何人不得享有或使用该项权利。这表明权利人独占或垄断的专有权利受严格保护，不受他人侵犯。专有性并不是知识产权所独有，有形财产权也具备。但知识产权的专有性与有形财产的不同之处主要有两点。第一，侵权时的行为表现不同。如果是有形财产的侵权，常常表现为取他人之物等明显的行为。知识产权的侵权行为，则常常表现为与他人共享，并且经常表现为更加方便，更加快捷。第二，知识产权的专有性更复杂。如两个人可以同时分别拥有两栋相同的房屋，而不能由两个人同时分别拥有相同的专利。比如说两人分别做出完全相同的发明，分别申请专利，却只能由其中一个人获得专利权。

知识产权一般只在其申请权利的地域有效。这个特点主要也是和有形财产对比来谈的。比如一个中国人在中国拥有一个皮箱，带到美国后，这个皮箱也是这个中国人的，而不能变为公共物品。但是一项专利权在中国申请后，未在美国申请，在美国就不享受保护，而是公共财产。

时间性是指知识产权在法律上存在着有效期，即只在规定期限保护。对于有形财产来说，人们对它享有的所有权是以物的存在为前提的，当物不存在，所有权也就随之消失了。但是知识产权是无形的，不以物的灭失为转移，在这一层面上讲知识产权是永恒的，但是这项权利既然是法律赋予的，法律也同样为知识产权的存续规定了时间。法律对各项权利的保护，都规定有一定的有效期，各国法律对保护期限的长短可能一致，也可能不完全相同，只有参加国际

---

❶　360 百科"知识产权"，http：//baike. so. com/doc/5366160 - 5601865. html.

协定或进行国际申请时，才可能会对某项权利有统一的保护期限。

知识产权的无形性会导致对知识产权的侵犯更加容易，隐蔽，因此对知识产权的保护也将更加复杂。专有性虽然是知识产权和有形财产权共有的特性，但表现方面有所差异。而地域性和时效性也使得知识产权在特性上迥异于有形财产。

1.2.2　知识产权运营的基本概念

知识产权运营包含知识产权和运营两个部分，其中知识产权是基础，运营是核心。围绕知识产权的概念研究归纳起来主要有两种观点，一是以郑成思教授为代表的学者认为，知识产权指的是人们可以就其智力创造的成果依法享有的专有权利❶；二是以刘春田教授为代表的学者认为，知识产权是基于创造性智力成果和工商业标记依法产生的权利❷。这两种观点尽管对知识产权一词的字面表达不同，但在对其内涵的理解上基本是一致的，都认为知识产权是人们对创造性智力成果依法享有的权利。运营，从字面理解就是运作经营的意思，那么知识产权运营就是在知识产权的基础上进行商业性的运作经营，直接目的是获取经济价值。

知识产权运营是知识产权价值经营活动的集合，通过买卖（许可与转让）、产业化投资、作为资产投资、质押、证券化等获得财产收益的专业化管理❸；国家知识产权局在部署知识产权运营试点企业工作时，给出的知识产权运营的定义是："知识产权运营指以实现知识产权经济价值为直接目的的、促成知识产权流通和利用的商业活动行为。具体模式包括知识产权的许可、转让、融资、产业化、作价入股、专利池集成运作、专利标准化等，涵盖知识产权价值评估和交易经济，以及基于特定专利运用目标的专利分析服务"❹；黄春花从企业角度认为知识产权运营是指以实现企业知识产权价值最大化为目的，在知识产权创造、知识产权保护和知识产权资产经营等阶段完成知识产权的价值创造、价值提取和价值实现的过程，配合企业知识产权运营策略，提高企业的经济效益❺；冯晓青则指出知识产权运营是企业竞争的核心，企业基于

❶　郑成思. 知识产权论［M］. 北京：社会科学文献出版社，2007.
❷　刘春田. 知识产权法［M］. 北京：高等教育出版社，2007.
❸　解读《淄博市知识产权运营试点实施方案》［Z］. 淄博市知识产权局，2015，11.
❹　李春成. 简谈知识产权运营之一：谁是运营主体［N］. 知识产权日报，2016 - 2.
❺　黄春花. 经济学视角下企业知识产权运营初探［D］. 暨南大学，2012.

市场环境、技术环境和社会环境的变化，灵活地选择知识产权实施策略，通过知识产权有效运营创造价值并实现企业知识产权的增值❶。

知识产权包括专利权、著作权、商标权等，知识产权运营可以表述为权利人或相关市场主体通过采取一定的商业运营模式实现上述知识产权由"权"到"钱"的转变，即"知识产权"转化为"知识产钱"，其运营模式有知识产权的许可、转让、质押融资、证券化等形式。知识产权运营的直接目的是获取经济价值，这也是本文主要考察的范畴。

1.3　知识产权运营的核心要素

知识产权运营以知识产权为基础，对于知识产权的理解可以分为主体与客体，知识产权运营也同样如此，也有主体与客体之分，二者共同构成了知识产权运营的核心要素。另外，知识产权运营作为一个新兴产业，离不开法律、人才、政策等外部环境的支持，所以把知识产权运营的外部环境列为知识产权运营的第三大核心要素❷。

1.3.1　知识产权运营主体

知识产权主体是知识产权的权利所有人，包括著作权人、专利权人、商标权人等。而知识产权运营的主体是知识产权的权利所有人或相关市场主体，包括企业、高等院校、科研机构、政府和中介机构等。知识产权运营的主体构成了知识产权运营的基本类型。

企业、高等院校和科研机构既可以作为知识产权的权利所有者，又可以作为知识产权运营的主体，具有双重性，同时拥有中介机构无法比拟的优势，主要表现在，一是作为知识产权的权利所有者，能够对研发的成果有全方位的了解，包括对其研发难度、研发成本、应用领域的定位、实际价值与市场价值的估算等方面都掌握着最真实的资料，使其在知识产权运营过程中处于主导地位；二是作为知识产权的运营者，也是知识产权的供给方，在充分了解技术成果的基础上便于寻找需求方，提高交易效率，降低交易成本，也可针对不同的竞争者和需求方采取灵活的运营策略，以便实现经济价值最大化。政府和中介

❶ 冯晓青. 中国企业知识产权运营战略及实施研究 [J]. 河北法学，2014，10 (32)：11 – 13.
❷ 谢旭辉，郑自群. 知识产权运营之触摸未来 [M]. 电子工业出版社，2016：56 – 59.

机构虽然不是知识产权的发明者，但作为知识产权的运营者，一方面可通过强大的经济实力汇集知识产权资源，形成规模效应从而为知识产权运营打下坚实的后备基础；另一方面，知识产权运营的关键在于"运营"，政府和中介机构在"先天不足"的前提下，拥有更优质的服务能力和更专业的运营模式是其立足市场的有力武器。在知识产权价值日益凸显的情形下，知识产权运营主体也相继出场，各显神通，大放异彩，为知识产权运营市场注入了活力。

知识产权作为一种无形资产是企业综合实力的体现，已经成为企业的核心竞争力。狭义上讲，知识产权运营的主体就是指企业。广义上看，知识产权运营的主体还包括除企业以外的其他单位或机构。因为企业在建设创新型国家、建设知识产权强国、实施知识产权战略中都处于主体地位，另外高等院校、科研机构、政府和中介机构在进行知识产权运营过程中或多或少的都与企业有着千丝万缕的联系，可以说企业是知识产权运营的第一主体。企业规模不同、发展阶段不同所采取的知识产权运营策略也就不同。就处于发展初期的小规模企业而言，应当明确企业知识产权运营战略，其知识产权运营策略应当集中在知识产权的保护、许可和转让等简单的运营模式上，让知识产权运营逐步成为一种必要并逐渐积累经验；就处于成熟期的大规模的企业而言，在具备了一定的实力后，其运营策略应当从简单的许可、转让向知识产权研发、知识产权质押融资、知识产权产业化以及标准化等高层次的知识产权战略转变，以期实现知识产权资产价值的最大化运营。除此之外，不同行业，不同类型的企业所采取的知识产权运营模式也千差万别，文化创意企业进行知识产权运营的重点在于交易和价值评估，而产品制造型企业的重点在于技术研发并将其转化为生产力。

如果说企业进行知识产权运营的内在动力是谋求发展并获取经济价值，那么高等院校和科研机构的内在动力就是为了追求社会价值和自身价值的统一。正是这一特殊群体在这种特殊的内在动力激励下，高等院校和科研机构成为中国知识产权重要的发明创造者，其发明创造的知识产权更是被企业所青睐。而对于绝大多数高等院校和科研机构而言，对知识产权运营的了解还停留在低层面，相当长一段时间内高等院校和科研机构只是把研究成果简单地进行成果转化和转移转让，伴随着知识产权市场的逐步规范和国家对知识产权的日益重视，知识产权许可、转让、作价入股等知识产权运营模式才逐渐受到重视。

知识产权运营并不只是简单地进行知识产权的许可、转让与买卖，更包含知识产权的评估、担保、服务、交易等配套模式，传统的知识产权运营主体像企业、科研机构等很难满足知识产权运营市场的需要，所以知识产权运营的中介机构应运而生。知识产权运营的中介机构主要包括知识产权运营的专业组织、运营平台和服务机构三大部分。其中，知识产权运营的专业组织是指由政府资金引导、社会资本参与的运营基金和主要由企业出资主导的市场化运营基金两种殊途同归的专业化非实施知识产权运营实体。前者如北京市重点产业知识产权运营基金等，后者如七星天海外专利运营基金等，设立运营基金的实质是通过知识产权的股权融资来解决中小科技型企业融资难问题以及促进国内知识产权国际化；知识产权运营平台主要是为知识产权供需双方提供便利的交易信息、交易场所等在内的一站式服务组织，有线上线下两种运营平台，主要有中国技术交易所、北方技术交易市场和浙江网上技术市场等；知识产权运营服务机构是为企业、高等院校和科研机构等主体提供知识产权运营服务的中介组织，比如知识产权评估机构、知识产权质押融资机构、知识产权托管服务机构和知识产权运营咨询服务机构等，这些中介机构的从业人员有着极专业的背景，其服务机构更市场化，能针对知识产权市场的不同需要提供不同服务，是知识产权运营市场中不可或缺的一部分。

与其说政府是知识产权运营的主体，不如说政府是开展知识产权运营工作强有力的支持者和引导者。知识产权作为具有商业价值的智力资本，已成为间接或直接作用于生产的重要资源，并被国际社会普遍看作国家发展的战略性资源和国际竞争力的核心要素。所以知识产权不只是企业的核心竞争力的体现，更是一国国际竞争力的体现，再加上中国目前创新资源分散、科技成果模式单一、效率低下、市场分割等问题仍阻碍中国的知识产权运营事业发展，尤其是当前企业海外诉讼风险，像华为的海外诉讼案，这些严峻形势严重阻碍了国内企业参与国际化竞争的进程，亟需知识产权运营的"扛旗者"来规划与指导中国知识产权运营工作的发展。知识产权运营是一项关乎国家经济命脉，庞大长久的事业，具有投资大、见效慢、范围广、时间长、风险高、收益大的特性，正是由于这些特性的存在，所以也只有政府才能扛起知识产权运营的大旗，才能在立足实际、总揽全局的原则上推进中国知识产权运营工作健康有序的发展。珠海横琴国际知识产权交易中心便是政府作为知识产权运营主体的最具代表性的平台，该平台以政府为主导，承担国家知识产权运营横琴金融与国际特色试点平台的建设运行任务，是全国首个知识产权运营特色试点平台。国家横琴平台的发展愿景是成为具有国际影响力、国内一流的生态型知识产权交易平台，致力于建设成为全球知识产权资产集散地、知识产权金融创新策源地、知识产权服务资源整合者、企业知识产权高级管家、知识产权人才摇篮与高端智库。除此之外，政府作为支持者和引导者，在制定政策和设立知识产权运营风险补偿金、知识产权运营基金等方面政绩斐然。尤其是在引导企业和企业之间，企业和高等院校、科研机构之间，企业和中介机构之间，高等院校、科研机构和中介机构之间开展知识产权运营实践方面也发挥了巨大作用。可以说尽管中国知识产权运营工作刚刚起步，还面临着许多障碍，但在政府的统一规划与指导下，中国知识产权运营的各个主体都在有条不紊地开展工作，其前景是相当乐观的。

上述知识产权运营的各类主体并不是独立的，彼此之间也是相互联系、可以转化、密不可分的。各运营主体之间的关联如图1.1所示。

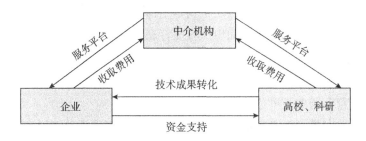

图1.1　知识产权运营主体关联图

从上图可以看出，知识产权运营主体间是相互关联的。中介机构为企业、高校、科研机构提供知识产权运营服务平台，包括咨询、知识产权评估、评价、投融资等一系列运营服务从而实现自身的经济利益；高校、科研机构可以为企业提供技术成果以转化成生产力，而企业为高校、科研机构提供研发资金等方面的支持。在这一过程中，政府发挥引导和支持的作用，共同构成知识产权运营的主体。

1.3.2　知识产权运营客体

通常所说的知识产权常分为三大类：专利权、著作权和商标权。因此，如果没有特殊情况说明，本文中有关知识产权论述只关注这三方面，同样中国知识产权运营客体通常也可以分为专利权、著作权和商标权这三大类。知识产权运营的客体主要表现在其数量方面，截至2016年年底，专利权方面，国内

（不含港澳台）有效发明专利拥有量共计 110.3 万件●。国内发明专利拥有量首次超过 100 万件。根据 2017 年 1 月 19 日，国家知识产权局在京召开新闻发布会上公布的 2016 年主要工作统计数据及有关情况来看，2016 年，国家知识产权局共受理发明专利申请 133.9 万件，同比增长 21.5%，连续 6 年位居世界首位。共授权发明专利 40.4 万件，其中，国内发明专利授权 30.2 万件，同比增长 14.5%。著作权方面，截至 2016 年年底，作品、计算机软件著作权登记量分别达到 159.9 万件和 40.7 万件，同比分别增长 18.65% 和 39.48%。商标权方面，截至 2016 年年底，受理商标注册申请 369.1 万件，同比增长 28.35%，连续 15 年居世界第一；有效商标注册量达到 1237.6 万件；中国申请人提交马德里商标国际注册申请 3014 件，同比增长 29.8%；2017 年第一季度，全国商标申请量 83.7 万件，同比增长 13.9%，商标注册量 63.6 万行，增长 35.2%；至 2017 年 3 月底，全国商标有效注册量 1293.7 万件。

仅从知识产权数量来看，毫无疑问中国是知识产权大国，而事实上中国离知识产权强国还有很长一段路要走，这也是实施知识产权运营的一个原因。中国知识产权基础资源雄厚，这也为中国知识产权运营客体提供了大量的数量支持。

1.3.3   知识产权运营环境

经济发展离不开良好的外部环境，知识产权运营的发展也同样需要良好的知识产权运营环境。以下分别从政府、社会和企业三个角度阐述知识产权运营所需要的外部环境。

政府方面，包括法律、制度和政策等环境。法律环境，在知识产权运营过程中，由于信息不对称等原因，存在逆向选择和道德风险的可能性，所以就需要立法机关制定法律来保障知识产权运营的顺利开展以降低运营风险，比如在知识产权许可和转让过程中，就需要有相关法律的支撑来消除交易过程中有可能发生的交易风险，同样在进行知识产权质押融资和担保等模式的运营时也需要相关法律的支持。制度环境，知识产权制度是智力成果所有人在一定的期限内依法对其智力成果享有独占权，并受到保护的法律制度，属于法律环境的一种，没有权利人的许可，任何人都不得擅自使用其智力成果；知识产权运营也要遵循知识产权制度，不侵犯他人合法的智力成果，中国在制度环境方面做的

● 详见网站：http：//www.sipo.gov.cn/zscqgz/2017/201701/t20170120_ 1308041.html.

工作主要包括建立了统一的知识产权登记制度，以及风险控制、资产评估、处置等制度和知识产权管理制度等，为知识产权运营提供了制度环境的保障。政策环境，政策是经济发展的导向，而知识产权政策也影响了知识产权运营的发展，从2008年，《国家知识产权战略纲要》的颁布提出"促进知识产权创造和运用"开始，到2016年连续8年制定《国家知识产权战略实施推进计划》，对知识产权运营日益重视，明确"建立全国知识产权运营公共服务平台"，加上相关政策的辅助，知识产权运营的政策环境也在逐渐完善。总体来看，政府在法律制定、制度构建和政策护航等方面为知识产权运营提供了有利的外部环境。

社会方面，包括意识形态和市场等环境。意识形态环境，随着市场经济的发展和知识产权法的普及，全社会对知识产权的法律法规已经有了较为全面的认识。最高人民法院2016年4月发布的《2015年最高人民法院知识产权案件年度报告》显示，最高人民法院知识产权审判庭2015年全年共新收各类知识产权案件759件，比2014年多278件，而且有逐年递增的趋势。这说明随着中国知识产权保护力度的不断加大，必然会有利于在全社会树立起维护知识产权的法律意识，从而净化知识产权运营的意识形态环境。市场环境，国家知识产权局副局长廖涛说"自2015年以来，国家知识产权局同财政部以市场化方式开展知识产权运营服务试点，确立了在北京建设全国知识产权运营公共服务平台，在西安、珠海建设两大特色试点平台，并通过股权投资重点扶持20家知识产权运营机构，示范带动全国知识产权运营服务机构快速发展，初步形成了'1+2+20+N'的知识产权运营服务体系。"标志着中国知识产权运营市场开始走向规范标准的发展道路。不难看出，全社会的知识产权意识形态明显提升，市场环境也越来越适应知识产权运营。

企业方面，包括人力环境和企业战略等环境。人力环境，毋庸置疑，知识产权的运营需要通过人来实现，人在运营过程中起着至关重要的作用，所以对人力的要求比较高，比如在进行知识产权投融资时，就需要具备专业知识和熟悉投融资模式并有一定的法律基础的复合型人才，以推动知识产权运营的发展。企业在引进人才或者培养人才时就要有针对性的加大对复合型人才的培养以及投入力度，从而为企业知识产权运营储备一批专业能力强和富有前瞻性的知识产权运营人才，完善企业知识产权运营的人力环境。企业战略环境，知识产权是企业之间竞争的有力武器，其发挥的价值效应很难估量，因此企业应当把知识产权上升为企业发展的一种战略高度，通过知识产权来遏制竞争对手并谋求自身的最佳经济收益。企业发展需要战略支持，而战略制定需要知识产权支撑，企业在以知识产权为核心的支撑下形成了企业专利战略、企业著作权战略、企业商标战略、企业知识产权资本运营战略等企业知识产权战略，奠定了企业战略环境的基础。企业人力环境和知识产权战略环境也成为知识产权运营环境中的有机组成部分。

知识产权运营核心要素如图 1.2 所示。

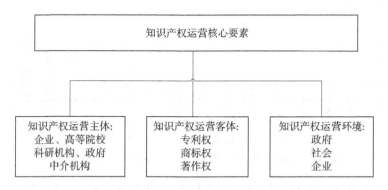

图 1.2　知识产权运营核心要素示意图

知识产权运营在中国尚属于朝阳产业，起步晚、发展慢但也受到足够的重视。现阶段，初步形成了以企业、高等院校、科研机构、政府和中介机构为主的知识产权运营主体，拥有庞大的专利数量、商标数量和著作权数量为主的知识产权运营客体，以法律环境、制度环境、政策环境、意识形态环境、市场环境、人力环境和企业战略环境为主的知识产权运营环境，知识产权运营主体、知识产权运营客体和知识产权运营环境共同组成了知识产权运营的核心要素。中国知识产权运营的核心要素在不断完善发展，中国的知识产权运营也会不断向前进步。

1.4　中国知识产权运营的基本情况

从 2008 年《国家知识产权战略》颁布实施以来，中国知识产权运营客体：专利权、商标权和著作权在质和量两个方面都有了突飞猛进的显著变化，成为中国知识产权运营的客观基础，并在全国范围内初步形成了"1 + 2 + 20 + N"的知识产权运营服务体系。

1.4.1 中国知识产权运营发展状况

1. 专利权发展状况

可以从 2003—2016 年的《国家知识产权局年报》中得出，2003—2016 年这 14 年间，中国累计受理专利 2011.88 万件，累计授权专利 1131.76 万件，如图 1.3 所示。

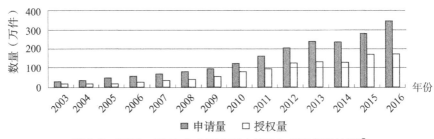

图 1.3　2003—2016 年中国专利申请量与授权量统计图❶

中国专利申请量和授权量呈现逐年递增的趋势，尤其是在 2008 年以后，递增速度逐年提升。值得注意的是，2014 年呈现轻微下降的趋势，但在 2015 之后年出现反弹迹象，2016 年，国家知识产权局共受理发明专利申请 133.9 万件，同比增长 21.5%，连续 6 年位居世界首位。这是因为在 2014 年国家出台政策，开始向发明专利倾斜。申请量和授权量的持续增长作为一种数量支撑为中国知识产权运营营造了提供了良好的发展前景。

在中国，只有发明专利需要通过实质审查，所以在某种程度上可以把发明专利数量作为衡量专利水平的高低。如图 1.4 所示，专利发明数量明显高于外观设计数量，在 2011 年之前，发明专利数量也高于实用型数量，在 2011 之后到 2013 年，实用型数量后来居上，国家知识产权局在 2013 年出台了《关于进一步提升专利申请质量的若干意见》，2014 年中国受理的发明专利申请量较上一年增长 12.5%，2015 年较上一年增长 18.7%，2016 年较上一年增长 21.5%，分别达到 92.82、110.19 和 133.9 万件。

三种专利申请的占比见表 1.4。由三种专利申请齐头并进转化为以发明专利和实用型专利为主的专利申请结构，并且逐步向发明专利倾斜，其结构也越来越得到优化。

---

❶ 国家知识产权局. 国家知识产权局年报.

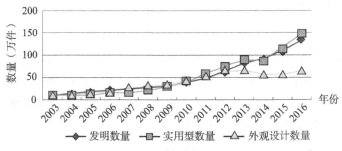

图 1.4　2003—2016 年中国各类专利申请数量统计图❶

表 1.4　2003—2016 年中国各类专利申请占比统计表❷

年份	发明占比（%）	实用型占比（%）	外观设计占比（%）
2003	34.13	35.36	30.50
2004	36.78	31.89	31.33
2005	36.38	29.31	34.31
2006	36.72	28.16	35.12
2007	35.34	26.13	38.54
2008	34.99	27.24	37.78
2009	32.21	31.82	35.97
2010	32.01	33.53	34.47
2011	32.23	35.85	31.93
2012	31.83	36.10	32.07
2013	34.71	37.54	27.75
2014	39.31	36.78	23.91
2015	39.37	40.29	20.34
2016	38.64	42.6	18.76

　　结合以上分析，中国专利发展状况在数量上有保证，在质量上有提升。专利申请重心正在从专利数量向专利质量转变，进一步为中国的知识产权运营奠定了基础。

---

❶　国家知识产权局.2016 年国家知识产权局年报.
❷　国家知识产权局. 国家知识产权局年报.

2. 商标权发展状况

国家工商总局发布《2015 中国商标战略年度发展报告》，报告显示，2015年全年商标注册申请量287.60万件，同比增长25.85%，再创历史新高，连续14年位居世界第一；截至2015年年底，商标累计申请1840.27万件，累计注册1225.40万件，有效注册商标1034.39万件。近年来国家工商总局商标局受理商标注册申请情况如图1.5所示。

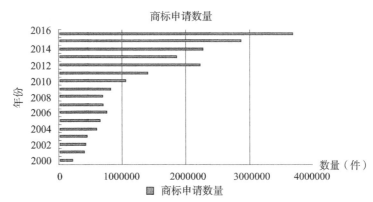

图 1.5　2000—2015 年中国受理商标注册情况统计图❶

中国商标申请数量总体上呈逐年递增的趋势，尤其是在2008年以后，递增趋势显著。但在2007年和2008年两年出现下降的趋势，其原因在于受人员限制，商标审查效率无法适应商标注册申请量飞速发展的需要，导致商标注册申请大量积压，截至2007年年底，积压量已达到180多万件，在经过2008年的调整之后，商标申请数量增多，为中国知识产权商标运营打下坚实的基础。

在商标资本化运作方面，2016年办理质权登记申请1410起，同比增长20%，帮助企业融资649.9亿元同比增长90%。在浙江省台州市试点开展注册商标专用权质权登记申请受理工作，满足地方申请人高效便捷地办理商标后续业务的需求，帮助当地中小企业解决融资难问题。这也是首次在中国商标战略年度发展报告中记录特色试点。近年来中国商标质押融资情况见表1.5。

---

❶ 国家工商总局. 2015 中国商标战略年度发展报告.

表 1.5   2011—2014 年中国商标质押融资统数据计表❶

年份	商标质权登记申请（件）	商标质押融资金额（亿元）
2011	493	133
2012	687	214.6
2013	818	401.8
2014	758	519
2015	970	288.5
2016	1410	649.9
合计	5136	2206.8

注：2016 年数据来自 http：//www. saic. gov. cn/hd/ftzb/hdzb/lxxwfbh/zbnr/201701/t20170119_ 232156. html.

2011—2016 年，中国累计商标质权登记申请 5136 件，累计商标质押融资达 2206.8 亿元。6 年间，商标质权登记申请翻了 5 倍，融资金额翻了 4 倍，增长速度较快，这足以说明，商标质押融资的知识产权运营方式正在逐步深入人心，显然成为中国知识产权运营中的一个领域，其发展前景也是可观的。

3. 著作权发展状况

随着 2011 年国家版权局颁布《关于进一步规范作品登记程序等有关工作的通知》以来，中国著作权登记数量呈现持续快速增长的态势，如图 1.6 所示。

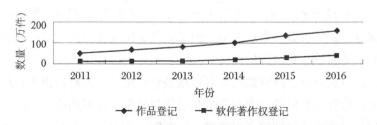

图 1.6   2011—2016 年中国作品登记与软件著作权登记数据统计❷

注：2016 年数据来自国家版权局《关于 2016 年全国著作权登记情况的通报》

结合上图来看，中国著作权主要包含作品登记和软件著作权登记。作品登记量比软件著作权登记量更明显。2011—2016 年作品登记量累计达 593.4 万件，软件著作权登记量累计达 133.1 万件。究其原因是国家对著作权的重视以

---

❶ 国家工商总局. 2011 - 2015 年中国商标战略年度发展报告.

❷ 谢旭辉，郑自群. 知识产权运营之触摸未来［M］. 电子工业出版社，2016：37.

及全社会树立起的著作权意识，这在一定程度上促进了著作权的创作，随着著作权环境的不断改善，著作权持续快速增长的态势将会继续保持下去，同专利权和商标权一样，著作权的持续增长为中国实行知识产权运营提供了著作权方面的数量支持。

近年来著作权质押融资也取得一定进展，其交易也达到了相当的规模。具体统计数据见表1.6。

表1.6 2012—2015年中国著作权质押融资统计表❶

年份	质权案件（件）	涉计数量（件）	质押金额（亿元）
2012	146	773	27.51
2013	244	1041	31.73
2014	496	1045	26.25
2015	606	1269	28.73

2012—2015年，质权案件和涉及数量每年呈现递增趋势，但质押金额反而出现下降态势，这表明中国虽然著作权质押数量方面有所提升，但是质押质量有待提高。根据中国版权保护中心著作权质权登记信息统计，2016年，全国共完成著作权质权登记327件；涉及合同数量294个，同比上升28.3%；涉及作品数量1079件，同比下降14.9%；涉及主债务金额337571.82万元，同比上升19%；涉及担保金额333914.06万元，同比上升33.4%❷。根据2016年的数据分析，质权案件虽然下降，但是质押金额却在上升，这可以表明中国正在逐渐实现由数量到质量的转变。

中国的专利数量、商标数量和著作权数量在量的方面对知识产权运营的贡献比较大，尽管专利质量、商标质量和著作权质量正在不断改善，但是仍然与知识产权运营所要求的知识产权质量有所差距，知识产权权利人和相关市场主体对加大知识产权保护、运用和管理，以及以知识产权为核心资产进行知识产权运营等方面的意识需要进一步增强。

1.4.2 中国知识产权运营服务体系

现阶段，中国已明确在北京建设全国知识产权运营公共服务平台，在西

---

❶ 谢旭辉，郑自群. 知识产权运营之触摸未来［M］. 电子工业出版社，2016：37.
❷ 2016年数据来自国家版权局《关于2016年全国著作权登记情况的通报》。

安、珠海建设两大特色试点平台，并通过股权投资重点扶持 20 家知识产权运营机构，示范带动全国知识产权运营服务机构快速发展的知识产权运营战略，即初步形成"1 + 2 + 20 + N"的知识产权运营服务体系。

1. 全国知识产权运营公共服务平台

在北京建设全国知识产权运营公共服务平台目的在于利用北京独特的政治、经济、文化优势开创"立足北京、辐射全国、与世界接轨"的综合性知识产权运营公共服务平台新模式，该平台汇集全国性的知识产权资源，为知识产权运营提供咨询、交易、分析、投融资等一站式服务，并以平台为载体，传递知识产权运营信号，指导全国的知识产权运营工作并成为全国各地开展知识产权运营工作的典范。

2. 特色试点平台

西安国家知识产权运营军民融合特色试点平台于 2015 年 12 月正式启动，计划于 2017 年基本建成，将吸引和集聚 100 家以上国内外优秀知识产权专业服务机构，成为立足西安、服务西部、辐射全国、连通国际的知识产权与技术成果的集聚中心、交易中心和运营服务中心。而珠海横琴金融与国际特色试点平台已初步建成，这个平台致力于打造一个集聚创新人才、创新资源、创新要素的生态系统，提供以知识产权金融创新、知识产权跨境交易为特色的全方位、一站式、高品质的知识产权资产交易和服务交易服务，其核心知识产权运营线上平台、国家横琴平台、七弦琴知识产权资产与服务交易网在 2016 年 4 月份正式上线，该网站致力于打造一个线上知识产权交易平台。七弦琴知识产权运营服务平台确定了社交、电商、大数据三大平台功能，并设计了 3（知识产权交易、金融创新、国际运营三大核心业务）+ 4（知识产权服务、知识产权运营、知识产权投资、软件开发四大派生业务）+ N（专利导航分析、专利商标国内交易、知识产权投资基金、知识产权托管、知识产权政策研究等多个支撑业务）的业务体系。另外，七弦琴平台把金融创新和国际运营两个产品作为着力突破点，其内容如图 1.7 所示。

七弦琴知识产权运营服务平台包括知识产权的评估、许可、转让和建立知识产权联盟四个方面。其中，七弦琴知识产权运营服务平台与专业联营合作伙伴深度合作，根据国家财政部的各项准则及要求提供专业的专利评估服务。融资服务方面，七弦琴知识产权运营服务平台将创新型企业拥有的知识产权或其衍生债权移转到特设载体上，再由此特设载体以该资产作担保，经过重新包

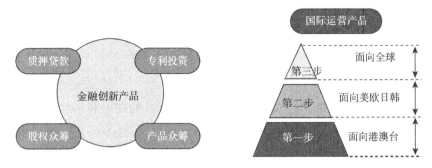

图 1.7 七弦琴知识产权运营服务平台产品突破点示意图

装、信用评价以及增信后发行在市场上流通，通过对知识产权的证券化来为创新型企业进行融资；在知识产权质押融资方面，七弦琴知识产权运营服务平台提供混合型质押融资和纯知识产权质押融资业务，采取组合担保、担保公司担保、保证保险等多种形式开展知识产权质押融资业务，通过服务聚集与功能创新，打造以知识产权运营为基础的知识产权质押融资模式，系统化解决中小科技企业融资难问题。混合型知识产权质押融资将鼓励拥有知识产权的企业以不动产、股权、其他反担保措施，再加上知识产权联合质押贷款。通过与全国各地知识产权局、各行业协会、知识产权运营机构、各高新技术工业区和各金融机构合作，综合考察知识产权和企业经营情况，做到精准营销。未来，横琴知交中心计划成立下属专业公司，设立知识产权运营基金，推动知识产权运营发展，也可广泛吸引社会运营机构参与知识产权运营。在有外部担保和内部增信等前提条件下，七弦琴平台将联合银行、保险、私募投资等金融机构为含有高价值知识产权的高新技术企业发行私募债券，在交易中心挂牌融资。在 P2P 网贷、产品众筹、融资租赁方面也采取一系列方式来更好地为知识产权融资服务。

两大试点平台的建设尤其是珠海试点平台的建设已取得了成效，其业务体系不断完善，商业模式不断锤炼打磨，知识产权运营、知识产权投融资等领域也都取得了实质性的发展，为中国知识产权运营提供了新的实践范本，也为中国的知识产权工作树立了一面旗帜。

3. 知识产权运营机构

2015 年 5 月，国家知识产权局公布采取股权投资方式支持知识产权运营机构名单。名单见表 1.7。

表 1.7　20 家知识产权运营机构名单

序号	省区市	企业名称
1	北京	北京智谷睿拓技术服务有限公司
2		中国专利技术开发公司
3		北京科慧远咨询有限公司
4		摩尔动力（北京）技术股份有限公司
5		北京国之专利预警咨询中心
6		北京荷塘投资管理有限公司
7		北大赛德兴创科技有限公司
8	天津	天津滨海新区科技创新服务有限公司
9	吉林	中国科学院长春应用化学科技总公司
10	上海	上海盛知华知识产权服务有限公司
11		上海硅知识产权交易中心有限公司
12	江苏	江苏汇智知识产权服务有限公司
13		苏州工业园区纳米产业技术研究院有限公司
14		江苏天弓信息技术有限公司
15	山东	山东星火知识产权服务有限公司
16	河南	河南省亿通知识产权服务有限公司
17	湖南	株洲市技术转移促进中心有限公司
18	广东	广东省产权交易集团有限公司
19	四川	成都行之专利代理事务所
20	广东	深圳市中彩联科技有限公司

　　20 家知识产权运营机构涵盖全国 11 个省区市，具有代表性强、范围广、影响力大的特点，除此之外，这些知识产权运营机构最突出的特点是属于民营资本主导型企业。相对于以政府主导而言，它们具有更大的灵活性、自主性，更符合中国现阶段知识产权运营的实际，可以说也是对中国知识产权运营市场的一种补充与实践。另外，知识产权运营机构能最大程度的发挥能动性，与政府主导相辅相成，共同促进中国知识产权运营的发展，提升中国知识产权国际竞争力，并通过"一对一"或"一对多"或"多对多"的方式带动各地区的知识产权运营机构的发展，比如，建立知识产权运营联盟、知识产权银行，地区性的知识产权运营服务平台等模式实现各地区知识产权运营的质的发展，从而盘活全国知识产权运营市场，形成"由点到线连成面，由面到块结为网"

这样一个多点开花、交相呼应的全国范围内的知识产权运营体系，极大的推动中国知识产权运营工作向前发展。

总体来看，中国知识产权运营的基本情况包含两个方面：一是知识产权运营客体的数量和质量对知识产权运营的影响，以及知识产权质押融资的发展状况，由此得出结论，中国知识产权运营的数量有余而质量不足，知识产权运营质量也有待提升；二是知识产权运营服务体系，即以全国知识产权运营公共服务平台和特色试点平台为核心，积极搭建"1 + 2 + 20 + N"的知识产权服务体系，最终形成"1 + N"的知识产权运营服务体系，其中心是知识产权运营机构，因为知识产权运营机构为民营资本主导型企业，能够通过线上平台与线下企业的结合为知识产权供需双方提供一个方便简单、实用高效的交易场所，为知识产权投融资、评估评价等提供运营平台，不足的是该知识产权运营服务体系目前还处于建设阶段，理论上的期望能否实现还有待实践检验。

1.4.3 中国知识产权运营存在的问题

尽管中国知识产权运营在质押融资、知识产权运营机构建设等方面已经取得些许成就，但就其发展阶段而言，尚处于初级阶段，更多的是通过探索的方式向前推进，可以说是"摸着石头过河"，难免会存在一些问题。

1. 知识产权运营人才不足

知识产权运营作为一种新兴产业，在知识产权质押融资、评估、诉讼、标准化等方面需要人才来实现运营。知识产权运营人才是开展各项知识产权运用和管理活动的保证和支撑。由于知识产权运营涉及投资、转让、许可、诉讼等活动，因此知识产权运营人才通常需要以理工科为背景，并具备相关法律、经济以及管理知识的复合型人才。但是从目前国内知识产权人才培养机制以及知识产权人才数量和结构来看，对知识产权运营活动的开展都起到严重的制约作用，复合型知识产权运营人才缺乏。而造成这种现象的原因主要有三点，一是投入不足，缺少对知识产权人才的资金支持；二是缺乏专业的培训机构，知识产权运营更多的是一项公共服务事业，应当由政府主持成立培训机构，而政府对这方面的重视程度还远远没有达到要求；三是工作环境艰苦，正是由于知识产权尚处于起步阶段，更多的是需要探索寻求发展，从业人员普遍承受较大压力，其工作环境可想而知。人才可以有效把握知识产权市场需求，选择符合市场需求的运营模式，从而发挥出知识产权最大价值，正是由于知识产权人才的缺乏，降低了知识产权运营效率，导致中国知识产权运营有发展但发展不足的尴尬境地。可以说，人才问题是制约中国知识产权运营的首要问题。

2. 知识产权运营机构质量不高

知识产权运营机构作为知识产权运营的主体之一，不可否认其对知识产权运营具有一定的实际意义。但是中国知识产权运营机构空有数量，缺乏质量的现状也是相对存在的。一方面是因为知识产权运营准入门槛低，无严格限制，导致全国各地出现大量的知识产权运营机构；另一方面受政府补贴的吸引，成立一个知识产权运营机构可以获得大量的政府补助，没有严格的审查机制导致知识产权运营机构不作为。知识产权运营机构分散主要表现为，一是运营机构较分散，整体实力不强，在有限的知识产权运营市场下，加剧了竞争甚至陷入各自为营、恶性竞争的混乱局面；二是即使成立的知识产权运营联盟，依然存在有名无实、联而不合的问题，有名无实体现在知识产权运营联盟内的各个知识产权运营主体由于缺乏共同的利益基础，往往只是徒有其表而已，实际运作过程中也往往是各自为营；联而不合体现在知识产权运营联盟内的各个知识产权运营主体无专利基础，也没有做到资源共享，或者只进行简单的知识产权运营没有开展深层次的知识产权运营合作；三是知识产权运营机构由于受种种因素的影响很难得到信任，比如在进行知识产权质押融资时，需要知识产权运营机构对知识产权进行评估并出具价值报告，企业以价值报告为依据向银行申请贷款，但是银行出于资金安全以及不信任的考虑很难向企业放贷，这固然有银行自身因素，但最重要的还在于知识产权运营机构还没有得到广泛认可。

3. 知识产权运营模式欠缺

目前，中国知识产权运营模式还仅仅局限在传统运营模式上，大多数知识产权服务企业业务局限在专利代理、商标代理登记等方面。虽然知识产权运营还包括知识产权质押融资、证券化等高层次的运营模式，但是中国对知识产权运营新模式的探讨还有所欠缺。中国知识产权运营是一个大市场，传统的运营模式已不适应市场需求，亟需新运营模式来替代传统运营模式，实现知识产权运营由低层次向高层次发展。另外，在互联网背景下，应充分利用"互联网＋"思维，通过运营机构线上线下的布局实现知识产权运营模式线上线下的有机结合，突破原有运营金字塔，探索更高水平的知识产权运营模式。进一步讲，知识产权运营活动应与金融、保险、担保、诉讼等传统业务产生交集，但目前由于知识产权运营模式在金融、保险、担保等领域的模式欠缺导致二者之间整合力度还不够大，还没有形成知识产权运营与传统业务紧密合作的完整的产业链条。

4. 知识产权运营环境不完善

知识产权运营环境作为知识产权运营的核心要素之一，上一章已经从政府、社会和企业三个角度对其进行了说明。尽管中国知识产权运营环境有很大程度上的提升，但是就目前知识产权运营实际状况而言，仍存在一些不完善的地方，阻碍中国知识产权运营的发展，主要表现在知识产权运营法律环境和市场环境的不完善。

（1）知识产权运营法律环境。

知识产权作为一种无形资产，在具体运营时更需要相关法律法规作为保护知识产权运营者的一种强制保障。但是纵观近几年中国出台的与知识产权相关的法律法规，多是政策性和原则性保障，没有针对知识产权运营过程中有可能出现的"道德风险"和"逆向选择"制定相应的法律，这无疑是知识产权运营法律环境缺失的重要体现，因为在知识产权运营过程中的法律缺失，会导致知识产权运营者对进行的知识产权投融资、证券化等项目不自信，导致决策犹豫甚至错失良机，这已经成为中国知识产权运营的严重障碍。

（2）知识产权运营市场环境。

一方面，中国知识产权运营市场发展不平衡，主要集中在东部经济发达的地区，而且各地区之间没有形成统一认识，在平台建设、运营方案以及交易信息等存在不一致性，各地区有各地区的标准，导致知识产权运营只能局限在一个地区而不能自由流动，离建立全国统一知识产权运营市场还有较大差距。另外，知识产权利用率低，有的地区的知识产权还处于闲置状态，没有被有效的利用，这些都严重阻碍了中国知识产权运营。

另一方面，科研机构和高校作为知识产权运营的主体，其主要致力于研发技术和成果。而目前以老师为研发主体的高校，存在知识产权保护意识薄弱、技术成果转化为生产力低的问题，原因在于老师研发成果的激励不足，仅仅作为老师职称评定的衡量指标，或其他自身利益的考虑，高校老师宁愿自主研发也不愿意进行知识产权的转让许可，这本无可厚非，但这也是市场环境不成熟的一种体现。

5. 知识产权数量和质量不均衡

知识产权数量和质量的不均衡是困扰中国知识产权运营的一大难题。前面的分析中也指出了此问题的存在。截至 2016 年年底，专利权方面，国内（不含港澳台）有效发明专利拥有量共计 110.3 万件❶；著作权方面，2016 年全年作品、计算机软件著作权登记量分别达到 159.9 万件和 40.7 万件，同比分别增长 18.65% 和 39.48%。商标权方面，2016 年全年受理商标注册申请 369.1 万件，同比增长 28.35%，连续 15 年居世界第一；有效商标注册量达到 1237.6 万件，至 2017 年 3 月底，全国商标有效注册量 1293.7 万件。从数量上来看，中国俨然成为知识产权大国；但从知识产权质量上看，远远落后于知识产权运营的要求，大部分知识产权都无法进行运营。知识产权数量是基础，质量则是根本，在知识产权运营中，中国知识产权数量与质量却成反比，这严重制约了知识产权运营，如何把数量优势转化为质量优势是现阶段重点解决的问题。

虽然中国知识产权运营出现很多问题，与国外相比还存在较大差距。但是随着市场经济的不断发展，知识产权重视程度的日益增加，知识产权运营机构和运营模式的日趋成熟，知识产权运营环境的不断完善，中国知识产权运营市场将会实现由量到质的转变，成为经济发展的新增长点也不是没有可能。

---

❶ 详见网站：http://www.sipo.gov.cn/zscqgz/2017/201701/t20170120_1308041.html.

第2章 知识产权运营理论

2.1 知识产权运营价值理论

2.1.1 马克思劳动价值论对知识产权运营的理论支撑

商品具有价值和使用价值两种属性。其中使用价值是由商品的自然属性决定的，而价值是由社会属性决定的。价值是交换价值的基础，商品没有价值和使用价值也就不能在市场上进行交换，也就不能实现其价值。

在商品生产经营活动中，如果商品生产经营者所生产经营的商品通过市场交换顺利地转化为货币，商品的价值就得以实现，就达到了商品生产经营的目的。"商品的使用价值，在消费者手中比在生产者手中大，是因为它只有在消费者手中才得以实现。因为，商品的使用价值，只有在商品进入消费领域后，才能实现，才能发挥作用，它在生产者手中只是以潜在的形式存在"❶。因此，企业从事商品生产经营的目的是通过市场交换，把产品从企业手中转移到消费者手中，把潜在的使用价值转化为现实的使用价值，把商品转化为货币，实现商品的价值。

劳动是商品价值的源泉，劳动创造价值。劳动可以分为一般劳动和具体劳动、复杂劳动和简单劳动。通俗的讲简单劳动是指不需要经过专门训练和培养的一般劳动者都能从事的劳动。复杂劳动是"比社会的平均劳动较高级较复杂的劳动，是这样一种劳动力的表现，这种劳动力比普通劳动力需要较高的教育费用，它的生产要花费较多的劳动时间，因此它具有较高的价值。既然这种劳动力的价值较高，它也表现为较高级的劳动，也就在同样长的时间内对象化

---

❶　Correa C M. Intellectual Property Rights, the WTO and Developing Countries: The TRIPS Agreement and Policy Options [M]. Zed Book Ltd, 2000.

为较多的价值"❶。商品价值量与生产商品的劳动复杂程度成正比，劳动复杂程度与劳动者综合素质成正比。在知识经济时代，智力劳动者的范围发生了变化。它不仅指掌握商业秘密、经营机密、客户网络，具有娴熟管理能力的人才，也包括掌握技术和具有丰富经验的技术工人，并且随着知识经济的发展，劳动力大军中，智力劳动者的人数在不断扩大。

知识产权是智力劳动者创造的结晶，智力劳动者的价值以及智力劳动的生产与再生产过程是知识产权价值的源泉。智力劳动者的价值是由三个方面构成的：智力劳动者自身生存所需的生活资料；维持智力劳动者家庭的生活资料；对智力劳动者教育与培训的费用，并且这种智力投资会随着经济发展而呈上升趋势。

价值是一切商品的共有属性，分析价值、发现价值、衡量价值是资产评估活动区别与其他活动的本质特征，也是资产评估的最终目的。资产评估问题的研究离不开价值理论的支持，价值理论是整个知识产权评估的理论基础。

劳动价值理论是马克思在古典经济学家亚当·斯密和李嘉图的相关研究基础之上建立起来的，其核心内容是抽象劳动和具体劳动共同决定了商品价值。也就是商品价值是由劳动的二重性决定的，它们决定了价值二重性，即使用价值和价值。知识产权虽然属于一种特殊商品，但同样具有使用价值和价值的基本属性❷。

2.1.2　知识产权的经济功能

知识产权经济是建立在市场经济体制、知识产权制度、知识产权文化等基础之上的新经济形态。因此，知识产权经济的功能主要表现在以下 3 个方面❸。

首先，优化资源配置的功能。在市场体制下，资源的稀缺性普遍存在，尤其是在经济全球化的进程中，知识产权作为一种战略经济资源，在各种资源的跨国、跨地区流动和重组时将始终处于核心的、关键的和支配的地位，大大提高了全社会资源配置的经济效率。

其次，激励知识资源创造的功能。自然资源终究是有限的，惟有知识资源才会取之不尽、用之不竭！知识产权制度依法对授予知识产权创造者或拥有者

---

❶ Schumpeter A. The Theory of Economic Development ［M］. Kluwer Academic Publishers. 2003.

❷ 马维野，刘玉平. 知识产权价值评估能力建设研究 ［M］. 知识产权出版社，2011.

❸ 郭民生. 论知识产权经济理论的基本架构 ［J］. 经济经纬，2007 (3)：20 – 23.

在一定期限内的排他独占权，并保护这种独占权不受侵犯。有了这种独占性，就使得知识产权创造者或拥有者可以通过转让或实施取得经济利益、收回投资，并取得市场竞争的优势，这样才会形成有利于创新和知识再造的良性循环。

最后，调整经济结构、保障经济运行的功能。进入知识经济时代之后，全球经济社会的发展很不平衡，各种经济形态相互交错，经济运行的规则存在差异。在经济全球化和信息网络时代的今天，一方面创新可以无所不在，知识信息可以免费共享；另一方面，知识财产价值连城，知识信息难以控制，知识复制无须成本。愈是有市场前景的智力成果，就愈是容易被任意仿制、假冒或剽窃。因此，知识产权经济的发展必须建立在对知识产权等无形财产的创造、加工、传播、流通、应用、消费等全过程的法制化、规范化的基础之上。大力发展知识产权经济，调整和优化经济结构，都必将更加依赖于知识产权制度、规则的不断发展和完善，更加依赖于知识产权经济的不断发展和壮大。以上各个主要功能既与市场机制密不可分，又与知识产权制度和知识产权资源的市场配置、集约经营、管理创新、财富创造的过程密切相关。

2.2 知识产权运营管理理论

对知识产权资源进行优化配置和有效运营是知识产权运营管理的中心问题。知识产权经济要素会引起产业结构、经济增长方式、市场体制和国际规则发生重大变化，并在传统经济社会的基础上培育新的经济增长点，实现市场经济转型和结构优化。

2.2.1 知识产权中的知识资本管理理论

对于技术创新中知识产权及其利益分配问题的研究。Erik A Borg（2001）[1]认为知识资本是知识密集型企业能否盈利的基本资本，在以知识以基本依托的知识密集型企业中，知识和信息是可以通过某种方式进行交易的。美国学者Benjam（2002）[2]分析了美国知识产权体制在过去几十年里所发生的变化，认

[1] Erik A Borg. Knowledge, information and intellectual property: Implications for marketing relationships [J]. Technovation, 2001 (21): 515 – 524.

[2] Benjam, Fabienne Orsi. Establishing a new intellectual property rights regime in the United States origins, content and problems [J]. Research Policy, 2002, 31 (8 – 9): 1491 – 1507.

为知识资本以前往往被视为共有财富，现在知识资本已被视为私有产权，知识资本的私有化使高技术企业在创新活动中的产权关系更有利于技术创新的扩散。Stephanie Monjon（2003）❶分析了大学与企业之间信息流动过程中的合作与知识溢出贡献情况，研究结果表明模仿创新和渐进性创新是使企业获得最大收益的根源，对于具有高水平创新能力的企业来说，其与高校进行合作研发会使其获得最大收益，而合作过程中最为关键的是知识产权关系和利益分配的处理。Brent（2003）❷揭示了高校知识产权商业化的政策，分析美国和瑞典的政策发现，同样投入到大学里足够的研究与开发资金，最终却形成了两种有差异的商业化模式。这两种不同的商业化模式导致美国的高技术科研能力远超瑞典。美国高校之间以及科研单位在研究基金方面的竞争促进了学术研究与产业发展的相互交融。德国学者 Holger Kollmer（2004）❸认为知识产权战略正作为企业的商业战略，促进知识产权的转移和许可，进而促进企业的创新和经济效益提高。MICHAEL P Ryan（2010）❹以巴西为例，研究了巴西企业在全球技术创新背景下开展专利战略联盟过程中的专利诉讼问题，提出了发展本国高端技术应采取的对策。

管理学中核心能力学派认为，企业应该从自身拥有的资源和能力出发，在自己具备一定优势的行业中或者是相关行业中从事经营活动；资源学派认为，企业只有在产业环境中才能体现出重要性，稀缺的资源、特殊的技术和能力是企业获取竞争优势的基础。因此，企业只有具备相对于竞争对手而言独一无二的资源和难以模仿的能力，才能在竞争中取得优势地位。从企业内部条件而言，企业内部管理对保持竞争优势和获取超额利润起到决定性的作用。

从知识产权外部管理而言，知识产权制度建设是在知识经济化、经济全球化和知识产权国际化的大背景下，分析中国过去实施的一系列重大经济社会发展战略的得与失，探讨推进体制改革和观念创新，调整和制定新的国家知识产权发展战略，培育新的知识产权经济增长点，不断优化经济结构，建立提升国

❶ Stephanie Monjon, Patrick Waelbroeck. Assessing spill – over from universities to firms: Evidence from French firm – level data ［J］. International Journal of Industrial Organization, 2003, 21（9）: 1255 – 1270.

❷ Brent Goldfarb, Magnus Henrekson. Bottom – up versus top – down policies towards the commercialization of university intellectual property ［J］. Research Policy, 2003, 32（4）: 639 – 658.

❸ Holger Kollmer, Michael Dowling. Licensing as a commercialization strategy for new technology – based firms ［J］. Research Policy, 2004, 33（8）: 1141 – 1151.

❹ Michael P Ryan. Patent Incentives, Technology Markets and Public – Private Bio – Medical Innovation Networks in Brazil ［J］. World Development, 2010, 38（8）: 1082 – 1093.

家、产业和骨干企业的核心竞争力的制度基础。促进高技术企业合理、科学的配置知识产权资源进而获得市场竞争优势。

2.2.2　知识产权投资组合管理理论

专利组合（Patent Portfolio）理论源于管理学投资组合管理（Portfolio Management）的思想，投资组合管理理论最早是 1952 年由美国经济学者 Harry Markowitz 提出的，他基于投资分散和规避风险的理念论述了如何通过投资组合来减少投资风险。1952 年 3 月，美国经济学 Harry Markowitz 发表了《证券组合选择》的论文，作为现代证券组合管理理论的开端。Markowitz 对风险和收益进行了量化，建立的是均值方差模型，提出了确定最佳资产组合的基本模型。

1963 年，威廉·夏普提出了可以对协方差矩阵加以简化估计的单因素模型，极大地推动了投资组合理论的实际应用。20 世纪 60 年代，夏普、林特和莫森分别于 1964、1965 和 1966 年提出了资本资产定价模型（CAPM）。该模型不仅提供了评价收益——风险相互转换特征的可运作框架，也为投资组合分析、基金绩效评价提供了重要的理论基础。1976 年，针对 CAPM 模型所存在的不可检验性的缺陷，罗斯提出了一种替代性的资本资产定价模型，即 APT 模型，该模型直接导致了多指数投资组合分析方法在投资实践上的广泛应用。

Markowitz 提出的"有效投资组合"的概念，使基金经理从过去一直关注于对单个证券的分析转向了对构建有效投资组合的重视。同时其投资组合理论已被广泛应用到了投资组合中各主要资产类型的最优配置的活动中，在发达的证券市场中，Markowitz 投资组合理论早已在实践中被证明是行之有效的，并且被广泛应用于组合选择和资产配置。人们进行投资，本质上是在不确定性的收益和风险中进行选择。投资组合理论用均值——方差来刻画这两个关键因素。所谓均值，是指投资组合的期望收益率，所谓方差，是指投资组合的收益率的方差。我们把收益率的标准差称为波动率，它刻画了投资组合的风险。

投资组合理论研究的中心问题是怎样选择收益和风险的组合。投资组合理论正是研究"理性投资者"如何选择优化投资组合。所谓理性投资者是指在给定期望风险水平下对期望收益进行最大化，或者在给定期望收益水平下对期望风险最小化。现代投资组合理论主要由投资组合理论、资本资产定价模型、APT 模型、有效市场理论以及行为金融理论等部分组成。它们的发展极大地改变了过去主要依赖基本分析的传统投资管理实践，使现代投资管理日益朝着系统化、科学化、组合化的方向发展。

到了 20 世纪末，随着企业技术管理活动的发展，基于投资组合理论产生了专利组合理论，而专利组合理论则是以考虑专利及其所保护权利固有的风险和不确定性为前提的。因此，中国在最初引入专利组合概念时，也将其译为"专利投资组合"❶，而对于专利组合理论的研究近十年才刚刚起步。

2.3　知识产权运营市场理论

2.3.1　流动性理论

流动性是指知识产权在市场上转化为现金的难易程度。知识产权交易市场的流动性远不如商品市场和金融市场，一个重要的原因是知识产权市场上买卖双方很难确定一个双方都可以接受的价格❷。在缺乏普遍接受的知识产权定价公式的情况下，知识产权市场的流动性就会受到很大的影响。

从经济学的市场流动性理论角度来看，专利交易市场的流动性和严重的信息不对称有关。以专利交易为例，拥有专利权的一方通常掌握着关于权利状态的更准确信息，而技术需求方拥有关于市场前景的更准确信息。严重的信息不对称会导致交易很难达成，为了更快、更合理的达成交易，中介机构扮演着减少信息不对称的重要角色。因此，在知识产权市场中，中介机构便成为知识产权市场中最活跃的因子。它们包括专利经纪人、专利交易平台、专利运营机构、专利证券化机构、专利投资基金等以专利交易作为部分核心业务的机构。

知识产权有偿转让模式有两种，第一种是出售该项知识产权的所有权，获得资金上的收益；第二种是出让该项知识产权的使用权。不论采取哪种转让方式，最重要的是不能丧失对核心知识产权的控制，对于自身拥有的关键性技术，不可以轻易转让。另外，还有交叉许可模式，交叉许可是企业用自有的专利等知识产权换取其他企业的知识产权的使用权，其实质是一种以技术、知识产权作为交换的经营模式；知识产权托管是高技术企业将已有知识产权全权委托给知识产权服务机构的运营方式，服务机构为企业提供专业知识产权服务工

---

❶ 谢智敏，郭倩玲，伊雷，等. 中国专利组合文献研究综述 [J]. 科技管理研究，2015（6）：122 – 127.

❷ 吴欣望，朱全涛. 专利经济学——基于创新市场理论的阐释 [M]. 知识产权出版社. 2015：83 – 86.

作，具体工作内容包括：协助企业制定知识产权运营模式；商品化运作模式是高技术企业知识产权运营的最常用模式，这种模式要求高技术企业所开发出的知识产权具有极高的市场前景，并且资金、技术和设备的条件成熟，具有完备知识产权战略预期并且科研实力强的高技术企业。

专利池模式，企业在享有核心知识产权的基础上，再进行相应的外围技术开发，同时为新开发出来的技术申请专利，确立其法律地位，从而获得一系列专利权，此种知识产权运营模式被称为专利池模式。专利池模式的应用需要同高技术企业的长期知识产权战略规划相协调。对于研发能力高低不同的中国高技术企业而言，在运用这种运营模式时应有不同的侧重。科研实力强的高技术企业，如果拥有强大的知识产权开发能力，应把运营的重点放在专利池的完善上来；如果高技术企业的科研水平相对薄弱，则需要设法发现对手的专利空白，破坏对手完整的专利实施战略和知识产权资本运营战略。

2.3.2 融资次序理论

融资次序理论将信息不对称、交易成本等因素都考虑在内，认为权益融资会将企业的负面经营消息暴露，而且对外部融资而言还要支付多种成本。因而上市公司在选择融资方式时，遵循一定的优先次序，这就是融资次序假说。该假说认为在存在信息不对称的情况下，当股票价格高估时，公司管理者会利用其内部信息发行新股；但当公司宣布发行股票时，投资者会调低对现有股票和新发股票的估价，导致股票价格下降、企业市场价值降低。因此，公司融资决策的依据是融资成本最小化原则，据以选择不同的融资方式，就是首选"零成本"的内源融资，其次是外源融资。在外源融资中，公司先选择成本或风险较小的债券含可转债融资，最后的选择才是成本较高的外部股权融资。

融资理论的主要结论有：

（1）企业偏好内源融资，如果企业内部净现金流发生了改变，一般情况下说明它的外部融资也发生了改变。

（2）如果企业的外部融资需求增加，其将会首先发行安全系数较高的证券，如果企业内部的现金流富余，多余的现金将用来偿还企业的债务，而不是用来回购股票。

（3）企业经营过程中的债务率的高低反应了企业对外部融资的累积需求。

第3章 知识产权运营风险分析

知识产权运营基础资源雄厚，理应发展迅速，但事实远非如此。除了国内运营环境以及经验不足等种种缺陷形成阻力以外，知识产权运营风险更是该业务未在全国大规模开展的重要原因。风险在经济领域无处不在，然而，由于知识产权客体的非物质性及独特性更是加大了知识产权运营的风险，使其作为特殊的无形资产在运营时举步维艰，尤其是在与有形资产的对比下，劣势更加明显。但是，如果将知识产权运营风险控制在可以接受的范围之内，那么就为知识产权运营工作扫除了一个重要的障碍。为此，我们有必要对知识产权运营所面临的各种风险进行分析，正确认识其中的风险有利于加快知识产权运营工作的进程。知识产权的客体主要有专利权、著作权（版权）和商标权三种，知识产权运营风险也从专利运营风险、版权运营风险和商标运营风险三个主要方面加以分析。

3.1 专利运营风险分析

专利权与版权、商标权不同，是技术创新的衡量指标，比后者更具备转化为生产力的价值。专利运营也作为知识产权运营的最主要组成部分，除了传统的专利许可、授权等运营方式以外，还具有金融方面的功能，诸如证券化、质押融资等。其中，专利质押融资更受青睐，与此相对应，风险也就越大。专利质押融资的风险是由专利权的无形性等特性而引发的一些区别于一般财产质押的风险，主要包括专利价值评估风险、专利价值波动风险和专利价值变现风险。这些风险不仅阻碍了专利质押融资，更构成了专利运营的威胁，如何正确把握这些风险，也成为破解专利运营难题的支撑点。

3.1.1 专利运营的评估风险

专利价值评估是进行专利质押融资的第一步，如果不能确定专利权的合理价值，就难以迈出这关键的一步，专利运营也就难以开展。但是专利权作为一种特殊的非物质性的无形资产，其评估风险与生俱来。简单的说，专利权自带的众多因素是专利价值评估风险产生的重要原因。笔者主要参考了郑成思教授对专利权价值评估的研究成果，指出专利权的价值量主要由法律因素、技术因素和经济因素决定，在此基础上进一步分析了不同因素对专利价值评估风险的影响。❶

第一，法律因素。影响专利权评估的法律因素主要包含四个方面，一是不同的专利权，其价值不一样，发明专利可作为技术创新的一种衡量指标，其价值往往要大于实用型专利和外观设计专利，而由于外观设计专利自身特点其价值相对最小；二是不同的专利权具有不同的保护期限，中国《专利法》规定"发明专利权的期限为二十年，实用新型专利权和外观设计专利权的期限为十年，均自申请日起计算。"离保护期限越近的专利失效越快从而价值越低，另外，不缴纳年费的专利保护期限会提前终止，其价值也会大大降低；三是专利性质不同价值各异，开拓性专利比改进专利的价值一般来说要高，而且有的改进专利还要依赖于开拓性专利的使用，价值更低，有时改进专利还有面临侵犯开拓性专利的风险；四是来自于竞争对手的打击，通过诉讼等方式判定某个专利无效，这种行为也极大地影响专利的价值。

第二，技术因素。技术因素主要包括专利技术的成熟度、专利所属技术领域和行业的不同、专利实施难度的大小以及实施方的技术实力和技术条件等。由于这些技术因素不仅会影响专利权的价值评估，其变化情况还会在评估之后对专利价值产生持续的影响。专利技术的成熟度越高，专利技术的实施难度越大，则专利价值应该相应增加。

第三，经济因素。经济因素主要包括收益因素、成本因素和市场因素。收益因素是指在实施一项专利成果转化之后的预期收益，由于市场瞬息万变，专利转化的预期收益很难确定，这就很难对专利价值作出一个可靠的评估。然而预期收益估算在专利价值评估中所占比重是最大的，所以预期收益的不确定性加大了专利评估的风险。另外，成本因素主要包括专利技术的开发和转化成本、获权和维护成本、许可成本、交易成本等，所有这些因素决定了一项专利运营的成本，相对预期收益来说，运营成本比较好量化，在专利价值评估中所占的比重也是较小的。

❶ 郑成思. 知识产权价值评估中的法律问题 [M]. 北京：法律出版社，1999.

另外，专利的评估价值大小代表着质权人（银行等金融机构）在一定的可控风险内愿意提供给出质人（企业等债务人）的贷款的多少。如果一项专利的预期价值比实际价值大，那么质权人就会承担过多的风险；如果一项专利的预期价值比实际价值小，那么出质人就会获得较少的贷款。以上原因是造成专利价值评估难的主要因素，从而导致专利价值评估风险是制约专利运营发展的重要症结所在。

3.1.2　专利运营的波动风险

专利价值并不是一成不变的，会受客观因素的影响而改变，由此来说，专利价值就会有波动的风险。当一项专利被质押完成后，只有在该项专利价值保持不变或者上涨时，才能增加融资机构收回贷款的安全性。现实中，对于专利价值的波动往往不能预见，但我们可以通过掌握质押物价值的衰减规律来达到规避专利价值波动的风险。

造成专利价值波动风险的因素有很多，大致可以分为内因和外因两个因素。内因主要包括法律与技术因素，这与专利价值评估一脉相承。当专利质押发生时，国家宏观环境更倾向于该专利所在的行业或领域，那么该专利价值就大；如果在专利质押发生之后，为了限制某个行业或鼓励某个领域的发展，出台了一系列相关法律法规，如果对该项专利有利，那么专利价值会保持不变或者上涨，反之会下跌。这时，专利价值波动风险便发生了。就技术因素而言，专利价值体现在依靠领先的技术在行业内保持优势，但是由于技术的发展迅速，日新月异，质押期内该专利的价值有可能借行业的发展获得提升，也可能被更先进的技术所替代，价值就会大大贬值，从而也造成专利价值波动风险。

外因则主要受市场因素的影响。因为专利技术作为一种特殊的商品，也受到市场机制和价值规律的影响，市场供求关系将直接影响到专利技术的价格波动。❶ 一方面，如果市场上相近的技术供大于求，则专利价值就会相应下降，反之上涨；另一方面，如果市场上对利用某项专利技术制造的商品的需求量减少，或者该商品被市场所淘汰，那么该专利技术价值发生波动也就在所难免；再者，市场上出现相似的替代专利或者联系紧密的专利技术，当相关专利技术的价格出现波动都会使专利价值发生波动。

❶　郑成思. 知识产权价值评估中的法律问题 [M]. 北京：法律出版社，1999.

专利价值波动风险是由专利权的时间性以及技术进步的总趋势决定的。在专利质押过程中，质权人期望专利价值在出质期间能够相对稳定，但现实中专利价值往往会发生波动。质押时价值很高的专利，在经过一段时间后，由于内因或者外因的影响，其价值大大缩水，对于质权人来说，这种价值波动性风险极大的降低了其开展专利质押业务的积极性；对于出质人来说，也为其专利质押融资形成了障碍。专利质押融资是专利运营最主要的一种方式，专利价值波动风险也是专利运营过程中不可避免的风险之一。

3.1.3　专利运营的变现风险

专利变现是专利商品化，即知识商品化权利的转让和许可，在对专利进行评估后，如何最终完成专利交易实现其价值转化，是专利不同运营模式的核心环节，专利变现形式主要包括以自主专利或技术出资入股，以及将专利进行质押融资。❶ 这里所指的专利变现是专利由"权"变为"钱"，相对于传统的贷款融资业务来说，专利价值变现具有特殊的风险，因为其作为一种特殊的非物质性无形资产，自身就具有变现困难的风险，再加上专利价值的波动性，即使成功变现，其价值也可能与最初的贷款金额大相径庭。另外，国内的专利运营市场尚不成熟，专利交易、授权的规则尚不完善，更加剧了专利价值变现的风险。理想状态下，债务人通过专利质押获得贷款，到期后顺利还款，债权人收回本金和作为回报的利息，这是一个成功的专利运营。但是在现实经济活动中，债务人由于经营不善或者市场环境的变化导致其不能按时还本付息，这时，债权人就需要将质押物专利予以变现以抵偿债务人所欠贷款。但是由于专利价值变现风险的存在，难以成功变现，这就对专利运营造成了极大的制约。

3.1.4　专利运营的其他风险

专利运营除了上述三个风险以外，还会面临侵权、犯罪等法律风险，由于信息不对称带来的交易风险，企业的经营风险和信用风险等。交易风险体现在专利技术的供求不一致性，具体来说，是高校或科研机构等运营主体不了解市场需求，所提供的专利技术与市场需求不一致，这就存在供求脱节的风险，这是信息不对称所带来的风险；作为专利运营中占比最大的一方企业来说，其经

---

❶ 张冬，尹若凝. 专利运营风险与法律控制 [J]. 法学研究，2016（1）：90 – 95.

营不善不仅会导致专利价值的变现风险，更使得融资机构对专利运营失去信心，融资机构为了保证自身不受损失，会加大对企业的审核、监督力度，从而提高专利运营的门槛，阻碍专利运营发展。更有甚者，由于融资机构对企业的审核力度过大，很可能会牵扯企业的技术秘密，从而导致企业的商业机密泄露而蒙受损失。

专利价值的评估风险、波动风险、变现风险是专利运营过程中的最重要风险，共同制约着专利运营发展，同样也是知识产权运营亟需规避的问题。专利运营的其他风险都属于一般性风险，相较之下更容易规避。总的来说，这些风险是不可避免的，但是可以控制，我们应当正视专利运营所带来的积极意义，政府、企业等共同参与，采取恰当的措施，制定合理的制度，一定能将专利运营风险控制在适当范围之内。

3.2　版权运营风险分析

中国《著作权法》明确指出，"著作权与版权系同义语"。所以版权运营就是著作权运营。版权运营被认为是一种"利用产业运营中相关具体的理论、操作方法和手段，把版权作为经营操作对象，进行带有商业性质的，以获取经济利润为目的的行为，版权运营模式正是基于以上版权产业的商业运作或非商业运作的模式或产业链流程"❶，属于知识产权运营的范畴。

版权运营在传统的许可、转让等运营的基础上，随着互联网的发展，又增加了新的运营模式，像微版权运营、全版权运营。"微版权"是指在互联网环境下，打破了传统出版物品种概念，以知识元为最小单位进行信息组织的数字化内容产品的版权，❷微版权运营就是在此基础上探究如何将碎片化的内容进行授权、保护等有效的操作，并获取收益。而全版权运营是包含一个版权的全部，其核心是"全"，将版权进行多次开发，集图书、影视、音乐、游戏、动漫等于一体，实现价值最大化；全版权运营围绕 IP 进行全方位、多层次、宽领域的开发，IP 是 Intellectual Property 的英文缩写，意为知识产权，主要包括文化娱乐领域的文学作品、影视作品与游戏的素材版权。IP 运营就是以具有知识产权的创意产品为基础进行改编创新，最终以动画、电影、网络剧、舞台

❶ 张阿源. 数字出版的版权运营研究 [D]. 北京印刷学院，2011.

❷ 张新雯，陈丹. 微版权概念生成的语境分析及其商业模式探究 [J]. 出版发行研究，2016 (3)：30 - 32.

剧、游戏等多种形式展现出来,其显著特点就是在创作阶段就拥有大量的忠实粉丝,为后期运营提供了一定的市场需求。微版权运营和全版权运营是新兴版权运营中最具有代表性的两种运营思路,激活了版权市场,这毋庸置疑,但是运营风险也无可避免。

3.2.1 版权运营的法律风险

"无规矩不成方圆。"版权运营市场同样需要良好的外部环境,尤其是法律制度要与版权运营保持同步,法律制度完善的高低程度决定着版权运营质量的高低。但是与中国版权运营蓬勃发展的现状相反,中国目前还没有版权法,法律制度存在一定的滞后性。比如,法律不健全使得网络文学作品在面临盗版和进行全版权运营时缺乏必要的法律保护,维权困难;另一方面,法律不健全对版权运营公司的约束缺乏漏洞,甚至可能导致垄断问题。盛大文学有限公司的并购行为导致其他竞争者不断减少,在垄断问题上一直遭受质疑。总的来说,版权运营的传统风险主要表现在两方面:盗版侵权和越权使用。

盗版侵权。版权运营的前提是版权运作方获得版权所有者的授权,在未经授权的情况下,版权运营者擅自将版权所有者的智力成果加以运作,以图书、动漫、游戏、影视等形式表现出来,视为盗版侵权。盗版图书、电子内容非法链接、APP 客户端、非法制作假冒伪劣周边产品等版权运营方就涉嫌盗版侵权风险。在公司进行 IP 运营时,利用某些超级 IP 的名气,制作与其同名但内容完全无关或者不同名但相似的游戏、动漫、影视等,骗取用户的下载量以达到盈利的目的,所有这些都是版权运营方要承担的盗版侵权责任。

越权使用。涵盖两方面的内容,一是使用超越授权期限,版权运作方在获得版权所有者的授权时,往往会有一个时间限制,比如三年期或者五年期等,在授权期限结束时,如果双方没有继续续约,那么在短时间内版权运作方难以改变运营策略,那么此时的版权运营就会有越权使用的风险;二是使用超越授权范围,版权所有者将某一作品改变为特定形式的权利授权给版权运作方,那么版权运作方只享有该特定的权利,超出授权范围面临运营风险。2009 年 10月,作者南派三叔将《盗墓笔记》的网页游戏改编权授予上海简读公司,上海简读公司于 2010 年 5 月又将此改编权授予北京千橡网景公司,但千橡网景公司除制作授权改编的 PC 端游戏外,还擅自制作并推广《盗墓笔记》的 WAP游戏和 APP 游戏。南派三叔因此状告千橡网景公司要求维权并胜诉。此案中千橡网景公司的版权运营就使其承担了越权使用的法律风险。

3.2.2　版权运营的滞后性风险

所有的版权运营都不是一蹴而就的，都需要一定的运营周期，从一个版权的孵化，到改编成一个剧本或者程序等，接着是制作成影视、动漫、游戏等，再到后期编辑修改，最后投入到市场，其中，还涉及谈判、版权授权、监督等一些列问题，运营周期比较长，一般需要几年的时间。当市场需要时，版权运营成果没有及时投入到市场，无法盈利；当版权运营成果完成时，已错过市场的最佳时期，得不偿失。这是版权运营在面对市场时的滞后性风险。

这种与市场变化不能同步的滞后性风险，还会导致版权运营中的另一个风险——进度风险。进度风险是指一个版权所有者没有顺利找到创作团队从而导致开发困难，进而延期完成制作等所造成的风险。进度风险发生了，滞后性风险在很大程度上就会发生。一种可能性是版权的价值随时间的推移和竞争者的增加而水涨船高，如果没有妥善安排项目进度而造成改编权重新进入市场，再次获得改编权的资金代价将会提高，给整个项目带来后续风险；另一种可能性是版权的价值随时间的推移而在市场中消解淡化，逐渐被受众遗忘，如果耽误进度甚至延期将会面临市场风险，更可能在与新近的热门 IP 竞争中面临受众选择风险。《琅琊榜》在 2015 年的热播取得巨大成功，时隔两年之后，话题度不减，正是因为运营方的不断宣传以及增加演员阵容的曝光度来将进度风险不断缩小的结果。

3.2.3　版权运营的不确定性风险

随着新兴版权运营模式的出现，版权运营也面临前所未有的风险。在这种情况下，版权运营就面临不确定性风险。以 IP 运营为例，全版权运营围绕 IP 进行开发，IP 运营是全版权运营最主要的方式。IP 在运营之前就具有一定的受众基础，在未来这些受众群有转化为商业价值的潜力，也正基于此，在 IP 运营的过程中受众的需求是最不容忽视的因素，也是 IP 运营成败的关键。在 IP 运营中，原著是原著，改编归改编，二者不同但联系密切，把原著加以改编并以新的形式展现出来是一门学问更是一门艺术，这对编剧的要求显然很高，但是编剧并不能了解每个受众个体的想法，所谓"一千个人心中有一千个哈姆雷特"，这是说消费者偏好是不同的，因此 IP 运营并不能满足所有消费者的偏好，然而，如果符合绝大多数消费者的偏好，那么就能确保 IP 运营的成功；反之，运营失败也在情理之中。正因为消费者偏好的不确定性才决定了

IP运营面临着消费者偏好不确定性的风险。

IP在运营之前就为受众所熟知，在先入为主的意识下，对IP运营提出了挑战。尤其是在IP被改编为影视的运营中，能否以全新的形式符合"粉丝"的情感以及使得IP价值得以验证，并在此基础上聚集新的受众群体，这是IP运营所面临的市场层面的风险，其根本原因就在于消费者偏好的不确定性。因为在信息不对称的前提下，IP运营在事前不知道消费者偏好的具体情况，只能靠编剧来编、靠演员来演、靠导演来导，事实证明，决定IP运营的好坏还是要靠质量。同为IP《鬼吹灯》改编的电影《九层妖塔》和《寻龙诀》，前者充满了大量的负面评价并受到原著读者的反感和抵触，而后者却好评如潮。究其差异除了电影类型设定不一致之外，最重要的就是故事情节的改编，《九层妖塔》故事情节随意生硬，使得大量消费者的心理落差极大并使他们感到心中的作品被曲解误读，改编没有达到预期质量，所以导致最终的运营失败；但是《寻龙诀》显然吸取了教训，贴近原著，与原著的精神内核一致，满足了受众们的期待，无疑是一次成功的运营。

从《九层妖塔》和《寻龙诀》的运营对比来看，由于存在消费者偏好的不确定性风险，并不是所有的IP运营都会取得成功。《九层妖塔》的运营失败与《寻龙诀》形成鲜明对比，这说明尽管存在消费者偏好的不确定性风险，但是该风险在一定程度上都是可控的，只有那些胡编乱造，不尊重作者意愿，改编太多剧情；演员演技差；制作质量差，不尊重观众的运营才会自食恶果。除此之外，《匆匆那年》和《何以笙箫默》都是分别在网络剧和电视剧获得良好的口碑和收视率支持下进一步转向电影，但是电影的运营结果却很糟糕，与没有符合绝大多数消费者的偏好、满足消费者心理预期有很大关系。

与专利相比，版权作为质押物进行融资的规模更小，目前的版权运营中，版权质押融资可以进行但不是主要的运营方式，所以不列为讨论的重点。目前版权运营的普遍方式是以一个IP打通文学、影视、游戏、动漫等泛娱乐产业链的全版权运营。但是全版权运营在多数情况下只是理论上的"最优解"，盲目求全不仅难以多点开花，甚至会导致每个点都无法做好，会面临诸多运营风险，像已经阐述的法律风险、不确定性风险和滞后性风险。但是除此之外，还会面临一些潜在的运营风险，像同质化风险、资金与发行风险等。尽管存在这些难以避免的风险，但是只要对版权运营的项目进行全过程、全方位的风险管理，建立有效的风险管理机制，版权运营所面临的风险都会得到有效的规避。

3.3　商标运营风险分析

商标运营是除专利运营、版权运营之外的第三大知识产权运营内容，商标运营一般是指企业的商标运营活动，企业运营商标的能力是展现其品牌能力的重要体现。商标作为企业重要的无形资产，具有提升企业价值和使企业具有垄断势力的功能，能帮助企业在市场竞争中处于领先地位。企业有效的商标运营能获得巨大的价值，可口可乐凭借其在全球的商标许可模式，全球年销售额达上千亿美元，其他世界驰名商标，如苹果、华为等亦是有其商标运营之道。这些企业通过商标运营不仅强有力的占有市场，而且无形之中就具有广告效应，诱导消费者偏好并形成固定的消费者群体。然而，市场经济活动中风险无处不在，商标运营也会面临各种风险，像商标权纠纷、商标的收购与侵蚀，都说明商标运营同时存在一些风险。商标运营风险是指商标所有者在商标运营过程中，在内部因素和外部因素共同作用下，导致商标价值发生损失的风险事件。号称"中国商标第一案"的"王老吉红绿之争"的发生为商标运营敲响了警钟，如果处理不好商标运营中的风险，不仅给企业造成巨大的经济损失，而且对企业品牌、信誉和形象都会造成巨大的损失。

3.3.1　商标运营的授权风险

商标授权是商标运营最常见的方式，具体来讲是指授权者将自己所拥有或代理的商标以合同的形式授予被授权者使用；被授权者按合同规定从事经营活动（通常是生产、销售某种产品或者提供某种服务），并向授权者支付相应的费用。通过商标授权，授权方可以获得一定的收益，并对商标知名度的提升产生积极的影响；同时，被授权者使用知名商标可以快速运营占领市场、快速盈利和快速成长，可以说是一个双赢的结果，但是商标授权也存在着一定的风险。

对于授权者来说，其面临的风险可能有产品监控风险、授权产品的冲突风险等。被授权者通过"购买"的方式获得商标使用权，在授权期限内就要获得收益以弥补成本，所以被授权者很难考虑商标的维护与形象，因此很可能出现一些短期行为，不能按照协议的约定对授权商标进行正当使用，授权者也无法对具体的授权企业进行产品生产质量的监督，一旦出现质量问题就会危及整个品牌，这种风险就属于产品监控风险。而授权产品的冲突风险是指，授权者原本生产的产品已占领了一部分市场，形成了固定的消费者人群，经过被授权者加工改造的产品如果与原有产品的关联性较差，可能会与之冲突，甚至会使消费者产生抵触心理，降低消费者对产品的依赖度，不仅造成产品需求量下降，更有损商标的形象。此两种风险都是授权者在商标运营中所要注意的风险。

对于被授权者来说，其面临的风险可能有侵权风险、"为他人做嫁衣"的风险等。商标侵权是指未经许可，使用他人商标或使用与他人相似的商标，可能使消费者在商品或服务的来源上产生混淆的行为，诸如未经许可，复制、假冒、模仿他人的商标都是侵权行为。而授权者面临的商标侵权在授权期限内大多可以规避，只是在授权期限到期后，未能及时续展期限或者没有续期，仍继续使用授权者商标的则视为商标侵权。授权者在授权期限内使用商标，为了本身经营发展，需要通过宣传、做社会公益事业等方式提升知名度，为了打开市场，还要建立专业的销售团队和销售渠道，被授权者所做的一切，不仅促进自身发展更提升了商标的知名度和品牌价值。商标价值不等于品牌价值，商标是商品的符号，品牌价值则与生产经营者的广告投入、销售运营密切相关。当商标在授权期限到期后，如果被授权者无法继续获得商标的使用权，那么之前所做的一切都将付诸东流，"为他人做嫁衣"。最经典的案例就是"王老吉红绿之争"，号称中国商标第一案——价值1080亿的"王老吉"商标合同争议案在历时380多日后一审时以广药胜诉告终，鸿道将被停用"王老吉"商标。作为被授权者的鸿道集团白白的为广药做了一次嫁衣。

3.3.2 商标运营的延伸风险

品牌的法律保护由商标权利来保障，商标是品牌在法律上的形式体现。一个企业在培育出一个品牌时往往会以该品牌为核心向外延伸。利用品牌的知名度和影响力以期打开另一个市场，这也是企业商标运营的一种方式。这样做的好处便于企业迅速占领市场，增强企业的竞争优势，也有利于企业利用已经积累起来的广告等宣传效应，省去了企业前期投入的成本。但是有的时候，延伸不当就会可能导致一系列不可预期的负面影响，给原本巩固的产品市场带来种种不利的反作用，甚至直接造成品牌个性的淡化。此时，企业就会面临商标运营的延伸风险。

一是损害原品牌的品质形象。企业利用品牌由一个产品向另一个产品延伸过程中，如果对品牌市场的定位不准确，不但不会达到开辟新市场的目的反而

"赔了夫人又折兵",使得品牌的价值大大折损,从而对商标形象造成破坏。像"派克笔"开始定位在高端市场,但是其品牌延伸至低端市场,由此破坏了派克笔在消费者心目中"高大上"的气质,不仅没有打入低档笔市场,反而在高档笔市场大为失利。究其原因就是"派克笔"的品牌延伸策略损害了原品牌的品质形象,使消费者产生了抵触心理。

二是"株连"效应。品牌延伸过程中,往往会多个产品共享一个品牌,那么当其中一个产品发生质量或者不可预测的风险时,也会传导给一个品牌下的其他产品,这就是"株连"效应在发挥作用。如果一个企业不事先进行市场调研、不考虑竞争对手的实力,而盲目的推出一个新产品,一旦新产品选择不当,则对企业的其他产品甚至是企业的经营活动都会产生不良影响。

三是延伸过度。品牌延伸就像拉橡皮筋,橡皮筋的承受力度决定了橡皮筋的长度,品牌延伸同样如此,品牌延伸并不是延伸范围越广越好,也有一个限度。如果超越企业自身发展以及控制的限度,那么超出限度的企业只能自食恶果。众所周知的巨人集团曾是中国早期计算机领域里的"大哥大",其产品风靡全国,占有很大的市场份额,可近年来它却几乎被人们遗忘,其惨痛的教训就是品牌扩张过度。

3.3.3 商标运营的淡化风险

商标淡化,是指未经商标权利人的授权或者许可,将与驰名商标相同或者近似的标志,在其他不相同或者不相似的商品或服务上使用,对商标的价值和声誉都造成了消极影响。商标运营的淡化风险一方面表现在未经授权许可的情形下,无权使用人使用与驰名商标近似的标志来诱导消费者,一般消费者在不知情的情况下,购买伪冒假劣商品从而会对真正的驰名商标商品产生不信任行为,比如"周住"洗衣粉冒充"雕牌洗衣粉","康帅搏"方便面模仿"康师傅"方便面等一系列侵权案例,这些劣质商品的商标都会使人误以为其与驰名所有人存在一定的联系,从而更容易让消费者接受和购买。这种行为会直接破坏甚至摧毁驰名商标与其特定商标或者服务之间的联系所唤起的消费者的心灵满足,消费者在一次上当受骗之后往往就会减少真正驰名商标商品的购买,破坏消费者对于驰名商标的识别力,导致驰名商标商品"背黑锅",无形之中商标的价值和影响力就被淡化了。

另一方面表现在商标面临退化的风险。驰名商标的退化行为,是指因使用或者运营不当,直接导致商标权利人完全丧失了自己商标所带来的识别性,无法达到商标最基本的区别功能的行为。在历史上，"Thermos"曾是他人的注册商标，现在却退化成为保温瓶的通用名称。❶商标淡化最严重的后果就是商标灭失，商标灭失风险最常发生在中外合资企业，外资企业对民族企业鲸吞蚕食，不少民族企业被外资收购或者控股之后，其商标也就面临灭失的风险，像"达能与哇哈哈之争"就是显著的例子，双方经过耗时两年半近40次的法律拉锯战，最终娃哈哈阻止了达能对"娃哈哈"商标的恶意收购。娃哈哈是幸运的，最终保护了自己的商标，但是企业不得不警惕商标被灭失的风险。

商标运营和专利运营一样，同样作为企业重要的无形资产，商标也是有价值的，商标也可进行质押融资等市场经济活动。同样的，商标运营也面临像专利运营时的价值评估风险、价值波动风险和价值变现风险等。前文已经叙述过专利运营中这几个重要的风险，在此不再赘述。

知识产权运营的三种主要方式，专利运营、版权运营和商标运营；知识产权运营所面临的风险在本章也已通过论述专利运营风险、版权运营风险和商标运营风险进行了不同方面的分析。通过本章对于知识产权运营所包含的风险的分析，可以看出，不同运营方式所包含的风险是既有共性又有个性的。像专利和商标都可作为质押物进行融资一样，质押融资是他们的共性，所以风险也近似一致；然而版权却有所不同，尽管版权在理论上也可作为质押物，但是现实中的事例很少，一般来说，目前版权运营的模式主要就是微版权运营和全版权运营这种从线下到线上的思路，所以版权运营风险的个性比较强。市场经济活动中，风险无处不在、无时不在，但风险不是知识产权运营不可跨越的鸿沟，只要采取恰当的措施，制定合理的制度，一定能将知识产权运营风险控制在适当范围之内。

---

❶ 任战江. 论企业商标的法律保护与运营［D］. 山东大学，2010.

第二篇
知识产权融资

知识产权作为企业特别是高技术企业快速发展的核心要素，开始以独有的优势取代固定资产涉入商业流通领域，成为企业融资的新要素。2005 年以来，中国知识产权无论是数量还是质量都大大提升，截至目前发明专利申请量突破 100 万件，同比增长 18.7%，连续 5 年位居世界首位，是毋庸置疑的知识产权大国。截至 2015 年年底，代表较高专利质量指标、体现专利技术和市场价值的国内（不含港澳台）有效发明专利拥有量共计 87.2 万件。2015 年，专利行政执法办案总量突破 3 万件，达到 35844 件，同比增长 46.4%。其中，专利纠纷案件突破 1 万件，达到 14607 件（其中专利侵权纠纷 14202 件），同比增长 77.7%；假冒专利案件 21237 件，同比增长 30.6%。

近年来，我国也出台了一系列相关政策来促进企业利用知识产权进行融资。九十年代末出台了《担保法》以及《专利权质押合同登记管理办法》，这两个文件的颁布开辟了我国利用知识产权进行融资的发展道路。2007 年，银监会相继出台了《关于商业银行改善和加强对高新技术企业金融服务的指导意见》和《支持国家重大科技项目的政策性金融政策的实施细则》，细则中提到高新技术企业可以通过发行股票、抵押贷款来获得资金。2008 年，国务院发布《国家知识产权战略纲要》鼓励引导企业通过知识产权质押、许可、转让等方式来实现知识产权的市场价值。2012 年，据统计，全国通过知识产权的质押获得资金已经达到 150 亿元人民币，商标质押获超 200 亿元人民币，版权质押也获得了融资 27 多亿元人民币。最近两年，我国的知识产权融资金额已在原有基础上实现了一个巨大的突破，并陆续建成 20 多个服务平台以用于知识产权融资服务。2015 年，全国新增专利权质押金额 560 亿元，惠及两千余家企业。对其中 20 项质押融资项目的抽样调查结果显示，相关企业当年累计新增销售额 37.7 亿元、利润 3.2 亿元。

尽管知识产权融资已经取得了巨大的成绩，政府也利用相关政策为知识产权融资提供了足够支持，但同国外发达国家相比，我国的知识产权融资发展速度依旧缓慢，多数中小企业难以利用知识产权获得融资。本篇内容在分析知识产权融资理论的基础上，对国家知识产权融资现状进行分析，提出知识产权融资具体运作模式，特别是山东知识产权质押的融资模式，然后系统分析知识产权相关的各种融资方式。

第 4 章　知识产权融资现状

知识产权是指自然人、法人、非法人社会组织或者国家依据法律的规定对其在科学技术、文学艺术和生产经营等领域创造的知识产品所享有的专有权利的总称。随着经济发展中创新作用的突出，专利、商标、版权、技术秘密等无形资产对企业发展的作用日益提升，作为无形资产重要组成部分的知识产权一直是当今政府和企业关注的焦点。企业知识产权的投融资运作是知识产权运用的新形式，是知识产权资本化的表现。目前，知识产权融资作为一种新兴的融资方式，对企业发展所起的作用正日渐显现。鉴于此，本章内容将系统回顾知识产权融资概念、内涵、类型以及知识产权融资相关基本理论。

4.1　知识产权融资的类型

实践中常见的知识产权融资类型可概括为出售、许可、入股、质押、证券化、信托等。

1. 出售

拥有自主知识产权的企业常以转让其知识产权财产权利作为融资途径，受让方取得出让方知识产权财产权，出让方取得相应对价并以其对价资金为企业发展提供支撑。其中，融资关键在于交易市场。目前国内的知识产权交易市场主要有专利展示交易中心和中国技术交易所。通过交易市场实现知识产权价值的市场化有成功案例。2010 年 11 月 8 日，天津世纪天龙药业有限公司与天津药物研究院达成了关于"龙加通络胶囊"的技术转让协议并签署了相应的转让合同，通过中国技术交易所的交易大厅完成了交易金额超过 5000 万元人民币的专利出售活动。

2. 许可

企业将其知识产权许可他人使用也是获取资金的常用手段，许可的方式不局限于一种，包括普通许可、排他许可、独占许可及交叉许可等。其中普通许可是当事人约定转让方将知识产权许可受让方在一定范围内实施，同时保留在该范围内对该知识产权的使用权与转让权。排他性许可是受让人在规定的范围内享有对合同规定的知识产权使用权，让与人仍保留在该范围内的使用权，但排除任何第三方在该范围内对同一知识产权的使用权。独占许可是受让人在规定的范围内享有对合同规定的知识产权使用权，让与人或任何第三方都不得同时在该范围内具有对该项知识产权的使用权。以知识产权许可获得融资的成功案例也不少，IBM 和 TI 每年的专利许可费收入高达 10 亿元左右；高通公司于 2005 年在中国获得手机专利的提成收入约 25500 万元。

3. 入股

根据《公司法》第二十七条规定，可用货币估值的无形资产、知识产权可作为企业的资本。企业以知识产权出资入股或参股也是企业利用知识产权融资的主要途径。知识产权估价入股而形成的转让是永久性的，公司如不解散清算，投资人不得从公司取回知识产权财产。出资人作价入股成为股东，可通过每年分红获得经济利益；但若公司经营不善，出资人也可能分文不得。值得注意的是，企业以该种方式融资，涉及的法律关系较为复杂，既有企业与工商行政机关的行政法律关系，也存在企业和知识产品评估机构的民事法律关系。

4. 质押

根据中国《担保法》《物权法》规定，知识产权财产权可以依法质押。知识产权质押是指以专利权等知识产权作为监督债务人履行债务，保证债权人实现权利的一种担保行为。知识产权的质押与转让、许可不同。质押过程中，知识产权仍属于出质人所有，在质押合同生效后，质权人虽然能够限制出质人的知识产权，但质权人自己也不得实施该知识产权。只有当出质人到期不能偿还债务时，质权人才有权将出质的知识产权拍卖、变卖以实现其权利。很多企业和个人将其专利、商标或版权等知识产权质押给银行金融机构，以期取得所需资金。知识产权质押融资目前在中国各地已小有规模，银行针对该贷款模式展开了专门业务。2010 年 7 月，东莞市科技局分别与中国建设银行东莞分行、东莞银行、中国工商银行东莞分行等 3 家银行签署了开展专利权质押贷款的合作协议，3 家银行又分别与 12 家企业签署了专利权质押贷款协议，这意味作为全国试点城市的东莞市知识产权质押融资工作，进入了实质性的阶段。如东莞市邦臣光电有限公司直接以 1 项发明专利及 5 项实用新型专利质押给中国建设银行东莞分行，根据质押资产的评估价值和企业发展情况，获得银行贷款391 万元，贷款期限一年，贷款利率参照人民银行基准利率执行，到期还清本息后可续款。

5. 证券化

根据《专利法》和《证券法》的规定，产生现金流的资产可以作为标的资产融集企业所需资金。知识产权资产证券化是以知识产权以及知识产权所衍生的使用权为基础，面向资本市场发行资产支持证券进行融资的方式。在知识产权交易市场尚未建立的环境下实现知识产权证券化虽有一定难度，不过相关的探索并未因此而止步。2000 年 7 月，美国 Royalty Pharma 公司首次尝试专利资产证券化，以耶鲁大学研制一种名为"Zerit©"新药的专利许可费作为支撑，发行了近 1 亿美元的受益证券。从 2005 年开始，中国已有多种资产证券化产品成功上市，如"CDMA 网络租赁费"支持证券、"开元"信贷资产支持证券和"建元"个人住房抵押贷款支持证券等。证券化产品的相继推出为金融机构开展证券化业务提供了指引，既推动了税制和监管的完善，又提高了参与者、投资者及监管者和相关机构对该业务的认识与理解。这就为在中国实施知识产权证券化扫除了一定的障碍，创造了有利的条件。

6. 信托

知识产权的权利人可以通过信托将该产权交给专业的受托人来管理，使知识产权充分的市场化和产业化，使产权的经济利益得到充分挖掘。企业全身心地投入到开发创造活动中，将创造成果以信托的方式转让给信托机构。信托机构获得了管理和处分该产权的权利。信托机构可以通过使用许可、投资入股等手段对该知识产权进行管理，将取到的收益转移给委托人。2000 年 10 月 25日，武汉市专利管理局和武汉国际信托投资公司共同策划和构架了"专利信托"，较早实现了无形资产与金融资本的有机结合。

知识产权融资常见的有知识产权质押融资、知识产权证券化、知识产权信托、知识产权作价入股等。北京、上海、广东、江苏等知识产权发展较好的地区积极进行知识产权融资的试点和推广，已经取得了良好的效果。但是，知识产权融资在运作中还面临着价值评估难、银行贷款难、知识产权现金流不稳定等问题。

4.2　知识产权质押融资研究现状

制约中小企业知识产权质押融资业务的最大风险就是价值评估风险。张晓慧（2007）提出收益能力、风险因素和市场因素是影响专利权质押价值的三大影响因素。❶ 陈见丽（2011）提出银行作为控制知识产权质押融资风险的主体，需要实行严格的贷前调查和贷后跟踪管理，及时发现潜在风险；做好信贷风险评估，按风险级别和知识产权价值来设定差别质押率，使质押率设置更加科学；注重直接质押和间接质押方式的配合使用，通过第三方担保降低风险；灵活运用知识产权质押与实物抵押捆绑的融资模式，分散、降低风险；选择高水平的评估机构，实行交叉评估，合理确定知识产权评估值。❷ 田洪援（2013）通过对知识产权质押融资系统的分析，应用专家打分法修正并量化知识产权质押融资中的金融风险、法律风险、知识产权自身风险以及企业运营风险等价值影响因素。❸ 章洁倩（2013）基于商业银行开展科技型中小企业知识产权质押融资业务的角度，探讨了风险管理的目标设定，分析了融资风险的影响因素，运用层次分析法构建了风险评价指标体系，提出了风险监控的相关建议。❹

从 20 世纪 80 年代，中国开始关注知识产权价值评估的研究，早期大都集中在成本法、市场法和收益法三种传统评估方法的适用性、参数选择及影响因素等。然而这三类方法使用的受限较大，且知识产权评估过程中具有诸多影响价值的因素，评估师在这些参数的确定上主观随意性较大，评估结论缺乏准确度和科学性。除了三大基本方法外，现阶段不断出现了期权定价模型、现金流量折现模型等新的方法模型。现金流量折现模型是当前应用最普遍的评估方法之一，其通过风险计算折现率来折现预定时间段内的收益。这种方法不仅考虑了资金的时间价值还通过预测来计量未来收益。Brealey 和 Myers（1984）❺ 详

---

❶ 张晓惠. 浅析专利权的质押价值评估［J］. 中国资产评估，2007（10）：35 - 37.

❷ 陈见丽. 中小型科技企业知识产权质押融资的风险控制［J］. 经济纵横，2011（7）：113 - 116.

❸ 田洪媛. 知识产权质押融资问题研究. 山东农业大学. 2013.

❹ 章洁倩. 科技型中小企业知识产权质押融资风险管理——基于银行的角度. 科学管理研究［J］. 科学管理研究，2013，31（2）：98 - 101.

❺ Brealey R，Myers S. principles of orporate［M］. inance. Ingapore：Mc Graw - Hill，McGrawHill，1984：68 - 82.

细讲解了现金流量折现模型如何在无形资产评估实践中进行运用。Eldor（1982）❶、TaKalo（1997）❷ 等人对扩张、延迟、放弃以及转换情境下的专利实物期权定价法进行了细致研究。A Damodaran（2014）在《投资估价》一书中结合层次分析数学模型和期权定价模型改进了无形资产估值方法。由于知识产权质押融资业务在中国出现较晚，国内学者在国外理论经验的研究基础上结合中国知识产权质押融资评估实践对该业务的评估理论与方法进行更加深入的研究。苑泽明等（2012）将知识产权的市场价值作为质押价值标准，在市场调查的基础上，通过因子分析法构建专家打分表，确定知识产权质押价值评估收益分成率的影响因素体系及其权重，以期借助相关领域多位技术专家的专业判断，降低评估实务中收益分成率仅由评估师确定的主观性，从而提高知识产权质押评估价值的客观性和公信力，推动高新技术企业知识产权质押融资顺利实现。❸ 何慧芳（2013）运用模糊分析法，通过建立广东省知识产权质押融资风险预警模型，从定量的角度上丰富知识产权质押融资的评价方法。❹ 钱坤（2015）在对国内外的专利价值评估理论进行系统研究后，结合质押融资目的，建立了基于专利权质押价值评估的法律因素、技术因素和经济因素等影响因子的两层级指标评价体系。❺

中国直到 1995 年《担保法》和 2007 年《物权法》的出台，才明确了知识产权可以出质，因此中国知识产权质押融资模式的市场化程度并不高，行政参与的色彩较为浓厚，政府不同程度的介入形成了不同的融资模式。左玉茹（2010）通过比较知识产权质押融资的美国模式、北京模式和上海模式，发现中国政府在知识产权质押融资模式中介入度较高，这会给政府带来沉重的负担，因此政府应当引导知识产权质押融资向市场化发展。❻ 李建英，欧阳琦（2012）通过分析国内外知识产权质押融资的模式，建议中国可以分地区分阶

❶　Eldor R. On the Valuation of Patents as Real Options [J]. Foerder Institute for Economic Research，1982（9）：57－68.

❷　Takalo T，Kanniainen V. Do Patents slow down Technological Progress? New Developments in Intellectual Property：Law and Economic，St. Peter'S College，Oxford，1997.

❸　苑泽明，李海英，孙浩亮，等. 知识产权质押融资价值评估：收益分成率研究 [J]. 科学学研究，2012，30（6）：856－864.

❹　何慧芳，刘长虹. 基于模糊综合分析法的广东省知识产权质押融资的风险预警评价研究 [J]. 科技管理研究，2013，33（14）：151－155.

❺　钱坤. 专利权质押融资理论与实践研究 [M]. 社会科学文献出版社，2015.

❻　左玉茹. 知识产权质押融资热的冷思考——基于中国中小企业融资模式与美国 SBA 模式比较研究 [J]. 电子知识产权. 2010（11）：48－49.

段逐步地从知识产权质押融资政府主导型向市场化转化，同时政府对这种市场化的进程发挥推动和监管作用，并要重点培养执业水平较高的知识产权评估中介机构，同时银行系统也应给予积极的配合和支持。❶ 郭淑娟（2012）分析论证了中国发展战略性新兴产业知识产权质押融资的可行性、融资模式选择及其运作流程，并提出了相关的立法和政策建议。❷ 徐莉（2013）分析了福建省质押融资模式，认为成立专门领导小组、出台知识产权质押融资管理办法有利于该项工作的全面规范和管理。❸ 建立市场主导和政府主导并行的知识产权质押融资模式会更有利推进该项工作的开展，促进知识产权的商业化。鲍静海（2014）对比研究了发达国家知识产权质押融资模式，总结提出了政府和市场共同推动、完善以各城市生产力促进中心为核心的综合配套服务体系建设。❹ 方厚政（2014）以上海市 2008—2012 年的 104 份专利权质押贷款合同为样本，对专利权质押贷款模式的影响因素进行了实证分析。❺

实践中，北京、上海、江苏、广东等知识产权发达地区的知识产权质押融资模式已由初期的政府主导型向市场主导型转变，但是扶持政策中政府补贴、政府担保等工具依然沿用，主要有北京模式、上海模式和武汉模式等。北京模式是"银行＋企业专利权/商标专用权质押"的直接质押融资模式，也是一种以银行创新为主导的市场化的知识产权质押贷款模式。上海模式是"银行＋政府基金担保＋专利权反担保"的间接质押模式，也是一种以政府推动为主导的知识产权质押贷款模式。此模式中，浦东生产力促进中心提供企业贷款担保，企业以其拥有的知识产权作为反担保质押给浦东生产力促进中心，然后由银行向企业提供贷款，各相关主管部门充当了"担保主体＋评估主体＋贴息支持"等多重角色，政府成为了参与的主导方。武汉模式则是在借鉴北京和上海浦东两种模式的基础上推出的"银行＋科技担保公司＋专利权反担保"混合模式，其中最大的亮点是引入了专业担保机构——武汉科技担保公司，一

❶ 李建英，欧阳琦. 知识产权质押贷款走向市场化的路径研究［J］. 河北经贸大学学报，2012（2）：66－70.

❷ 郭淑娟，常京萍. 战略性新兴产业知识产权质押融资模式运作及其政策配置［J］. 中国科技论坛，2012（1）：120－125.

❸ 徐莉. 福建省企业知识产权质押融资模式探析［J］. 东南学术，2013（2）：122－130.

❹ 鲍静海，薛萌萌，刘莉薇. 知识产权质押融资模式研究：国际比较与启示［J］. 南方金融，2014（11）：54－58.

❺ 方厚政. 专利质押贷款模式影响因素的实证研究——来自上海市的经验证据［J］. 上海经济研究，2014（8）：50－56.

定程度上分解了银行的风险，促进了武汉市专利权质押融资的开展。

4.3　知识产权其他融资方式研究现状

　　知识产权信托是指知识产权权利人即信托关系中的委托人将其财产转移给受托人，由受托人来管理和处分该知识产权的一种法律关系。知识产权信托是为了推动企业知识产权的运用，它需要企业知识产权管理作为基础和保障。学术界主要对知识产权信托中最为主要的专利信托的功能、运作流程和产品开发等方面进行了研究。专利信托具有专利转移、专利资产增值和专利资产证券化融资的功能。专利资产通过信托的专业化管理能够拓展知识产权的价值，开辟出除了自行转化开发之外的新型商业化途径。专利信托的重点是盘活企业的专利资产，尤其是非核心专利资产。郭俊（2015）也强调完善中国知识产权信托融资模式的路径设计，应在立足于信息经济、金融创新的国际背景和创新驱动发展战略、知识产权创新发展战略的国内背景的前提下，注重知识产权法律制度环境的建设，强调信托产权的清晰界定，并以此为基础创新风险控制的理念，按照迥异的风险偏好，设计差异化的知识产权信托融资模式，建立信托受益权流通机制。●

　　知识产权作价入股目前主要从法律角度进行了相关的研究。由《公司法》可知，知识产权的出资比例基本上可由公司章程来规定，法律法规另有规定的除外，知识产权的价值已受到社会的广泛认可。知识产权作价入股的难点在于知识产权价值评估。然而，考虑到实物出资者和知识产权出资者之间的矛盾博弈以及对企业债权人的保护，传统的方法存在较大的局限性。颜玲等（2011）提出采用承诺收益法进行估价，即出资的知识产权在未来使用期间实际带来的超额收益与承诺的超额收益进行比较，若实际收益低于承诺收益，则知识产权出资者需现金补偿出资额。❷

---

❶ 郭俊. 完善中国知识产权信托融资模式的相关思考——基于国际经验的比较与借鉴 [J]. 学习与实践，2015（7）：24－32.

❷ 颜玲，孙玉甫. 知识产权出资估价问题研究 [J]. 财务与会计，2011（3）：26－28.

第5章　知识产权质押融资

5.1　知识产权质押的流程

5.1.1　知识产权质押融资的参与主体分析

知识产权质押融资过程中，各个参与主体在其中充当不同角色，主要包括投资人、融资需求人、中介机构、其他利益相关方等。下面对各主要参与主体做一简单分析。

1. 知识产权交易平台（中心）

知识产权交易平台作为知识产权交易板块的营运主体，负责制定和完善有关制度和规则，提供交易所需有关场所、设施、交易系统和服务，严格按照有关政策和制度要求，对参加交易的会员进行自律管理。尽可能的促成知识产权供需双方的交易。

2. 融资需求人

融资需求人是指依照中心相关规定对融资有明确融资额度需求的企业或个人，他们一般是优质知识产权的所有人。目前，市场上多数是具有专利权等知识产权资产但又缺乏实物资产的科技型企业，多数处于初创期或者成长期，不希望通过股权融资稀释股权，同时对资金需求量并不大，具有中短期的融资需求者。

3. 专业中介服务机构

专业中介服务机构是指知识产权交易过程中提供交易服务的中介组织，包括信用评级机构、担保机构、评估机构、会计师事务所、律师事务所等专业服务机构。在融资过程中，由于专利权具有高度专业性，银行等处于相对的信息劣势，需要借助会计师事务所、律师事务所等进行权属核实和法律风险估计，还要借助资产评估机构进行专利权价值的评估。

4. 投资者

投资者是指参与知识产权交易的金融机构、各类权益机构持有者、投资机构、企业或个人的投资者。

5. 保险机构、政府机构等

从国内外发展经验来看，专利权融资风险分散机制的重要环节是政策性保险机构或者商业保险机构的参与。政府机构主要对专利权质押提供推选、监督、担保等综合服务，由于专利权资产的风险偏高，政府往往需要提供相配套的服务或信贷支持才能有效促进市场对该项融资创新的尝试和发展。

5.1.2　知识产权质押融资的流程

知识产权质押类业务与传统抵押类业务有很大不同，根据国家有关部门的规定，知识产权质押融资业务的主要流程包括以下几个步骤：

1. 企业向银行提交知识产权质押贷款书面申请

申请知识产权质押贷款时，商标注册人应持《商标注册证》、专利权人应持《专利证书》和银行所需的其他相关材料向银行提出贷款申请。金融机构针对不同客户初步分析其资产准入标准及范围，一般包括两层意思：一是贷款主体的准入标准，二是质押物的准入标准。

贷款主体的准入标准可通过贷款企业信用履约分析、偿债能力分析、盈利能力分析、经营发展能力分析、综合能力分析等确定，在实际中贷款主体通常是贷款行的黄金客户、优质客户，在贷款行及其他行无不良记录。

质押物的准入标准一般遵循省著名商标及国家驰名商标优先的原则，专利为发明专利和实用新型专利优先原则。

2. 由专业评估机构对企业商标专用权或者专利权价值进行评估

很多企业商标自身的价值是有限的，而企业的业绩、市场占有份额都会改变品牌的价值，都会使商标的价值发生巨大的波动。同时，如果企业在发展中出现重大问题，商标的价值也都会受到影响，银行的贷款安全得不到保证，风险较大。如果想要解决好这一问题，就应该有专门的鉴定机构，对企业自身商标和专利的价值进行全面、客观的鉴定，建立知识产权质押物价值动态评估机制，这样就可以给借贷双方提供一个很好的知识产权价值依据，落实风险防控措施。

3. 银行对企业提交的资料及商标专用权评估结果进行审核

质押物的价值可通过专业的资产评估事务所对质押物的时点价值进行客观的评估，为质押类业务提供价值参考。对于质押物的范围来说通常是指商标权及专利权。具体来讲，商标质押范围包括：企业质押商标及其相同或近似类别的相同或近似商品/服务。专利权质押包括：出质人（专利权人）在质押期限范围内的无权属纠纷的专利权。

金融机构根据商标或专利的评估价值作为确定质押贷款的授信额度的参考，质押率通常规定不超过质押物时点价值的50%，在实际操作中受行业、地区及风险控制等诸多因素影响与限制，一般为10%～60%，质押率在20%～60%的居多。

4. 审核通过后，双方签订、借款合同、商标专用权质押合同或者专利权质押合同

由于知识产权质押贷款合同需要到国家商标局和国家知识产权局进行质押登记，故双方签订的质押登记合同应当包括：（1）出质人、质权人的姓名（名称）及住址；（2）被担保的债权种类、数额；（3）债务人履行债务的期限；（4）出质物清单；（5）担保范围；（6）当事人约定的其他事项。

5. 办理知识产权质押登记手续

根据国家商标局和知识产权局的规定，签订知识产权质押贷款合同后，双方应持相关材料到知识产权管理部门办理质押权登记，商标权质押登记时间为5个工作日，专利权质押登记时间为7个工作日。

6. 执行借款合同

取得知识产权质押登记证书后，金融机构可按照双方签订的贷款合同给借贷方资金放款。

5.2 知识产权质押的典型模式

5.2.1 国内知识产权质押贷款模式

国内的知识产权质押贷款做法，可归纳为以下三种模式：

1. 直接质押融资模式（银行＋知识产权质押）

企业以经中介机构评估的知识产权质押向商业银行申请贷款。由于目前中

国配套的法律和政策尚不完备，商业银行对知识产权价值认定持较为审慎的态度。此种模式的市场推广度低。

2. 捆绑质押融资模式

与股权捆绑（银行＋知识产权质押＋股权质押）；

与有形资产捆绑（银行＋知识产权质押＋有形资产抵押）；

与法人代表无限连带责任担保捆绑（银行＋知识产权质押＋法人代表无限连带责任担保）。

企业将知识产权与应收账款、股权、有形资产和企业信用等打捆作为质押物向商业银行申请贷款。此种模式有利于为银行降低经营风险，故现在所开展的专利权质押贷款业务多是以捆绑的方式进行，纯粹的专利权质押贷款极少。

3. 反担保质押融资模式（银行＋担保＋知识产权反担保）

担保公司为企业提供担保，企业以知识产权作为反担保质押给担保公司，再由银行与专利权人签订贷款协议。根据担保公司的性质，可分为政府担保模式和担保公司贷款模式两种。

（1）政府担保模式。

政府担保模式以上海、四川成都、黑龙江哈尔滨、安徽芜湖、江苏徐州、河南等地区为代表。在该模式中，由政府设立担保专项资金，交由政府背景机构管理，由该机构为企业提供信用担保，企业以其拥有的知识产权作为反担保质押给该机构。商业银行根据担保金额放大数倍的规模向企业提供贷款（成都商业银行按 1：3 的比例放大、上海商业银行按 1：2 的比例放大），在贷款风险的承担方面，政府承担大部分贷款风险（上海政府承担 95%、四川成都政府承担 90%），商业银行仅承担很少的责任。

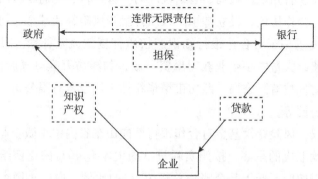

图 5.1 "政府担保模式"的知识产权贷款示意图

（2）担保公司贷款模式。

担保公司贷款模式以湖北武汉、广东深圳、湖南长沙和湘潭、浙江杭州、安徽合肥和蚌埠等地区为代表。有别于政府担保模式的是，担保公司贷款模式引入了专业的担保公司作为担保主体，而政府担保模式是以政府科技专项基金做担保。例如武汉引入武汉科技担保有限公司；浙江杭州引入杭州市高科技担保有限公司；湘潭市由湘潭高新技术创业服务中心联合其他投资实体和个人共同注资1亿元成立湖南高新火炬担保有限公司；重庆科委所属的科技资产控股有限公司出资成立了科技融资担保有限公司。发生贷款风险时，担保机构承担大部分贷款风险，商业银行承担很少的责任。

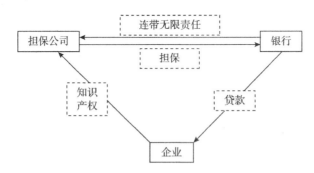

图5.2 "担保贷款模式"的知识产权贷款示意图

5.2.2 山东省具有特色的融资模式介绍

1. 山东知识产权质押融资主推模式

山东省主推的知识产权质押融资模式属于政府风险补偿模式，具体做法为山东省科技厅、省知识产权局、省财政厅与齐鲁银行、交通银行山东省分行等金融机构签订合作协议，设立知识产权质押融资风险补偿基金，初期基金规模5000万元，专项用于对合作银行知识产权质押贷款风险补偿。目前，在山东推动非常迅速，大量中小企业获得融资贷款，如潍坊万隆电气股份有限公司、山东华辰生物科技有限公司、潍坊市精华粉体工厂设备有限公司、山东华盾科技股份有限公司等。

根据协议，风险补偿基金对合作银行面向山东省内中小微企业发放的知识产权质押贷款形成的呆账，按照实际贷款损失本金40%的比例给予补偿。合作银行须承诺按照不低于基金账户总额10倍的比例，向中小微企业发放知识产权质押贷款，贷款利率上浮比例不超过人民银行同期贷款基准利率的30%，贷款企业应符合工业和信息化部、财政部等四部委关于中小微企业的划型标准规定。山东省科技厅、省知识产权局、省财政厅将对合作银行的年度贷款规模、风险防控、利率优惠以及服务质量等情况进行绩效考核。

据统计，2014 年、2015 年山东省知识产权质押融资金额连续两年位居全国第一位。2016 年上半年，全省中小微企业专利权质押融资金额超 13 亿元，融资金额继续位居全国前列。

2. 青岛模式

青岛市知识产权局积极协调银行、保险、担保等相关部门和单位，在青岛保监局的大力支持下，首次在青岛推出专利权质押贷款保证保险新险种，形成了专利管理、银行、保险、担保分工协作、共同推进的"四位一体"专利质押保证保险工作体系，由保险机构、担保机构和银行三方按 6∶2∶2 的比例共同承担融资风险，创立了贷款风险分摊机制为核心的专利权质押保险贷款新模式。

2015 年 6 月 1 日，青岛市科技局、青岛市财政局、青岛保监局联合印发《科技型中小微企业专利权质押贷款资助实施细则》（以下简称《实施细则》），确立了专利权质押贷款贴息、专利质押贷款保证保险费资助、中介服务费补助、专利评估费资助等"四补"政策，为专利权质押保险贷款新模式的快速推动开创了良好的政策环境，有效解决了专利权质押贷款的融资成本高问题。具体做法如下：

（1）开创保险撬动贷款新模式。

以拓宽融资渠道，化解融资风险为目标，开创了以保险撬动专利质押贷款的新模式，由保险机构、担保机构和银行三方按 6∶2∶2 的比例共同承担融资风险，大幅降低了商业银行的放贷风险，提高了银行以专利为质押向企业提供贷款的积极性。另外，发生不良贷款时，由担保公司对不良贷款代偿，解决了银行法规与保险法的时间冲突。

（2）强化"四补"政策引导。

为充分发挥政府的引导作用，激发各方参与专利质押的积极性，《实施细则》提出了"四补"政策：一是对专利质押贷款给予 50% 的贴息资助；二是对三年的保险费给予部分资助；三是对参与专利评价的中介机构给予激励；四是对质押专利处置发生的专利评估费给予 50% 资助。通过以上政策的落实，显著降低了企业融资成本。首年综合年化贷款成本仅为 5.15%，远低于其他渠道的融资成本。

（3）突出市场化运作。

一方面，改变了风险转移由政府资金托底的传统做法；另一方面，采取了保险费资助递减的方式，引导企业按市场化模式融资。《实施细则》规定，三年保险费资助比例分别为 80%、60%、40%，三年后贷款保险费用由企业自行承担。

（4）构建"四位一体"工作体系。

首先专利的把控由知识产权公共服务平台组织中介机构对质押专利的法律性、技术性、经济性进行评价；通过专利评价的项目，由银行、保险机构和担保机构联合开展尽职调查。既解决了金融机构对专利评价的难题，也大大提高了审贷效率。

（5）整合知识产权金融服务资源。

以政府购买服务和经费资助等方式，整合知识产权服务机构、保险机构、担保机构和银行等服务资源介入专利质押融资工作，加速了知识产权与金融的深度融合。

3. 烟台模式

2014 年上半年，《山东省科技型小微企业知识产权质押融资暂行办法》和《烟台市知识产权质押贷款管理暂行办法》出台后，烟台市高新区、开发区也相继出台了知识产权质押贷款的相关办法，逐步形成了知识产权质押融资纵深工作体系。烟台市规定利用专利权进行质押贷款的，借款人还本付息后，根据市科技贷款贴息政策给予补贴；高新区设立了 1000 万元知识产权质押贷款风险补偿资金，为企业提供总额 10 倍于风险补偿金的知识产权质押贷款授信额度。对以知识产权质押贷款的企业，给予贷款利息及评估费用 50% 的补贴，并且补贴金额无最高上限。

2016 年初，太平洋财险山东分公司烟台支公司、青岛银行烟台分行、烟台中恒信融资担保有限公司和山东山琦知识产权运营管理有限公司四家单位正式启动了"烟台市知识产权质押贷款市场化运营项目"，在省内率先开创知识产权质押贷款完全市场化运营模式。新的模式下，运营公司对企业拟质押专利进行筛查并出具评价报告；担保公司、保险公司、银行根据评价报告意见对企业进行联合审贷；对于符合条件的企业，最后由银行发放贷款。当出现不良贷款时，银行、担保公司和保险公司按照 1∶3∶6 的比例分摊风险。目前恒驰挂车已通过该项目签订了贷款合同，正处于专利质押登记环节。该模式运行以来有效破解了中小微企业融资难、融资贵问题，大力推进中小微企业创新创业，促进知识产权与经济的深度融合，受到中小企业的欢迎。一是专利中介机构的前期专业化筛查与后期风险分担机制相结合，可以有效降低风险，打消银行和担保公司顾虑，解决银行不愿贷、不敢贷、融资难问题。二是低费率合作原则，可以降低融资成本，解决融资贵问题。目前合作银行专利质押贷款利率是在基准利率基础上上浮 20%，远远低于其他银行同类业务基准利率上浮可达 60% 的融资成本，同时还可享受省、市财政补贴政策，使企业总的融资成本低于 6%。三是市场化机制，推动项目健康发展。项目风险完全由合作单位承担，不仅有效解决政府财政负担，而且有利于增强企业责任意识和风险意识，确保项目健康、持续运行。上半年，赴济南协调齐鲁银行总行和交通银行山东分行入驻"知识产权质押融资市场化项目"。

在宏观政策的引导下，光大银行、中信银行、润福担保等众多金融担保机构纷纷开设了知识产权质押贷款、担保等业务。中国光大银行烟台分行公司业务管理部投行部负责人介绍说，光大银行自 2008 年开始推出知识产权质押贷款业务，中小企业可综合利用知识产权、股权和信用方式申请贷款。对于混合担保下的知识产权质押，知识产权质押可以作为杠杆，可以获得更高的贷款额度。

5.3 山东知识产权质押融资典型案例

5.3.1 企业情况

山东卢斯得机械有限公司（以下简称卢斯得）始建于 2011 年 7 月，位于山东无棣经济开发区，占地面积 27400 平方米，建筑面积 15500 平方米，其中厂房 12000 平方米。厂区距离济南飞机场 130 公里，天津市区 170 公里，地理位置优越，交通便利。注册资金 5000 万元，公司设有项目部、人力资源部、研发中心、市场部、财务部、生产运营部、质量技术部、综管部等科室，健全的企业组织架构，为企业持续发展奠定了基础。目前公司拥有员工 120 人，其中专科以上学历 70 人，中高级技术职称的专业技术人员 26 人。

企业只有拥有创新型的人才与最先进的技术，才能真正主宰未来市场。卢斯得非常重视人才和技术的发展与进步，依托国内外知名高校及专家优势，先后与青岛科技大学中德学院、山东凯文学院合作组建研发中心，设立创新实践基地，并与山东省劳动职业学院、滨州学院等高等院校建立长期合作，使企业产品具有强大的技术保障。目前卢斯得获得国家授权发明专利 2 项，实用新型 23 项，完成科技成果转化 10 项，其中 1 项获得滨州市科技进步 3 等奖，先后被授予"山东省高新技术企业""山东省妇女创业大赛一等奖""滨州市中小企业一企一技术创新企业""滨州市三八红旗集体""滨州市专精特新企业""滨州市平安企业"等荣誉称号。

5.3.2 山东卢斯得机械有限公司与齐商银行合作详情

齐商银行从最大程度规避风险的角度出发，对山东卢斯得机械有限公司知识产权质押贷款申请人的资质、拟质押知识产权的条件等方面做出了详细的审核。此次合作的担保方式为知识产权质押。具体限定为专利权和软件著作权中的财产权。知识产权须经有评估资质的专门评估机构评估确值。融资额度不超过估值的 50%，期限原则上不超过 1 年，双方签订齐商银行的银行制式融资合同和质押合同。此次合作的山东卢斯得机械有限公司属于国家重点鼓励扶持行业，拥有众多科学技术含量较高的专利，经营良好，有较好成长性。此次合作的专利为山东卢斯得机械有限公司在国家知识产权局质押登记的 6 项专利，包括一种机床上的电磁离合器、同转切削异面同时加工刀具、一种可以快速安装的空压机的活塞销等。山东卢斯得机械有限公司利用以上 6 种专利权从齐商银行滨州无棣支行贷款 200 万元，贷款的年实际利率为 8.96%，有效缓解了山东卢斯得机械有限公司的资金流转困难。

第6章 知识产权证券化融资

6.1 知识产权证券化融资现状

6.1.1 国内外知识产权证券化融资现状

世界上最早开始探索知识产权证券化的国家是美国，并且也成功策划了世界上第一起知识产权证券化案例"鲍伊债券"。创新性金融机构 Pullman Group 基于超级摇滚歌星大卫鲍伊的影响力，以其 25 张个人专辑版权的收入为支撑，成功对外发行了 10 年期、利率为 7.9%、总额度为 5500 万美元的债券。在发行过程中，鲍伊的唱片发行人唱片公司以及承销商公司都起到了积极的推动与中介服务作用。随着版权证券化的发展，商标权、特许经营权、专利权的证券化案例也不断涌现，如 2002 年 Candies Inc. 商标权证券化，2003 年 Guess Inc. 商标权证券化、Athletes Foot 特许经营权证券化和由 Rovaltv Pharma 公司进行的药品专利证券化等。这一系列成功的知识产权证券化案例为美国知识产权权益人实现了融资的目的，使得知识产权在资本市场上发挥的作用越来越大，同时也推动了科学技术的不断创新。美国知识产权证券化之所以取得了成功，是因为在知识产权证券化的发展过程中，信托公司、资产评估公司、投资公司、专利许可协会等中介机构发挥了极为重要的推动作用。

近年来，随着中国知识产权相关法律的健全，对知识产权的保护力度也不断加大，中国拥有的知识产权数量呈现出较快增长的态势，知识产权交易市场也日渐完善，但对于知识产权证券化，国内实践却较为缺乏。2005 年，中国开始大力推动资产证券化的发展，政府陆续出台了一系列支持政策，如中国人民银行、银监会制定的《信贷资产证券化试点管理办法》，证监会发布的《证券公司资产证券化业务管理规定》，资产证券化从理论探索走向了实践操作。从 2005 年开始，已有多个资产证券化产品成功上市，与此同时，国内相关机构也陆续开展了知识产权证券化工作的探索。其中在企业上市时，对本企业资产的评定中，就包含了知识产权的内容，很多的专利、商标、著作权都与有形资产打包作为股权上市。除此之外，根据相关报道，国内在有的地区和行业也进行了有益探索。

6.1.2 山东省知识产权证券化融资现状

从山东省的情况看，企业知识产权证券化实践十分匮乏。据了解，2014年济南富美科技有限公司曾通过发行债券方式进行专利权融资尝试。该公司依托北京中信建设投资公司，以138项专利进行评估作价4.5亿元，后经担保、会计审计、增信、评级等程序，经长达半年多的努力，最终确定以2.6亿元作为债券对外发售。但此项工作后因形势变化，出现钱荒和担保公司信誉等方面的问题，最终导致流产。这是近年来山东省企业开展知识产权证券化的一次积极尝试。

笔者认为，国内知识产权证券化难以发展的原因在于两个方面，一是知识产权（如专利）转化为未来的收益，本身是风险较高的项目，而传统的银行等金融机构是严格的风控条件下的机构，其很难接受以知识产权的未来收益作为主要还款来源带来的风险。因此，有效控制风险加强风险分散是中国知识产权证券化融资实现的关键。这也就要求中国的各类中介机构要参与风险的评估与承担，有效联结投资人和知识产权企业。二是知识产权（专利）的价值难以有效评估。在对无形资产的评估中，难以做到评估结果为各方认同，这也就限制了知识产权投融资的发展。因此，加强中介机构和投资机构的合作，以中介机构为核心，其评估能得到投资机构认可尤为关键。

6.2 知识产权证券化运作方案设计

6.2.1 设计目标及原则

1. 设计目标

对于知识产权资产证券化运作方案的设计，主要是从整体上来规划整个证券化的运作框架，其设计目标则是构造一个结构严密、分工明确、运作协调并在实践中切实可行的运作方案，以确保知识产权公司能够通过资产证券化顺利获得融资。

2. 设计原则

根据知识产权资产证券化运作方案的设计目标，将按照以下原则进行具体设计：

（1）针对性原则。

知识产权证券化的运作是以知识产权公司为主体的，因此在设计运作方案时，必须考虑公司自身的特点和需求，有针对性的进行设计。比如，有的公司进行证券化的目的是获取融资，因而其对破产隔离等的要求就不会太严格；有的公司则希望利用其专利等知识产权证券化的过程中更多的分散风险，那么，采用破产隔离来实现此种目的就尤为重要。

（2）可操作性原则。

在知识产权证券化的运作过程中，会受到很多外部因素的影响，尤其是受相关法律法规的影响比较大，因此在设计运作方案时，必须充分考虑这些影响因素，以保证方案具有实际可操作性。

（3）标准化原则。

在知识产权证券化运作过程中，会涉及众多的参与主体，其职责也各不相同。特别是证券化之后的销售环节，采用与互联网金融的结合，更加大了参与主体的分散，因而对各参与主体的职责加以明确和规范就显得非常关键。通过这种标准化处理，便于对运作方案进行有效的控制。

6.2.2 知识产权证券化模式选择

从资产证券化的实践经验来看，依据 SPV（Special Purpose Vehicle，特殊目的机构）组织形式的不同，资产证券化主要有 3 种模式，分别是信托模式、公司模式和有限合伙模式。公司模式是根据需要，采用特殊目的的公司来进行证券化。这类特殊目的公司不同于一般的公司，其成立的主要目的就是在证券化过程中起到风险隔离的作用。目前，中国还没有就设立特殊目的公司进行单独立法。因此，该类模式不论是在法律方面，还是在实践方面都存在一定的制度障碍或者操作难点，该类模式可行性较低。有限合伙模式起初存在的目的是有效避税，后期由于有限合伙要承担连带责任，不能实现风险隔离。同时，许多学者、管理者等也指出该模式在证券化过程中还存在不少争议。基于此，该类模式在实践中也较少运用。实际上，目前在国内外运用最多的是采用信托模式开展资产证券化业务。信托模式，是指发起人以拟证券化的基础资产设立信托，并不需要专门成立特殊目的的公司，作为受托人的 SPV 是法律规定的信托机构，通常是经核准有资格经营信托业务的银行，信托公司等。发起人将拟证券化的知识产权委托给信托机构，成立信托关系，由信托机构作为发行人，为发起人发行代表对知识产权享有权利的信托受益凭证，然后发起人通过承销商将信托受益证券出售给投资者。因此，信托模式能够有效实现资产的风险隔离，对于 SPV 的成功有效运行具有促进作用。而且，改革开放以后中国有大量的从事信托业务的金融机构，他们在投融资管理、资金管理等方面具有丰富的经验，完全能够达到 SPV 的任务要求。

由此可见，在中国现行的法律框架下，信托模式是知识产权证券化过程中最为合适的模式选择，只有该模式能有效的起到风险隔离且具有一定的可操作性。

6.2.3 主要参与主体分析

1. 发起人

发起人就是知识产权的原始权益人，它需要根据自身的融资目标，选择知识产权资产（专利权、商标权、著作权等），然后将其出售给 SPV。对于发起人的要求，一般是必须有足够的资产规模来进行选择和构造资产池。以专利为例，一般要求企业具有相关产品或者技术的专利组合，即能够支撑某一类产品或技术的领先的所有专利。

2. SPV

这是为实施资产证券化而专门设立的独立的法律主体，是介于发起人和投资者之间的中介机构。SPV 主要负责向发起人购买知识产权的相关资产，然后以此为基础发行知识产权证券化产品。SPV 的主要作用是实现知识产权资产与发起人之间的风险隔离。目前，可采用信托模式起到 SPV 的风险隔离作用。

3. 信用增级机构

信用增级机构是对知识产权证券化产品提供额外信用支持的机构。通过信用增级可以使证券化产品获得较高的信用等级，在满足投资者对等级要求的同时，降低发起人的融资成本。信用增级可以分为内部增级和外部增级，内部增级是由发起人来提供或者证券化本身的设计来实现，外部增级是由第三方机构提供。特别是在知识产权证券化过程中，第三方增级非常重要。

4. 信用评级机构

信用评级机构主要是在证券化产品发行时，对其风险进行评价，并确定其信用等级，从而为投资者提供决策依据。另外，评级机构还需要对证券化产品进行持续跟踪评级，及时对可能出现的风险因素进行识别和分析，然后根据分析结果对产品的信用等级做出调整，以保护投资者的利益。

5. 中介服务机构

在知识产权证券化中还会涉及其它相关服务机构，如证券承销机构、证券登记/支付代理机构、律师事务所、会计师事务所等。证券承销机构主要负责证券化产品的承销发行，本文认为证券化的关键点之一就是承销商的选择。证券登记/支付代理机构负责证券化产品的登记及本息的代理支付。在证券化过程中，还会涉及相应的法律和会计问题，都需要律师事务所和会计师事务所提供相应的咨询服务。另外，由于强调的是现阶段互联网金融与知识产权证券化相融合，因而中介机构还包括各类知识产权交易平台、知识产权中介服务机构等。

6. 投资人

笔者认为在与互联网金融融合之后，其投资人的范围将更加广泛。除了目前资产证券化产品的多数投资者包括证券投资基金，银行、保险公司等之外，还包括 P2P 个人投资者、私募公司等民间的金融机构。

6.2.4　运作流程

在借鉴资产证券化一般运作流程的基础上，根据相关参与机构的专业职责，笔者规划了知识产权证券化的运作流程，具体如下：

1. 筛选知识产权构成，组建资产池

发起人首先根据自身持有的知识产权构成状况以及融资需求，确定自身融资目标，在此基础上，按照一定的标准对知识产权资产进行筛选，组建资产池。对于绝大多数科技型中小企业来说，按照专利组合的构建思路，以产品或者技术领域为核心，构建专利资产，从而形成资产池。

2. 设立 SPV，并向其出售知识产权资产

组建起资产池之后，就要设立 SPV，并将知识产权资产出售给 SPV。采用这种做法的关键是及时做到风险隔离，保护投资者的利益。

3. 设计知识产权证券化产品，并进行信用增级

SPV 在获得知识产权资产以后，需要根据具体要求设计证券化产品。知识

产权证券化过程中，为有效降低风险，更多赢得投资人认可并降低发起人的融资成本，需要进行信用增级。

4. 对产品进行信用评级

证券化产品设计出来并进行过信用增级后，SPV 需要聘请独立的评级机构对其进行信用评级，并向投资者公布评级结果，这是投资者最主要的决策依据。信用评级主要通过对知识产权资产的质量、信用增级措施、交易结构及相关参与机构的服务能力等情况的综合评价来得出产品的信用等级。

5. 发行证券化产品

证券化产品完成评级并将结果对外公布后，SPV 需要聘请证券承销机构对产品进行包销或代销，然后 SPV 将从证券承销机构处获得发行收入，按照事先约定的价格向发起人支付资产转让对价。

6. 按时向投资者支付本息

根据产品发行时的约定，在每个支付日，SPV 需要向资金保管机构和证券支付代理机构发出指令，向投资者支付本息，直至到期。

6.3 知识产权证券化产品方案设计

6.3.1 资产池

1. 影响知识产权资产未来现金流因素

知识产权资产池是指一个多种知识产权组合而成的并且具有一定特征，实现未来知识产权收益同时分散风险的知识产权资产的总和。从某种角度来看，知识产权的资产池能够给企业带来未来稳定的且有明确预期的现金流从而为偿付资产证券化的本金和利息提供保障。因此，资产池的构建是知识产权证券化的支撑，只有风险分散、且能带来稳定现金流的知识产权才是纳入资产池的有效知识产权，也才能保证知识产权证券化的成功。然而，由于知识产权的特殊性，其选择或者判断哪些知识产权纳入到资产池更为困难和谨慎。那么，如何选择合适的知识产权资产成为资产池构建的重要环节。哪些知识产权的特征因素会影响到未来知识产权的现金流呢？接下来对影响因素进行简要分析并提出筛选知识产权的依据或者方法。

（1）知识产权所属行业特征。

不同行业面临着不同的风险，因而区别不同的行业特征对筛选合适的知识产权非常重要。如该行业是属于国家鼓励发展行业还是面临淘汰的产业，该行业是高风险行业还是传统行业等。

（2）知识产权自身的特征。

不同的知识产权具有不同的特征，例如专利未来的收益难以确定，高风险存在着高收益。如果投资者对于风险的承受能力较强，则可以选择专利进行投资。而著作权相对风险较低，收益稳定，可满足风险厌恶者进行投资。如果合适，在构建资产池时应当考虑不同的知识产权产品的组合，有效降低风险系数，满足更广泛投资者的需求。

（3）知识产权许可或者使用者情况。

知识产权的使用者的状况如何直接影响到未来的收益。因而对于使用者的数量、分布情况、能否避免区域经济波动带来的影响等都非常重要。这种做法亦是为了避免众多许可人同时违约等给企业未来现金流带来危害，从而提高资产池的质量。

（4）知识产权在技术、经济和法律的综合评价。

知识产权的技术先进性程度、产业化程度以及法律保护期限长短等均会影响到企业未来的收益。选择先进性较高的知识产权资产，搭配不同产业化程度和不同保护期限的知识产权组合在一起，能保证证券化过程中每时每刻均有较为成熟的资产以及获取到持续现金流。

（5）与总体目标风险相关性等。

选择基础资产时，尽量选择与总体资产相关性较弱的知识产权，从而有效的分散风险。

（6）其他如交易费用等。

6.3.2　筛选方法

依据知识产权资产池的影响未来现金流因素的筛选标准，建立评价知识产权资产筛选的评价标准。当然，筛选的方法有很多，笔者选择了层次分析法。

层次分析法是一种定性与定量分析相结合的多准则决策方法，它是指将决策问题的有关元素分解成目标、准则、方案等层次，用一定的标度对人的主观判断进行客观量化，在此基础上进行定性分析和定量分析的一种决策方法。其步骤具体如下：

1. 建立层次结构

依据实际情况对已经建立的影响因素进行分层，利用框图说明层次的结构和从属关系，包括目标层、准则层、方案层，见表6.1。

表6.1 知识产权层次结构设置

目标层	准则层	方案层
知识产权资产筛选的评价 u	行业特征 u_1	国家重点鼓励发展行业 u_{11}
		行业发展阶段 u_{12}
	知识产权自身特征 u_2	知识产权的种类 u_{21}
		知识产权的产权清晰程度 u_{22}
		知识产权的受保护范围 u_{23}
	许可人或使用者特征 u_3	知识产权的许可方式 u_{31}
		被许可人对许可协议的了解程度 u_{32}
		被许可人的运营能力 u_{33}
	支撑产品特征 u_4	支撑产品的市场占有率 u_{41}
		支撑产品的生命周期 u_{42}
		支撑产品的市场潜力 u_{43}
		支撑产品的价格竞争力 u_{44}
	资产管理人管理能力 u_5	资产管理人的管理经验 u_{51}
		资产管理人业绩 u_{52}
		资产管理人服务 u_{53}
	知识产权权利特征 u_6	侵权风险 u_{61}
		知识产权权利的有效性 u_{62}
		知识产权权利状态的稳定性 u_{63}

2. 建立层次分析模型后，就可以在各层元素中进行两两比较，构造出比较矩阵

以上一层的元素 u 为准则，然后判断针对知识产权的行业特征（u_1）、自身特征（u_2）、许可人特征（u_3）、支撑产品特征（u_4）、资产管理人能力（u_5）、和权利特征（u_6）两两之间的相对重要性，这些判断通过引入合适的标度用数值表示出来，写成判断矩阵。对于有 n 个元素来说，我们得到两两比较判断矩阵 $c = (c_{ij})_{n \times n}$。其中 c_{ij} 表示因素 i 和因素 j 相对于目标重要值。

常用的比较标度方法为 $1 \sim 9$ 标度法，见表6.2。

表6.2 判断矩阵标度及其含义

序号	重要性等级	c_{ij}赋值
1	i, j 两元素同等重要	1
2	i 元素比 j 元素稍重要	3
3	i 元素比 j 元素明显重要	5
4	i 元素比 j 元素强烈重要	7
5	i 元素比 j 元素极端重要	9
6	i 元素比 j 元素稍不重要	1/3
7	i 元素比 j 元素明显不重要	1/5
8	i 元素比 j 元素强烈不重要	1/7
9	i 元素比 j 元素极端不重要	1/9

我们通过比较判断，可以依次得到二级准则 U 矩阵和三级准则 U_1、U_2、U_3、U_4、U_5、U_6、U_7矩阵。

3. 判断矩阵的一致性检验

所谓一致性检验就是检验专家在判断指标重要性时，各判断之间是否是协调一致，有没有出现相互矛盾的结果。比如如果甲比乙极端重要，乙比丙极端重要，丙又比甲极端重要的情况显然是违反常识的。

根据矩阵理论，我们可以得到这样的结论，即如果 $\lambda_1, \lambda_2, \cdots, \lambda_n$ 是满足式

$$Ax = \lambda x \tag{6.1}$$

是数，也就是矩阵 A 的特征根，并且对于所有的 $a_{ij} = 1$，有

$$\sum_{i=1}^{n} \lambda_i = n \tag{6.2}$$

显然当矩阵具有完全一致性时，$\lambda_1 = \lambda_{max} = n$，其余特征根均为零；而当矩阵 A 不具有完全一致性时，则有 $\lambda_1 = \lambda_{max} > n$，其余特征根 $\lambda_1, \lambda_2, \cdots, \lambda_n$ 有如下关系：$\sum_{i=2}^{n} \lambda_i = n - \lambda_{max}$。

构造判断矩阵偏离一致性的指标：

$$CI = \frac{\lambda_{max} - n}{n - 1} \tag{6.3}$$

检查决策者判断思维的一致性。CI 值越大，表明判断矩阵偏离完全一致性的程度越大；CI 值越小（接近于 0），表明判断矩阵一致性越好。

4. 层次单排序

计算出某层次因素相对于上一层次中某一因素的相对重要性，这种排序计算称为层次单排序。一般用迭代法在计算机上求得近似最大特征值及其对应的特征向量。

5. 层次总排序

依次沿递阶层次结构由上而下逐层计算，即可计算出最底层因素相对于最高层（总目标）的相对优劣的排序值，即层次总排序。

6.3.3 SPV

知识产权证券化作为一种融资工具，其风险隔离制度的设计、严谨顺畅的交易构架对知识产权证券化的成功运作至关重要，而特殊目的机构（Special Purpose Vehicle，SPV）正是实现破产隔离制度的载体，也是知识产权证券化交易结构的中心所在，其组织形式的选择直接关系到破产隔离的效果以及证券的发行，进而影响预期的融资效果。

如前面所述，构建SPV模式一般有信托型SPV与公司型SPV以及有限合伙SPV。其中，信托型SPV最适合知识产权证券化。

信托型SPV是指发起人将拟证券化的知识产权委托给受托机构，成立信托关系，由受托人以自己的名义，为发起人的利益或特定目的进行管理和处分，向发起人发行代表证券化资产享有权利的信托受益证书，然后再由发起人将受益证书出售给投资者。信托财产具有独立性特征，信托一旦成立，信托财产就从信托当事人的财产中分离出来，成为独立的财产，其运作仅服从于信托成立的特殊目的。受托人成为信托财产的所有人，其依据信托成立目的管理、经营财产，不得利用信托财产或受托人身份谋取私人利益，否则受益人得追偿其信托财产。信托财产在法律关系上归属于受托人，但信托财产受信托目的的约束，为信托目的而独立存在。

信托财产的独立性特征非常有利于在知识产权证券化中对风险的有效隔离。证券化的发起人就是信托关系中的委托人，特殊目的机构就是信托关系中的受托人，投资者就是信托法律关系中的受益人，知识产权资产池中的基础资产就是信托财产。在特殊目的信托成立之时，就可以完成基础知识产权资产的"真实销售"与"破产隔离"，受托人在法律上取得了拟证券化的知识产权，从而实现知识产权资产的真实销售。该知识产权资产也成为独立的信托财产，与委托人的资产分离，实现风险隔离，保障委托人其它资产安全。

6.3.4　信用增级

在资产池和 SPV 确定以后，证券化产品也就基本确定了，接下来就是对产品进行信用增级。信用增级就是通过一定的方法或者技术使得产品信用等级提升，从而有助于证券化产品销售。信用增级的目的可分为两方面，一方面是信用增级以后，金融产品的保障得到增强，投资者的风险会降低，加大投资者参与热情；另一方面，信用增级以后，风险得到降低，风险溢价也同时降低，从而降低了发起人的融资成本。

知识产权信用增级方案可以分为外部信用增级方案和内部信用增级方案。其中，内部信用增级方案主要是通过对证券化内部的产品结构设计来实现，如超额抵押、利差账户等。在知识产权信用增级设计中，超额抵押是常用的方法。超额抵押是指最后发行的证券化总体的融资规模小于资产池的资产规模，通过超过的部分对证券化形成担保。一旦资产池发生损失，由资产池超过的部分首先承担，从而对证券化的最终受益偿付起到保护作用。然而，内部的信用增级总体上还是由发起人提供，最终的风险和融资成本都归集到发起人，从而使得发起人的融资成本增加、融资效率降低。另外，风险的分担者仍然是发起人提供，信用增加效果有限。因此，外部信用增级是知识产权证券化的重要选择。

外部信用增级是由发起人以外的第三方机构提供，主要由第三方融资担保公司、保险等提供。当然，由于信用增级需要第三方提供，融资成本增加，因而需要发起人进行谨慎选择。第三方担保是由专业的担保公司来承担，当资产池现金流不足以支付投资人的收益时，由担保公司进行补偿。然而，该种方法在现实实践中由于担保公司不了解知识产权的特性使得该方法难以实现。建议担保公司在组建资产池时就参与知识产权资产的选择，从而对知识产权未来的收益能真正熟悉和了解，从而对其未来收益真正起到担保作用。保险是指发起人在实施资产证券化的过程中向保险公司购买保险产品，从而对证券化产生的损失得以保障。目前，该方面的保险产品还较为缺乏。建议保险公司积极开发该类产品，与担保公司、中介机构等共担知识产权运营的风险，共同获取知识产权带来的丰厚收益。

第7章 知识产权融资的新思路

7.1 知识产权质押融资的供应链模式

近年来，在科技进步和金融创新推动下，中国的高技术产业取得了巨大的发展。但是因为没有完整的相关金融理论的指导，在发展道路上走了很多弯路。随着高技术产业的日益成熟，产业融资、信用风险控制、成本收益等问题的出现都急需金融的思想来解决这一问题。供应链核心企业对供应链的整合优化的核心本质是挤压和掌握上下游企业获取更多的附加价值，因而供应链核心企业对其上下游企业信息完全了解，有效消除了信息不对称问题。这种企业间的相互熟悉和了解使得供应链上的专利技术等知识产权更能得到认可，而相关企业在资金较为缺乏时，由相关企业担保能更有效获得外部金融的支持。本章内容正是基于金融的特点和供应链管理思想提出知识产权质押融资的供应链模式，采用供应链的系统集成和优化方法来解决供应链中利用知识产权的融资模式。

7.1.1 知识产权质押融资的供应链模式的背景

核心企业主导的供应链模式下知识产权质押融资服务对高技术企业的融资发挥着重大的促进作用，主要包括：核心企业的存在，超越了单个企业的狭隘思想，涉及的业务联系能够把供应链上的单个企业都连接起来，对于整个产业供应链的竞争力，加强企业供应链的稳定性有着巨大的提高；核心企业的存在，有利于提高供应链上其他节点企业的信用额度，提高了其他中小企业的信用等级，有利于获得更低的融资成本，解决融资难的困境；核心企业的存在，能够更方便银行进行金融产品创新，创新具体的业务模式，促进供应链金融由间接融资模式向直接融资模式转换，降低融资成本，提高供应链上下游的资金使用效率；银行通过与核心企业的合作，可以更全面更迅速的掌握供应链上中小企业的信息流、资金流、物流运行情况，更清楚的了解企业的技术背景情况。

因此，建立产业供应链知识产权质押融资模式的关键，在于产业链中是否存在一个核心企业，核心企业又是否愿意承担这个职责。在整体供应链上，多数中小企业是围绕核心企业运作，为核心企业提供相关原料、产品构件等。因此，核心企业通常和上下游企业存在着大量交易，形成了一定程度的应付账款。同时，由于上下游企业与核心企业完成相关产品，也就具有类似的技术，对上下游企业的技术能力非常熟悉和了解，也就能为上下游企业的知识产权融资提供担保。因此，针对目前的大型企业，将其作为核心企业，将核心企业与上下游节点企业形成一条完整的供应链，银行针对产业供应链条的知识产权状况，设计出知识产权质押融资的供应链模式。

7.1.2 以大型企业作为核心企业的知识产权质押融资模式

这类企业的供应链比较成熟，有稳定的供应商、经销商、分销商和消费者，因此无论是核心企业还是关联的中小企业均可以依据其拥有的知识产权开展供应链的质押融资服务。

1. 基本模式——"1 + N"供应链知识产权质押融资方式

"1 + N"供应链知识产权质押融资方式是指围绕"1 家核心企业"开展，通过原材料采购 – 制成中间品 – 最终成品 – 销售网络 – 消费者这一供应链链条，针对企业上游生产和下游交易过程的特点与需求，针对整条供应链上的知识产权包括专利、版权等，提出合适对应的多种产品的组合融资解决方案，然后为这一链条中的制造商、供应商、分销商、零售商等"N 个企业"乃至到最终的用户提供融资金融服务的方式。传统模式下，由于银行等金融机构对企业拥有的专利信息并不了解，信息的不对称使得风险加大，银行等金融机构出于谨慎的态度从而拒绝采用知识产权质押融资。而"1 + N"供应链知识产权质押融资方式改变了传统供应金融中银行机构对单一企业的服务模式，深化了金融融资的结构和模式，通过核心企业担保消除了信息不对称，有效的针对知识产权展开业务运作，更深地控制了中小企业融资过程中的授信和风险，实现了供应链中核心企业和企业上下游公司的利益共赢。

2. 衍生模式——"1 + M + N"供应链知识产权质押融资方式

"1 + M + N"供应链金融是在"1 + N"供应链金融方式的基础上提出的，

是一种创新型供应链知识产权质押融资模式，即 1 家银行和 M 个核心大企业（通常竞争力较强、规模较大）组成合作关系的基础上，通过核心企业与其他上下游的 N 个中小企业（多为核心企业的供应商、代理商和经销商）构成的供应链关系，组成的"多核"结构的新型网络供应链。"$1 + M + N$"创新型供应链知识产权质押融资模式相比"$1 + N$"供应链知识产权质押融资方式而言，不仅仅是单一的核心企业和单一的供应链链条，而是 M 个竞争力强、规模大的大型企业和众多相关的供应链，因此解决了单一核心企业承担大小企业担保的寻找和难度。M 个竞争力强、规模大的大型企业，也解决了为众多纷杂的中小企业承担担保融资的难题和风险。另外银行在此基础上提供最适合核心企业和中小企业运营的专属金融服务产品和体系，最大程度保证银行、大型核心企业和中小企业的共赢。

3. 基本运作流程

第一，融资企业给出与核心企业贸易交易关系的合同证明，确定具有真实的基础交易背景，确定交易行为合法，确定链条上下游企业已形成长期稳定的供应关系，交易行为可以形成连续稳定的现金流，向银行申请稳定的供应链融资。

第二，核心企业给出对融资企业知识产权的评估或者核心企业为融资企业知识产权进行信用担保。

第三，银行审查核心企业与融资企业的历史交易记录、信贷记录和资信情况，与相关评估机构合作，评估出是否适合贷款。

第四，提出供应链知识产权质押融资方案，评估出相关产品的保证金比例，确定相关的合作协议，融资企业根据该比例缴纳保证金。

第五，银行向企业贷款，约定一定的期限，企业将相关知识产权单据、质押物抵押给银行。

第六，交易活动结束，以未来获取的资金流偿还银行的贷款。

4. 运作模式的关键

首先，要选择一个大型企业作为核心企业，并且保证核心企业有绝对的支配力度和对整个供应链的物流、信息流、资金的集成、优化、整合、资源配置和管理。特别是该核心企业对供应链内的专利技术熟悉，能对其未来的获利能力进行有效评估。

其次，建立银企合作，银行要与供应链核心企业和融资企业建立长期稳定的合作关系，有利于控制风险。

然后，调查融资企业和核心企业的贸易背景关系，确定其稳定性和真实性，如借款企业不能如期还款，银行要依据供应链的合作关系来保护自己的权利。

最后，银行要建立一个回馈机制，实时了解各企业的经营状况，对各种突发状况能及时的做出各种反应。

5. 运作模式的优势

（1）运作模式简单。

由于目前供应链之间竞争激烈，供应链内企业合作紧密，具有稳定的合作基础，使得供应链内企业在技术、资金、信息等方面有效集成，消除了信息不对称，因而运作过程就较为简单有效。

（2）运作风险较小。

供应链内核心企业作担保，且有比较稳定的贸易关系，违约概率比较小，因此风险比较小。

（3）实现银行、核心企业、融资企业的三赢。

这个模式的运用保证了银行的收益和风险的控制，核心企业为其未来新产品研发及商业化奠定了基础，融资企业解决了需求资金的问题。

6. 知识产权质押融资的供应链模式的风险控制

在知识产权质押融资的供应链模式中，银行通过供应链核心企业对供应链整体进行授信，通过供应链核心企业的担保转嫁风险，另一方面通过对供应链的知识产权质押进行评估，从而对风险进行有效控制。这其中银行、核心企业与融资企业之间的投融资关系，依靠的不仅仅是质押的知识产权，还有整个供应链中流转信用。风险控制主要从以下几个方面展开。

（1）事前风险控制机制。

由于供应链中各企业所处的位置不同，知识产权质押融资的供应链模式的信用风险因素主要表现为申请人资质、交易对手资质、资金流动性、整体供应链运营效益、贸易合同的真实性等，这就需要银行等金融机构按照传统的思路进行识别、评估，对融资企业具有一定了解之后决定是否同意给融资企业贷款。

（2）事中风险控制机制。

融资企业的贷款还款来源主要是知识产权的未来收益包括许可费用，研发新产品提高市场占有率、专利交易等方面。因而，知识产权能否带来有效的收益是其中的关键。而判断知识产权收益的关键是核心企业对该项知识产权的经验判断，并提供有效担保。因此，商业银行要会同核心企业预测融资过程中供应链金融主体的信用风险变化等级，从而及时的调整发展战略，将信用风险控制在一定范围之内。

（3）事后风险控制机制。

在融资活动结束后，银行可依据融资企业在上次融资活动中的表现，重新设计出新的知识产权质押融资方案。融资企业成功还贷，则降低融资企业信贷标准，形成银行－企业的良性循环；融资企业违约，则提高融资企业的信贷标准，甚至拒绝贷款，降低银行的信用风险。同时，在融资活动结束后，将相关的信息数据收集披露，为供应链上其它合作企业的融资活动提供参考标准，更加准确的评估预测其它合作企业的信用风险，使得融资企业的信用风险在银行的有效控制范围之内，降低银行的信用风险。

7.1.3 知识产权质押融资的供应链模式应用分析

从某地区通信产业众产业链中，选取规模较大的几家核心企业以及产业链中相关的中小企业共计20家，同时选取某商业银行作为"$1 + M + N$"知识产权质押融资模式中的"1"。核心企业中国移动通信集团公司、中国联通通信集团公司和中国电信通信集团公司（以下简称中国移动、中国联通和中国电信）构成与某商业银行联盟的"M"，其它与核心企业有业务往来的中小企业群构成"N"。

与核心企业有业务往来的中小企业群"N"中的某通信有限公司是一家通信设备营销和贸易的民营中小型企业。该通信公司现有员工800多人，年收入超过10亿元，该通信公司所生产的通信设备要求较高，原材料付款常常受到限制，销售产品后通常回款较慢，又因该通信公司常常自身发展需要，造成流动资金非常紧张。下游企业要求的付款期限一般为60天。该通信公司的下游核心企业"M"之一，中国移动通信集团。该集团属大型上市国有企业，注册资本3000亿元人民币，资产规模超过万亿元人民币，拥有全球第一的网络和客户规模，年营业额5604亿元人民币。而该通信公司在专利技术方面具有优势，是某地区的具有一定实力的高技术企业。

在传统融资模式下，作为中小企业，该通信公司规模相对较小，信用级别较低，缺乏可抵押的固定资产，无法在银行办理信用贷款和抵押贷款。现有供应链模式下，在梳理了该地区的通信产业链条后，发现该通信公司与中国移动通信集团有多年直接业务往来。该通信公司可以将自身的专利技术进行抵押，并利用来自核心大企业中国移动通信集团对此笔贷款进行担保。由于该通信公司存在核心大企业中国移动通信集团的大量应收账款，因而中国移动通信集团并不担心该通信公司由于未来收益降低难以还款而给自身带来利益的损失。同时，如果该通信公司确实拥有优质的专利技术且发展前景广阔，核心企业倾向于为融资企业提供担保。

"1 + M + N" 供应链模式下，如果中国移动通信集团出于担保风险的考虑拒绝为该通信公司做出贷款担保，那么此种情况下，该通信公司仍旧可以凭借自己所在的其他的供应链条中的地位，寻找到也有业务往来和合作的其他核心企业，如中国联通通信集团和中国电信通信集团，进行相关的担保，这样就为该通信有限公司通过应收账款抵押方式获得融资提供了可能。

7.2　互联网背景下知识产权融资

7.2.1　互联网知识产权背景

随着科学技术的飞跃发展，全世界范围内对于知识产权的保护也变得更加重视，尤其是对于企业融资来说，知识产权的价值开始被充分的挖掘和利用，如运用知识产权能够产生的稳定的资金流和金融手段相结合，形成了知识产权质押融资、知识产权证券化等。特别是一些中小型高新技术企业，其产品技术品质高，依靠知识产权获取融资成为首选。另外，科技型或创新型中小企业在成立初期和发展过程中，往往面临资金缺乏的困难，而由于资产总量小、财务不标准等原因，获得银行等金融机构的贷款或者通过抵押、担保等形式获得资金都非常艰难。将知识产权和金融工具相结合，从而对知识产权进行质押融资或者证券化融资，不仅能够对知识产权进行使用，同时还可以帮助企业获得融资。目前，从全世界范围来看，知识产权融资逐步成为了公司或企业进行融资的主要方式之一。正是由于这样的环境、背景，知识产权金融得以生存和发展，继而成为部分企业发展的重要支柱。在中国，知识产权起步较晚，实现知识产权质押融资、证券化等也同样需要面临多重困难，中国创造以及运用知识产权，还有很漫长的道路要走。然而，互联网的出现有力的促进了知识产权金融大发展的可能。以知识产权交易平台为依托，融资机构、企业、价值评估机构、保险（担保）、收储等机构同时发挥作用，实现知识产权质押融资供需发布、知识产权质押融资申领、知识产权公允价值评估、知识产权质物处置等功能的整合和联动，建立"公允价值评估＋履约保证保险（担保）＋违约质物处置＋全程风险管控"的服务体系，通过标准的流程形成稳定、有序、高效运行的平台工作体系，为中小企业提供规范、快捷、安全的融资服务绿色通道，将有效缩短贷款办理时间、降低融资成本、分散银行信贷风险、提高融资成功率。

实践中，基于互联网金融的知识产权交易已经展开。2015 年 1 月广州本土 P2P 平台壹宝宣布和广东海科资产管理有限公司合作推出以知识产权质押贷款业务为核心的网贷产品"展业宝"。2015 年 7 月，由西安金知网知识产权电子商务有限公司和陕西金开贷金融服务有限公司联合推出知识产权（专利）质押 P2P 融资项目，分别为西安奇维科技、西安灵境科技融资了 300 万元。互联网金融原本就是以互联网技术提供金融便捷服务，为实体经济，尤其是中小企业发展创造良好的金融环境，但因其融资风险的外溢性，一旦发生危机，影响者甚众。2015 年 3 月 30 日，国家知识产权局发布《关于进一步推动知识产权金融服务工作的意见》（以下简称《意见》），以加快促进知识产权与金融资源融合，更好地发挥知识产权对经济发展的支撑作用。以知识产权为标的的互联网融资模式，对于固定资产较少的初创型、成长扩张期科技型中小企业来说，无疑是解决其融资难问题的金融创新。但知识产权财产价值的不稳定性以及权利变现的复杂性，使得知识产权互联网融资平台在运营过程中的风险更大。目前知识产权互联网融资产品已正式面世，P2P 等互联网金融监管政策亟需变革，笔者拟对互联网背景下知识产权融资的新模式进行探讨，并提出相关对策建议。

7.2.2　众筹与知识产权融资

众筹，即大众筹资或群众筹资，是指一种向群众募资，以支持发起的个人或组织的行为，由发起人、跟投人、平台构成，具有低门槛、多样性、依靠大众力量、注重创意的特征。现代众筹通过互联网方式发布筹款项目并募集资金。相对于传统的融资方式，众筹更为开放，能否获得资金也不再是由项目的商业价值作为唯一标准。只要是网友喜欢的项目，都可以通过众筹方式获得项目启动的第一笔资金，为更多小本经营或创作的人提供了无限的可能。基于互联网的众筹运营模式，借助网络平台的优势，在极大地降低了知识产权权利人筹资成本的同时，打破了地理界限，扩大了宣传范围，让更多的人可以参与进来。同时互联网的低门槛特性，让小额资金参与大型项目投资成为了可能，从几百元到几十万元均可参与投资，实现了真正意义上的万众参与，更有效地利用了闲散资金。一方面，互联网大数据聚集了各类知识产权资源，投资方可以更容易地找到合适的项目；另一方面，知识产权权利人也更容易获得投资。如此良性循环，将吸引更多的投资方与权利人，最终高效地将投资方与知识产权权利人的资源进行合理匹配。以影视行业的著作权众筹为例，《十万个冷笑话》作为国内首部以著作权众筹形态出现的电影，可以说开启了电影众筹的新模式。2013 年 8 月，《十万个冷笑话》在"点名时间"平台上发起大电影的著作权众筹项目，很快吸引了超过 5000 位电影微投资人，在短时间内筹集到超过 137 万元的投资。通过此次众筹，公司对电影的票房有了一定的预测，在一定程度上减轻了电影制作中的资金困难，聚拢了大批粉丝，无形之中还起到了一定的宣传作用。除了《十万个冷笑话》，还有电影、娱乐节目、小说、漫画等著作权也通过众筹手段取得了成功，验证了知识产权互联网众筹的可行性。随着互联网金融的发展，专利、商标等类型的知识产权也将逐步出现在众筹项目上。

第8章　知识产权金融交易的规划及监管

8.1　知识产权金融交易的规划

8.1.1　知识产权金融交易的概念

当前学术界尚未对知识产权金融的概念形成统一、权威的概念，目前对于知识产权金融的定义比较全面的是：知识产权金融是知识产权与金融资源融合，指企业或个人以合法拥有的专利权、商标权、著作权中的财产权经评估后作为质押物，与投资、信贷、担保、典当、证券、保险等工作相结合，从而达到融资等多种商业目的。❶

8.1.2　实施知识产权金融交易的意义

当今社会处于知识经济的时代，知识产权是国家发展战略性资源和国际竞争的核心要素，以知识产权为代表的知识资产已成为当今企业获得额外利润的重要来源。金融是现代经济的核心，互联网的时代更是为金融的发展带来了空前的发展时机。知识产权和金融的有机结合，对于加快知识产权创新成果转化为生产力，支撑和引领产业高端发展、转型发展和科学发展具有重要意义，同时也推动了科技金融和金融创新的发展。加强知识产权金融服务是贯彻落实党中央国务院关于加强知识产权运用和保护战略部署的积极举措，是知识产权工作服务经济社会创新发展、支撑创新型国家建设的重要手段。促进知识产权与金融资源的有效融合，有助于拓宽中小微企业融资渠道，创新发展环境，促进创新资源良性循环；有助于建立基于知识产权价值实现的多元资本投入机制，通过增值的专业化金融服务扩散技术创新成果，全面促进知识产权转移转化；

---

❶ 王立军，范国强. 中国知识产权金融发展模式研究综述［J］. 知识经济，2016（19）：37.

有助于促进金融资本向高新技术产业转移，促进传统产业的转型升级和战略性新型产业的培育发展，提升经济质量和效益。

知识产权金融是知识产权制度的创新发展和高端运用，是畅通和激活知识产权交易的关键环节。知识产权的生命在于运用。研究表明，从科技创新成果到产品的转移过程，存在着恐怖的"死亡之谷"——数量众多的科研成果尚未走向市场之前，就已经埋没在科学技术产品化的过程中。据统计，这一过程至少湮灭了中国 90% 左右的科研成果。其中原因固然很多，但缺少资金投入则是其中最重要的原因之一。能够有效运用和规划产业化的知识产权才能真正代表先进的"第一生产力"，才是推动经济社会创新驱动发展的核心动力和重要支撑。然而，知识产权的有效运用难免受制于两大"瓶颈"——资金困乏和交易不畅。因此，实现创新驱动发展亟需激活知识产权金融与交易。

8.2　知识产权金融交易的监管

8.2.1　知识产权金融交易监管的必要性

知识产权金融交易的快速发展在给人们带来融资便利的同时，也暴露了很多问题，例如转化平台和渠道的缺乏使得知识产权所蕴含的巨大价值没有得到有效的开发利用、道德风险、估值风险、经营风险等。尽管中国知识产权金融交易发展较快，但各项制度和法律仍不健全，知识产权金融体系尚未建成，各个服务平台的监管主要靠行业自律，并未形成完整的监管体系，且缺乏具体的政府监管机构。因此，加强知识产权金融监管是中国当前经济发展中亟待解决的问题。

1. 立法上的不足

知识产权金融交易是一种市场行为，其发展必定离不开良好的法律制度的制约。中国在这一方面的直接立法非常缺乏，一些现有的法律在一定程度上限制着知识产权金融交易的操作。总体上来说，中国知识产权金融交易的法律问题主要包括：与知识产权相关的权利法律以及与金融交易结构有关的程序性法律。目前知识产权金融交易的法律规定最大问题在于知识产权法律与金融交易法律的衔接问题。其中涉及公司法、证券法、保险法、质押融资法、知识产权法（具体的如专利法、商标法、著作权法等）的配合协调问题。这些现有的法律法规使知识产权在金融交易的具体操作中存在一定程序上的困难，或者极大地增加了知识产权资产化的成本，严重阻碍了中国知识产权金融交易的发展。

2. 监管机构定位偏差、部门之间协调不力

在知识产权金融交易具体操作的过程中，政府对经济市场的管理原本应该尊重市场自身的运行规律，有所为并有所不为。❶ 但是，中国政府监管机构职能定位失当，存在着"职能错位"现象，一是监管机构监管过度，过多采用行政手段干预市场，抑制了金融交易市场内在规律的运行；二是对应该由政府监管的事务未履行应尽职责。❷ 这种政府监管组织职能定位偏差和出现"职能错位"的现象，主要是因为中国的政府监管机构的职能还没有完全明确。以知识产权证券化监管为例，中国证监会作为一个监管组织，其职责应该是有效监管，为投资者提供一个公平、公正、公开的透明的投资场所，维护市场的稳定和有序，提高市场的资源配置效率。这种职能定位、错位的情况对知识产权金融交易的监管的影响必定是：对知识产权金融交易的宏观方面关注不够，却对微观方面过分关注，过多地介入知识产权金融交易的具体操作流程。

3. 信息披露问题

中国知识产权在金融交易的过程当中，信息披露制度存在的问题具体表现在：

（1）信息披露中存在虚假不实的现象。

在知识产权金融交易的过程中，由于知识产权资产的特殊性、金融交易操作结构的复杂性，使得一般的投资者对于知识产权金融交易操作（诸如信贷、证券化、保险等）的过程的了解不够全面，这就为发起人和有关专业中介机构利用工作职务之便，可能发布虚假不实信息留下了空间。如为了吸引更多的投资者购买知识产权资产证券，发行人在知识产权资产证券化的信息披露中故意夸大知识产权资产的市场价值或虚报可能的回报率等。❸

（2）信息披露不充分。

在知识产权金融交易的过程中，知识产权信息披露对于上市公司的价值影响、股价变化和业务活动以及投资者利益保护、资本市场良性发展变得极为重

---

❶ 单飞跃，罗小勇. 由善政到善治——从证券监管联想至经济法的本质 [J]. 法学刊，2002 (10)：4-10.

❷ 孙曙伟. 证券市场个人投资者权益保护制度研究 [M]. 中国金融出版社，2006：110.

❸ 黄隆华. 论知识产权资产证券化的监管 [D]. 华东政法大学，2008：29.

要，但是有些企业借故商业机密和防止竞争者恶意利用等不予披露，即使披露但是信息不够充分。此外，还存在信息披露范围过小的问题。拥有知识产权的企业所披露的信息大部分是出于法律的强制要求，但对于一些资源性披露的项目很少涉及，如对知识产权信息披露的内容仅局限于《企业会计准则无形资产》中关于知识产权披露内容的具体要求，而对其它详细信息并没有进行披露。这充分说明了企业自愿披露知识产权信息的消极性，以及内容的不充分性，由于各种原因，披露信息中无效内容太多，有效信息几乎被埋没。

信息的一大特点是时效性强，通常情况下，披露信息滞后性基本上等同于不披露信息，将会使信息披露失去本来的意义。在知识产权进行金融交易的过程中，由于信息披露的虚假、法律对知识产权信息更新无强制性规定或者投资者对知识产权信息及时更新和持续披露的关注不足，从而导致信息披露不及时则较难确定。

8.2.2　知识产权金融监管的核心原则

知识产权金融交易是知识产权和金融资源的深度融合，是金融产品和知识产权产品的创新。知识产权金融交易作为一种新型的结构化融资，是金融市场的一种创新，自然也是金融市场的一部分，对金融市场监管所遵循的原则的也同样适合于知识产权金融交易的监管。

第一，知识产权金融交易的创新必须坚持金融服务实体经济的本质要求，合理把握创新的界限和力度。知识产权金融交易的创新必须以市场为导向，以提高知识产权金融交易的服务能力和效率、更好地服务实体经济为根本目的，不能脱离监管、脱离服务实体经济抽象地谈知识产权金融交易创新。要不断优化知识产权投融资服务环境，降低融资成本，❶ 为企业提供知识产权金融综合解决方案；在构建知识产权权益处置新机制时，要准确有效推送知识产权供需信息的平台和机制，为银行、投资、证券、担保等各种融资机构提供知识产权价值实现的渠道。

第二，要切实维护投资者的合法权益。知识产权金融交易开办的各项业务，应有充分的信息披露和风险揭示，任何机构不得以直接或间接的方式承诺收益，误导投资者。开办的各项业务，均应对投资者权益保护作出详细的规章

---

❶ 杨建华. 中关村知识产权金融创新的探索、实践与思考 [J]. 中国科学院院刊, 2014 (5)：564 – 567.

制度。

第三，要维护公平竞争的市场秩序。在市场经济条件下，公平竞争是保证市场对资源配置起决定性作用的必然要求。知识产权金融交易的各项工作，必须遵守现有的法律和规章制度。任何竞争者均应遵守反不正当竞争法的要求，不得利用任何方式诋毁其他竞争方。❶

第四，要处理好政府监管和自律管理的关系，充分发挥好行业自律的作用。自律监管能够良好地补充政府监管的不足，完善知识产权金融交易监管的体制。现有的监管体制，政府监管处于绝对强势地位，自律监管形同虚设，存在监管职责配置严重失衡的现象。因此，构建知识产权金融交易监管体系必须遵循市场规律、培育自律组织、发挥自律优势，使自律监管成为整个监管体制中不可分割的一部分。

8.2.3 中国知识产权金融交易监管探析

中国知识产权在金融交易过程中的监管存在一些问题，为了推动中国知识产权金融交易的发展，有必要对中国的监管进行一定的完善。这个完善包括立法上的，也包括监管模式上的，还包括一些其它的具体的监管措施。

1. 完善知识产权金融交易监管的立法

法律制度的完善是监管知识产权金融交易健康运营的重要保障，制定专门的法律制度，诸如资产证券化法律、知识产权担保法、信贷法等，提供完善的知识产权金融交易法律环境体系，是中国进行知识产权金融交易业务，防范知识产权在金融交易中所出现的金融风险的当务之急。目前在知识产权金融交易立法方面必须要提高监管立法的层次，由全国人民代表大会制定专门的法律取代现在的低阶位立法，为知识产权金融交易的监管提供坚强的法律支持。

2. 监管模式的完善——确定监管机构之间的关系，明确职权

在知识产权金融交易的过程中，政府监管机构务必要维护交易市场的公平竞争秩序，根据市场需求，依法指导，约束交易主体及交易活动，保护市场竞争性、高效性和流动性，为市场监管创造一个有法可依、有纪可守、有章可循的交易环境，保证交易按照诚实守信和公平、公正、公开的原则进行。在知识产权金融交易过程中，可能会涉及各个监管部门，彼此之间需要统一协调，明

---

❶ 罗党论. 互联网金融［M］. 北京大学出版社，166.

确分工，在确保自己职责的同时，又要加强各个部门机构之间的信息共享和互助协调，以促进监管的科学性、高效性和统一性。

政府监管机构之间应该就有关监管法律、法规以及实施法则和其他有关规定、办法的起草和对市场参与者在宏观管理上进行有效的权限划分，明确彼此的权限范围，防止出现权限交叉或空白的情形。另外，在对参与主体违反交易法律、条例以及交易规则的行为的处理上，对当事人责任的追究和处罚上，以及防止异常情况出现等问题上提高执法的效率。

在影响监管效率的所有条件中，最关键的是要存在强有力的独立的监管主体（监管者）。[1] 监管者的独立性应该以法律手段得以明确，这样才能在投资者中确立监管的权威性和可信任度，使得监管者免受不当行为的影响，以此来保护监管者。作为知识产权金融交易相应的监管者，要从法律、监管机构行政隶属关系、机构设置、人事任免、回避制度等方面保障自己的独立性，使其成为集立法权、执法权和司法权与一身的独立、统一的监管机构。

3. 信息披露制度的完善

中国知识产权金融交易具体操作化过程中，信息披露制度的完善是规范交易市场，加强监管，提高工作效率的重要举措之一，必须建立科学、规范、系统的信息披露制度。

（1）建立强制信息披露制度。

应当通过立法，强制规定在知识产权金融交易前必须进行信息披露，明确交易主体承担法定的强制信息披露义务。需强制交易主体明确披露的信息应当包括：a. 交易主体信息。如交易主体的工商登记信息、相关资质、经营状况等。[2] 公开披露交易主体的相关信息，既有助于加强规范的市场经济秩序建设，提高参与知识产权金融交易的信用门槛，驱逐缺乏信用的交易主体，也必将促进知识产权金融交易的信用制度建设。b. 项目信息。如项目财务、经营管理、研发、人才储备、资金使用、价格评估、盈利分析及限制性条件等信息。

（2）加强社会舆论对信息披露的监管。

社会舆论监管作为一种重要的法律监管机制，实现的是以权利制约权力。它作为公众表达利益诉求和行使监督权力的重要形式，人民群众参政议政的重

❶ 李凤颖，郑蕾云. 金融衍生工具监管法律制度刍议 [J]. 集团经济研究，2006 (2)：161.

❷ 詹宏海，王伟君. 知识产权交易市场的信息披露监管 [J]. 电子知识产权，2008 (9)：25.

要途径，是实现社会功能的重要载体，不仅可以弥补传统监督机制的缺陷，而且这种形式本身就具有不可代替的优势。因此，社会舆论监督对知识产权金融交易的监管发挥着积极和特殊的作用，可以争取社会各界的积极参与和支持，形成良好的监督氛围，逐步构成知识产权金融交易的社会监督体系。

（3）监管机构的职责。

监管防范知识产权金融交易过程中的风险的根本措施在于最大限度地解决信息不对称问题，及时有效地保证信息的可靠性、透明度和可得性。监管机构在行使自己权利之时务必督促企业及相关信息披露人披露信息进行监管，督促其依法及时、准确地披露信息。监管机构应该在整个知识产权金融交易中发挥自己强有力的监管作用，确保交易主体及时、准确全面、公开地向公众披露信息，并对没能披露信息的主体实施惩戒。为了确保披露信息的完美和实用性，监管机构应当制定一系列原则，并对信息披露的内容、方式、频率、效率等进一步的细化。

第三篇
知识产权评估

第9章 知识产权评估概述

9.1 对知识产权进行评估的目的和重要性

知识产权评估是指由资产评估专业机构和人员，根据特定的评估目的，遵循使用的原则，选择适当的价值类型，按照法定的程序，考虑影响产权价值的各种因素，运用科学的评估方法，对知识产权某一时点的价值进行评定和估算的过程。知识产权的评估可能涉及对商标权、专利权、著作权、软件著作权的价值评估、非专利技术评估、网站价值评估、品牌价值评估等。这种产权的价值有大有小，受着多种因素的影响，在不同的评估时间、在不同的使用地域、以及对于不同的买卖者来说，这些因素均对专利权、商标权、版权等知识产权评估产生一定的影响。

知识产权评估属于企业资产评估的范畴。大量的研究已经表明，在许多公司，知识产权与总资产的关联度正在不断增强，知识产权在总资产中的比重正在不断上升。对许多公司而言，知识产权对于公司总价值的贡献率已经从1980年的20%上升到如今的80%。[1] 因此，知识产权评估是用来确定知识产权现在的价值和通过未来的效应所得到的价值。知识产权价值强调未来利益，随着知识产权价值越来越被企业所认识，知识产权收益能力现已成为企业利用所有资源寻求收益最大化的途径。因此，对知识产权进行评估时，懂得与知识产权相联系的各种权利及其利用的方式是十分重要的。对企业知识产权的评估应是基于其最具潜力的使用，而不是评估时它被企业实际使用的方式。

9.1.1 知识产权评估的目的

自从人类迈入知识经济时代，知识和创新成为推动社会发展的主要力量。

---

[1] 拉希德·卡恩. 技术转移改变世界 [M]. 李跃然，张立，译. 经济科学出版社，2014.

以知识产权为主的无形资产在企业竞争中所起的作用越来越大，逐渐超越有形资产的地位，从而成为企业可持续发展和竞争力提高的核心资源。尤其对于一些高新技术企业，知识产权更是企业发展壮大的主要支撑力量。因此，许多跨国企业开始纷纷把知识产权作为企业战略发展的主攻点，希望依靠自身拥有的知识产权来巩固和维护自己的垄断地位。而中国作为制造业大国，也开始逐渐重视知识产权对经济发展的战略作用。因此中国政府提出了大力发展"国家知识产权战略"，推动知识产权在中国市场经济条件下的有效运用，让知识产权为中国整体经济和社会不断向前发展发挥更强大的力量。在这一大背景下，随着知识产权在经济发展中发挥的作用逐渐增强，大量涉及知识产权交易、授权、许可、转让、证券化、质押融资、法律赔偿等的经济活动涌现出来，并日趋频繁和活跃，形成了对知识产权价值评估业务强有力的需求。

通常来说，对知识产权进行评估一般包含着特定的目的。具体来说，知识产权的评估目的一般包含以下几种。

1. 知识产权侵权诉讼支持及争议的解决

从知识产权的使用者和创造者的角度来说，他们对目标知识产权所拥有的权利应该受到保护。而且知识产权的保护已经成为日益重要的问题，在中国加入世贸组织的谈判过程中，中美双方的摩擦也使知识产权的保护成为人们关注的焦点，美国的"特殊301条款"就是专门针对知识产权保护问题的。近年来，由知识产权侵权而引起的诉讼和争议愈来愈多。知识产权的评估过程将有助于确认目标知识产权的预期使用及应用范围。实施知识产权评估之后，可以更好地了解和辨明知识产权注册及其他法律保护所涉及的成本。

2. 企业破产清算或解散

在企业申请破产之后，在划分和分配债务人资产时，破产案件的法官有权决定将债务人所拥有的知识产权出售给外界团体。这时，知识产权的评估将成为其中的关键部分。结果，当许可人或被许可人申请破产保护时，知识产权合同涉及的各方有时会发现他们的许可证协议会有根本性的改变。当企业或专业机构解散时，清算支出通常与企业转让给权益所有者的有形资产及包括知识产权在内的无形资产的价值有关。

3. 确定知识产权许可证的合理使用费率

在协商有关专利权、技术发明、商标权、音乐或文学创作（版权）等的许可证合理使用费率时，进行知识产权分析和评估可以有效帮助了解与目标知识产权相联系的预期收益能力。产生现金流量能力，以及剩余的功能、技术或经济寿命。

4. 纳税计划与执行

为了纳税比如财产从价税、遗产税和所得税的计划和执行，需要对知识产权进行评估和分析。比如，证实一项慈善捐款比如音乐作品或文学创作版权的捐赠所得；或一项知识产权的拥有者的继承人将根据相关法律缴纳遗产税时；或企业建立一项知识产权推销的成本基础；或通过分析跨国公司的同一个母公司下的两个或两个以上的子公司之间知识产权的公平转让所应得的真实经济收入，计算应纳所得税；或提供股东与公司之间许可使用费支付的合理性证明。

9.1.2　对知识产权进行评估的重要性

中国要想建设创新型国家，发展知识产权战略，那就势必要保护知识产权所有者的合法权益。而只有通过给知识产权一个科学、合理、公平的定价，才能够更好的保障知识产权所有者的利益，从而进一步的鼓励创新，催生出更多有价值的知识产权，也使得中国在新知识经济时代下缩小中国在知识产权方面相对于发达国家的差距，使中国与其他国家相比具有更强的竞争力。因此，提高知识产权价值的评估质量，为资产评估机构提供有效的知识产权价值评估方法，有利于促进资产评估机构等中介的发展，有利于促进知识产权的交易，转让，并为知识产权交易的公平和合理提供保障，从而促进知识产权交易市场的健康发展。有利于企业实现以知识产权为形态的质押融资目标，在很大程度上提高企业尤其是高新技术企业的融资能力，有利于知识产权资本化和证券化的实现。因此，对知识产权的价值进行合理的评估既促进了知识产权评估事业健康，也为经济的发展提供了推动力量。

1. 对知识产权进行价值评估能够激励创新

当今世界呈现出经济全球化、区域经济一体化的局面，全世界的脉搏通过经济的脉络紧密地联系在一起，牵一发而动全身。企业在这一经济大背景下如何通过改革创新，推动企业自身发展，在优胜劣汰的市场竞争大潮中立于不败之地，这是一个重大的课题，也是一个重大的挑战。创新对一个国家、一个民族来说，是发展进步的灵魂和不竭动力，对于一个企业来讲就是寻找生机和出路的必要条件。从某种意义上来说，一个企业不懂得改革创新，不懂得开拓进取，它的生机就停止了，这个企业就要濒临灭亡。创新的根本意义就是勇于突破企业的自身局限，革除不合时宜的旧体制、旧办法，在现有的条件下，创造更多适应市场需要的新体制、新举措，走在时代潮流的前面，赢得激烈的市场竞争。

企业创新可以从很多方面进行，而技术创新则是企业各项创新的核心。科学技术是第一生产力，现代企业的竞争已越来越依赖科学技术，强化技术创新已成为现代企业发展的一股新潮流，提高企业的自主创新能力则是最根本的目的。而对无形资产进行合理的价值评估则是激励企业创新，尤其是技术创新的重要手段。如果企业所拥有的无形资产价值在实践中得到了具体的体现和确认，势必使得发明专利等无形资产的技术人员有更大的动力开展新的发明，提高技术人员的创新热情，同时也势必使得企业会投入更多的资源支持无形资产的创造和更新活动，这无疑将进一步提升该企业无形资产的价值。这一激励作用同时还会延伸至其他企业，起到很好的示范效应。因此，对无形资产的价值评估将会对整个社会中企业的创新产生有效的激励。

2. 对知识产权进行价值评估能够促进知识产权的转化应用

相比发达资本主义国家，中国知识产权的专业率相对较低。近年来，中国知识产权事业发展迅速，不过，全国知识产权成果转化率不高，现实的转化率最多只有3%，甚至更少。如果是正常享受充分市场竞争的中小型企业，知识产权成果转化率在10%左右；如果是国有企业或者科研体系下的企业，知识产权成果转化率可能连1%都没有。❶ 因此造成了许多拥有专利及技术项目的企业或高校等不断寻找买家的情况出现。另外还有一些企业为了认定科技型企业努力挖掘专利进行申报。成功授权以后，一些企业就此止步，并没有对知识产权进行有效运用。其实，科技创新的最终目的和见效手段应该通过成果化、产业化来实现，不重视创新成果运用，让大部分技术、专利、商标或版权停留在闲置状态，知识产权运用就如同一句空话。

知识产权商品化、产业化最大的难题就是对知识产权的经济价值做出合理的判断。如果没有合理的方法确定知识产权的经济价值，就难以在买卖双方之间形成合理的预期，难以促成谈判，这无疑会大大的阻碍知识产权进行转化应用的步伐。因此对知识产权进行合理的价值评估在促进知识产权在企业中的运用方面将起到重要的作用。

---

❶ 黄宙辉. 中国知识产权转化率仅3%［N］. 羊城晚报，2013 – 11 – 14.

3. 对知识产权进行价值评估能够促进对无形资产的管理和保护

新的会计准则明确规定：企业的总资产包括有形资产和无形资产两大部分。企业在有形资产的评估、管理、利用等方面已形成了一套科学、有效的管理制度，其资产量在相关财务报告中已得到了充分的揭示。但是一个企业到底有哪些无形资产，其价值量如何，作为企业的管理者并不清楚，形成了资产管理的盲点。只有摸清这部分资产的真实价值，才能做到心中有数，进而变被动管理为主动管理，使之规范化，保证企业资产完整性。无形资产价值其本质是无形资产的培育、发展情况，企业的创新能力和赢利能力，企业资源的利用状况和利用效率，企业可持续发展的潜力，企业管理水平的高低等。评估的过程是资产清查的过程，重点在于发现企业在资产管理、经营过程、资本结构、企业效率和盈利能力等各个方面存在的问题和不足，努力解决或为企业提供建设性的意见和建议，有利于经营者对无形资产投资做出明智的决策，合理分配资源，减少投资的浪费。同时，对知识产权的评估还可以运用于知识产权损害赔偿的协商，而知识产权损害赔偿也是对无形资产进行保护的重要内容。

9.2　影响知识产权价值评估的因素

9.2.1　法律因素

知识产权价值评估在实践中具有非常复杂的特性。而法律因素则是影响知识产权评估的首要因素。一项知识产权，无论是专利，商标，或是版权，在取得法律授权之后，都会受到相应法律的保护。而知识产权法律保护程度是指一项知识产权取得法律授权以后，依法对该项知识产权内容进行保护的标准和依据，法律的保护程度可通过保护的强度和保护范围来体现。法律保护程度对知识产权价值评估的影响可以理解为，评估价值与保护程度成正比，法律对知识产权保护程度越大，相应价值也就越高。

知识产权的法律保护期限对知识产权价值评估也会产生一定的影响。知识产权的权利并不是无限期的，中国相关法律对不同类型的知识产权设定了不同的法律保护年限。如，中国专利法规定发明保护期限为 20 年，实用新型 10 年，一般原创性越高，保护年限越长。由于知识产权获利的大小随着年限的增长而变大，当然是法律保护年限越长，知识产权价值越高。

除具体的法律之外，政府政策也会对知识产权价值评估产生一定的影响，通常，政府支持各种层面的创新，但在不同的时期或出于不同的发展战略，对于不同的知识产权的鼓励和扶持程度必然不尽相同，例如，近几年政府大力倡导节能减排，若一项知识产权是涉及节能减排方面的，政府很可能出资支持，该知识产权产业化的产品政府也会通过减税或其他鼓励政策来加以支持。中国税法在对不同企业和行业收取税率时区别对待，根据企业类别的不同，对一般企业所收取的税率为25%，而对国家重点扶持的高新技术企业则只收取15%的税率，其它大多按照20%的税率进行征税。❶ 按行业的不同，对于农、林、牧、渔等基础原生态的产业，由于利润空间很小，国家收取的税率很低，为3%～10%，制造业、批发零售业、交通运输业的税率一般为4%～15%，而对于餐饮业，娱乐业则缴税强度更高一些。而且，中国还根据实际情况专门设有出口退税、增值税、环境污染税等。除了税收政策，政府的其他相关政策都会作用于知识产权价值的实现，因此，在评估一项知识产权的价值时，还要考虑其政策导向。一项知识产权政府政策越有利，知识产权的价值越大。

9.2.2 技术因素

技术因素是指知识产权具有的关于自身技术层面的属性和特点。可通过知识产权的技术先进性、技术成熟度、技术垄断性、技术应用范围等方面来衡量。知识产权的技术先进性是指知识产权的独创性，即一项知识产权与原有同类别的知识产权相比所具备的优势。若某知识产权形成时，创新程度完全而且彻底，以至于在世界上独一无二，且没有任何类似的产权，则其技术先进性很强；若某知识产权只是在已有同类产权的基础上做了稍微改进，且同类产品很多，则其创新性不大，技术先进性也很低。一般情况下，知识产权独创性越高，先进性越强，则其评估价值也越大。

知识产权的技术应用情况是指知识产权是否已经产业化并作用于相应的市场。或者一项知识产权即使还未投入应用，它投入市场应用的可能性有多大，该知识产权可以进入的应用领域是单一还是广泛等。一般来说，知识产权越容易投入市场应用，所涉及的应用领域越多，则评估价值越高。

---

❶ 搜狐财经，http：//business. sohu. com/20141028/n405539419. shtml.

9.2.3 经济因素

经济因素也是影响知识产权评估的重要方面，具体来说，知识产权价值的评估可能会受到如行业前景、市场需求、市场竞争等方面的影响。行业前景简而言之即行业未来的发展趋势。一项知识产权即使处于刚开发的阶段，技术不成熟，更还没有实现产业化，但其必定有所属的行业，而其所属行业的行业前景也必然会对知识产权的价值评估产生相应的影响。一般来说，行业发展的上升阶段市场前景较好，知识产权价值较高，例如，属于快速发展的朝阳型行业的知识产权价值就比属于衰退夕阳型行业的知识产权价值高。

如果将知识产权评估看作是对知识产权定价的过程，在经济学中，价格通常是由需求和供给决定的，因此市场需求也将对知识产权评估造成很大影响。市场需求是指消费者对知识产权对应产品的消化能力，更为通俗的说就是知识产权对应产品投入市场后，能吸引多少消费者去购买。或者，在单对知识产权进行交易时，它作为一种特殊商品，对它有购买欲望的买方市场也可看作形成了这项知识产权的市场需求。显然，知识产权固然有其特殊性，但作为市场条件下的一种商品，尽管特殊，其价值也必然符合一般的市场价值规律，并受市场供求关系的影响。当买方在市场占优势时，评估价值应适当调低；当卖方在市场上占优势时，即供给小于需求时，可适当考虑价值评估中增加其价值。一项知识产权经产业化后，所生产的产品越受消费者青睐，形成的市场需求越大，则相应带来更多的收益，从而正向的影响知识产权的评估价值。因此，长期来看知识产权评估取决于其价值，短期来看则取决于市场上的供求关系。

9.2.4 风险因素

知识产权作为无形资产中的重要种类，从进入市场开始，便面临着种种风险。风险是一种不确定性，是未来可能存在的损失。企业家们在进行决策时，势必会同时考虑收益与风险。在知识产权的价值评估中，这种不确定性体现在很多方面。事实上，在上述提到的法律、技术和经济层面，都涉及不确定性，即风险因素是无处不在的。例如，当一项专利被授权后，由于专利制度的公开性，该项专利技术的方案可以从公开渠道获得，对该专利的侵权的可能性就比较大，运用此专利进行成果转化或产业化后的市场也将面临很大的竞争风险。除此之外，知识产权在技术转化和实施中也存在风险，运用该项知识产权是否能进行量化生产，应用范围是否广泛，必须的技术条件和其他配套设施是否需要达到很高的要求，替代产品是否很多等都是可能会面临的不确定性。这种不确定性对知识产权的价值评估会造成很大影响。一般来说，知识产权价值评估中常见的风险包括技术风险、经济风险和法律风险等。风险越大，知识产权的价值越低，评估价值时需要认真分析所评估的知识产权的风险。

影响价值评估的技术风险主要体现在技术转化、技术替代、技术应用等方面。如果一项知识产权在技术转化时需要较大的转化成本才可以生产出产品，则该项知识产权的价值会变小。同样的，如果一项知识产权在技术上被替代的可能性很大，该项知识产权的价值也会变小。而技术应用则是指技术产业化过程中是否可以有多重用途，如果一项知识产权能够在多项产业中加以运用，则说明该项技术的应用范围较广，评估价值也会较大。

影响价值评估的经济风险则主要涉及运用该项知识产权生产的产品在市场中面临的竞争情况、该项知识产权的运营状况以及对该项知识产权的管理情况等。如果运用一项知识产权进行生产后的产品在市场上受欢迎的程度不高，且面临很严重的市场竞争，或者产品更新换代的速度太快，都会直接影响该知识产权的价值。同样的，如果该项知识产权在市场上被转让、许可、质押的可能性较小，即从经济层面上将此类知识产权进行交易运营的风险加大，价值一般较低。对知识产权的管理也是产生经济风险的一方面原因，因为良好的知识产权运作还需要精良的管理团队来实现。因此，知识产权所配备的管理团队越专业，知识产权的价值也越高。

法律风险主要涉及在评估过程中的权利风险。知识产权虽然受到各种法律的保护，但仍然存在不稳定性而导致的风险。如果因为知识产权遭到质疑而被法律宣告无效时，已经运用该知识产权进行生产或交易的企业就会面临巨大的风险。所生产的产品直接面临巨大的经济损失。运用该知识产权进行的其他交易，如质押贷款等也会被无情的拒绝。除此之外，知识产权可能涉及的侵权与被侵权的法律风险也是很多知识产权面临的问题。一旦涉及侵权，相关企业不仅面临巨大的经济损失，企业形象和信誉也可能受到很大的影响。因此，知识产权评估中的法律风险也是必须要考虑的。

事实上，影响知识产权价值的因素远远不止这些，在社会中，事物之间存在复杂的关联，可以发现的影响知识产权的因素存在很多，政治、宗教、价值、消费者偏好等都可以影响一项知识产权的价值。例如一个作家因为一本书爆红之后，他其他作品的价值也必然会大大提高。因此，知识产权的价值评估会受到多方面的影响，在评估时需要考虑周全。

9.3　知识产权评估的原则及问题

9.3.1　知识产权评估的相关原则

知识产权评估作为资产评估的范畴，首先应该遵循国家对资产评估机构、执业主体、评估的要求规定。资产评估应遵循客观公正性、科学性、可行性的原则。企业知识产权评估当然也应按照国家资产评估的有关规定进行。但是，与其他资产评估相比，企业知识产权评估在存在一些共性时又存在一些特殊之处。关于知识产权评估的基本原则主要包括以下几个方面：

1. 客观公正性原则

客观公正性原则要求评估结果应以充分的事实为依据。这就要求评估者在评估过程中以公正、客观的态度收集有关数据与资料，并要求评估过程中的预测、推算等主观判断建立在市场与现实的基础之上。此外，为了保证评估的公正、客观性，按照国际惯例，资产评估机构收取的劳务费用应该只与工作量相关，不与被评估资产的价值挂钩，而且往往选用第三者评估机构进行评估。

2. 科学性原则

科学性是判断事物是否符合客观事实的标准，科学性原则要求资产评估机构和评估人员必须遵循科学的评估标准，在科学的理论基础上，采用科学的评估方法对知识产权进行评估。

3. 可行性原则

可行性原则一是要求评估方法要简便易行，使大家都能掌握和了解。二是评估机构是合法的，评估程序是规范的，所用方法是合理的，评估结果应当是可信的并具有法律效力的。

4. 替代性原则

替代性原则是基于比较的原则。购买者购买企业一种知识产权的出价不愿高于他在市场上获得它同样能达到目的、满足要求的相类似的知识产权成本。如果有可供选择的能相互替代的资产，该项知识产权价值就会受到影响。

5. 预期收益原则

一般来说，一项知识产权的价值与该项知识产权预期或未来收益有很大关系。或者说，无形资产的价值从本质上说，是能为特定主体在未来带来经济利益的能力。因此，对知识产权未来收益的预测，就成为评估一项知识产权的重要依据。

6. 变化性原则

知识产权的价值在企业营运中受多种因素的影响，随着时间和环境的变化，影响知识产权价值的多重因素也会发生变化，这些变化对知识产权价值变动的影响系数有多大，特别是知识产权对于企业的获利能力有多大，是评估企业知识产权价值时必须考虑的问题。

7. 供求原则

供求原则在经济学中是指在其他条件不变的前提下，供求关系对商品价格影响的规律。供求规律同样适用于知识产权的定价，因为知识产权交易市场上对知识产权的供求关系也会随市场而发生变化，资产价值也会随之发生变化。

8. 一致性原则

对企业知识产权的评估存在许多要考虑的关联因素、变量，而各种因素在经济生活中往往是相互制约的，一个因素发挥多大的作用依赖于其他因素发挥作用的程度。因此这些关联因素与变量之间要存在合理的一致性，否则就会影响评估结果的科学性、真实性。

9.3.2 知识产权评估中涉及的主要问题

1. 评估对象

在进行知识产权评估时，首先要确认需要评估的对象。遵照中国现行法律与政策规定，并参照国际惯例，知识产权评估的对象应包括：专利权、商标权、专有技术、版权、计算机软件、商业秘密、营销网络、专营权、商誉等。对知识产权进行科学的分类，亦有助于确认各种不同的知识产权，并采取科学的评估方法进行评估。

专利权评估是根据特定目的，遵循公允、法定标准和规程，运用适当方法，对专利权进行确认、计价和报告，为资产业务提供价值尺度的行为。专利是受法律规范保护的发明创造，它是指一项发明创造向国家审批机关提出专利申请，经依法审查合格后向专利申请人授予的在规定的时间内对该项发明创造享有的专有权。很多企业在与企业合作或者与金融机构合作时，对方看重的往往是企业是否拥有核心的专利权和专利组合。一家企业能走多远，发展多么壮大，其核心不是它有多少资产而是企业的核心技术，而企业的核心技术在某种程度上则可以通过企业拥有的专利和专利组合的价值来体现。因此，专利评估已经成为知识产权评估中最为重要的一部分。

商标权是商标专用权的简称，是指商标主管机关依法授予商标所有人对其注册商标受国家法律保护的专有权。商标注册人拥有依法支配其注册商标并禁止他人侵害的权利，包括商标注册人对其注册商标的排他使用权、收益权、处分权、续展权和禁止他人侵害的权利。商标权是一项重要的知识产权，无论是在商标侵权诉讼中，还是商标权人转让过程中，都需要对商标权价值进行合理的评估。

版权即著作权，是指文学、艺术、科学作品的作者对其作品享有的权利（包括财产权、人身权）。版权是知识产权的一种类型，它是由自然科学、社会科学以及文学、音乐、戏剧、绘画、雕塑、摄影和电影摄影等方面的作品组成。由于版权所涉及的作品的多样化形式，版权中涉及的权利也形式较多。如发表权、署名权、复制权、发行权、出租权、展览权、表演权、放映权、广播权、信息网络传播权等都是版权这一知识产权中所涉及的权利内容。由于形式众多，侵权行为发生的可能性也逐渐增多，因此更好的理解和把握版权的价值评估是十分必要的。

专利权、商标权和版权的评估是知识产权评估中最为常见的三种。当然，除专利权、商标权和版权之外，其他隶属于知识产权的权利都是知识产权评估的对象。而在不同的行业，知识产权评估的对象往往也会不同。例如，在传统的制造行业尤其是对高科技企业和医药企业来说，对商标、专利和专有技术的评估较多，在IT行业，对计算机软件的评估可能更加常见。在教育、传媒等行业，由于版权和商誉经常被侵犯，因此对这两类知识产权的评估更加重要。无论进行何种类型的知识产权评估，首先明确评估的对象，了解评估对象的特性都是资产评估师需要做的第一步。

2. 评估假设

假设是研究问题和解决问题所需证据的桥梁，科学来源于种种假设，这是因为对任何科学的研究都会产生一系列未被确知，并难以直接论证的问题，因而科学的产生，都要依赖于种种特定的假设。知识产权评估作为一门管理科学，自然也需要有特定的假设。

但是，任何假设都必须具有一定的基础和合理的判断，应当依据评估的特定目的、被评估的知识产权本身的情况以及评估时的市场条件和其他条件综合分析而确定，不能随心所欲地选择进行评估假设。在知识产权评估中经常用到的假设包括以下几个方面：

第一，交易假设。即假定所有待评资产已经处在交易过程中，评估师根据待评估资产的交易条件等模拟市场进行估价。

第二，公开市场假设。该假设是对资产拟进入的市场条件的说明或限定。公开市场假设的关键在于认识和把握公开市场的实质和内涵。该假设旨在说明一种充分竞争的市场条件，在这种条件下，资产的交换价值受市场机制的制约并由市场行情决定，而不是由个别交易决定。

第三，持续使用假设。持续使用假设也是对资产拟进入的市场条件，以及在这样的市场条件下的资产使用状态的一种假定性描述或说明。例如在以质押为目的的知识产权评估中，这一假设就变得尤为重要。抵押知识产权是在持续假设的前提下进行的，即被评估的知识产权处于使用状态并将被继续使用下去。

第四，具体假设。这个涉及在具体的知识产权交易中进行的假设。例如委托评估资产所属企业所遵循的有关法律、法规、政策无重大改变；委托评估资产所属企业所在地的社会环境无重大改变；企业按拟定计划进行生产，并按原定方案持续经营，公司管理者是尽责的；预测期内未考虑物价变化因素对评估结果的影响；无其他人力不可抗拒的重大影响；企业提供的文字、数据资料真实可靠、计算口径一致等。

3. 知识产权评估涉及的主要法律法规

在当前世界经济已经处于知识经济时代的大背景下，技术创新已是社会进步与经济发展的最主要动力，与之相对应的，知识产权越来越成为提升市场核心竞争力和进行市场垄断的手段，知识产权制度因此成为基础性制度和社会政策的重要组成部分。从20世纪末开始，许多国家已经从国家战略的高度来考虑、制定和实施知识产权战略，不断地加大对知识产权保护的力度。从中国目前的立法现状看，知识产权法律制度主要由著作权法、专利法、商标法、反不正当竞争法等若干法律行政法规或规章、司法解释、相关国际条约等共同构成。知识产权的相关法律包括著作权法、专利法、商标法等；行政法规主要有著作权法实施条例、计算机软件保护条例、专利法实施细则、商标法实施条例、知识产权海关保护条例、植物新品种保护条例、集成电路布图设计保护条例等；还有些知识产权地方性法规、自治条例和单行条例，如深圳经济特区企业技术秘密保护条例；以及知识产权行政规章，如国家工商行政管理总局关于禁止侵犯商业秘密行为的规定。当然，中国所缔结的国际公约也是中国保护知识产权的重要法律依据。例如《与贸易有关的知识产权协议》《专利国际分类协定》《商标注册用商品和服务分类协定》等。❶

为了规范中国的知识产权评估工作，中国政府、行业协会同时也对知识产权的价值评估形成一套复杂的规范性文件。例如，国务院、财政部等主管部门以及中国资产评估协会等已经颁发了《国有资产评估管理办法》《国有资产评估管理若干问题的规定》《国有资产评估违法行为处罚办法》《关于加强和规范评估行业管理的意见》《资产评估机构审批管理办法》《资产评估准则——基本准则》《资产评估职业道德准则——基本准则》《资产评估准则——无形资产》《知识产权资产评估指南》等一系列规范性法律文件。随着法规的逐步完善，中国无形资产评估行业取得了较大的发展。❷

4. 进行知识产权评估所需的主要资料

知识产权所有人在特定目的下进行知识产权评估时，需要向评估机构提供必要的资料，以便资产评估师能够准确地把握该项知识产权产生的背景，权利特征，行业前景等，才能更加客观科学的评价该项知识产权的价值。当然，有些资料的搜集需要评估机构通过其他方式进行搜集。进行知识产权评估中所需的主要资料包括：

第一，知识产权权利人的相关资料。包括委托方营业执照、基本简介等基本材料；企业的财务资料如企业近几年的收益状况（财务报表）、损益表、市场占有率统计、销售网络的分布图等；企业的经营资料如企业的销售推销计划，企业今后五年的新增投资计划、各年固定资产净追加，企业的长期经营策略和远期战略部署等；企业获取该知识产权的耗费明细，例如，如果为自研专利技术，企业投入的时间、人力（工作日及人员技术结构）、资金、物质材料的数量及价值等方面的凭证和情况介绍等。

第二，知识产权相关行业状况的分析资料。包括：国内外该行业的市场分析与预测；国内外同行业的投资收益率、平均成本、利润率、销售税金、销售成本、销售费用、财务费用、销售收入占企业收入的比例、折旧占销售成本的比例；企业面临市场竞争的形势（有利因素、不利因素）、未来竞争的格局、能占有市场的份额及开发的潜力；该行业是否得到政府的支持、享受何优惠政

---

❶ 王言书，任燕. 知识产权保护概论［M］. 河南大学出版社，2005.

❷ 详见中国国家知识产权局网站，http://www.sipo.gov.cn/.

策；企业发展受相关行业的影响等。

第三，知识产权权利相关的资料证明。包括：知识产权的权利证书、权利要求及说明书、最近交费证明；申请知识产权的相关文件资料；购买、转让知识产权的合同复印件；知识产权的详细介绍（如专利技术来源、技术开发的起因、时间、解决的主要技术问题；主要的应用范围、所达到的技术经济指标，国内国际同类型技术的比较分析、该技术所处国内国际的水平分析，技术的实质内容是否可通过其产品轻易取得、技术可被模仿的难易程度、转移性、是否会被新的技术替代等）；有关专家对该知识产权的评价等。

第 10 章　知识产权评估方法

10.1　传统评估方法

相较于有形资产，知识产权的价值评估要更加复杂。因为知识产权多种多样，可比性不强，且受技术因素、市场因素、风险因素等多种因素的影响，在评估过程中面临的复杂性更大。因此知识产权的价值评估需要借助科学的评估方法，评估方法也因此具有多样化。然而，知识产权的价值评估其实只是一种预测性的评价，评估结论必须建立在相关市场情况的分析和预测基础上，最终由市场决定和反映出的价值才是知识产权真正的价值，也是对评估值的一个检验。传统的知识产权评估方法主要包括成本法、市场法和收益法，这三种方法主要是借鉴较为成熟的资产评估方法而来。

10.1.1　成本法

成本法，也被称为重置成本法，是通过衡量被评估的资产重置所需的支出来评估价值。该方法是指首先估测被评估资产的重置成本，然后估测被评估资产业已存在的各种贬值因素，并将其从重置成本中予以扣除而得到被评估资产价值的各种评估方法的总称。这种评估方法的基本原理是替代原理，投资者愿意支付的价格不会超过重新购置或建造这项资产的成本。知识产权开发所发生的历史成本或成本基础有时被用来决定价值。在使用成本法对资产价值进行估算时有两个假设的前提：其一，被评估资产处于或被假设处于继续使用状态。其二，被评估资产可以产生的未来收益可以支持重置价值。

知识产权评估值 = 重置成本 - 功能性贬值 - 经济型贬值　　　（10.1）

重置成本，又称现行成本，是指按照当前市场条件，重新取得同样一项资产所需支付的现金或现金等价物金额。尽管知识产权不会受磨损的影响，但时间仍可能使知识产权产生贬值，例如当新的专利技术出现时，原有专利技术的

— 111 —

价值便会产生一定程度的贬值。我们将贬值主要分为两类，一类为功能性贬值，一类为经济性贬值。功能性贬值是指由于无形损耗而引起价值的损失。估算功能性贬值时，主要根据设备的效用、生产能力和工耗、物耗、能耗水平等功能方面的差异造成的成本增加和效益降低，相应确定功能性贬值额。同时，还要重视技术进步因素，注意替代设备、替代技术、替代产品的影响，以及行业技术装备水平现状和资产更新换代速度。经济性贬值是指由于外部环境变化造成的设备贬值。计算经济性贬值时，某项资产的使用率的下降由供需变化所导致的情况，可以通过对资产原本设计的生产能力以及我们预计其被利用的生产能力进行相比较来确定，亦可直接计算由于缩减的生产而导致的直接损失进行计算。这种贬值有可能是由于国家宏观经济政策或者市场环境等因素的变化造成的。评估人员可以根据具体情况加以分析确定。

由于估算功能性贬值和经济型贬值较为抽象，缺乏数据支持，具有很大的估算难度。因此，运用成本法评估知识产权时，知识产权评估值的计算公式还可以表述为

$$知识产权评估值 = 重置成本 \times (1 - 贬值率) \tag{10.2}$$

在上述公式中，评估人员只需要计算出重置成本和贬值率，便可得出知识产权的评估值，因此更为常用。

1. 重置成本的估算

重置成本在具体计算时常用的方法包括倍加系数法、价格指数法与重置成本核算法等。

使用倍加系数法估算重置成本适用于投入较多智力劳动的知识产权，考虑到需要投入复杂的科研劳动，同时具有一定的风险，可采用倍加系数法进行估算。计算公式如下所示：

$$重置成本 = \frac{C + \beta_1 V}{1 - \beta_2} \times (1 + L) \tag{10.3}$$

式中：C——知识产权研发中的物化劳动消耗；

V——知识产权研发中的活劳动消耗；

β_1——科研人员创造性劳动倍加系数；

β_2——科研的平均风险系数；

L——知识产权投资报酬率。

价格指数法是指以知识产权的历史成本为依据，在考虑价格调整的因素上对重置成本进行估算。原有的历史成本折射出形成知识产权时的价格水平，而

重置成本则需反映资产评估时知识产权的价格水平，因此须考虑物价调整的因素。价格指数法公式如下：

$$重置成本 = 知识产权的历史成本 \times 评估时物价指数 / 历史物价指数$$
(10.4)

上式中的评估时物价指数与历史物价指数之比也被称之为物价指数调整系数。

重置成本核算法是将知识产权创造时所花费的费用逐项累加并考虑适当利润后的计算方法。计算公式如下：

$$重置成本 = 生产成本 + 期间费用 + 合理利润$$
(10.5)

其中，期间费用主要包括管理费、财务费和销售费用等。

根据企业获取知识产权的来源，我们可以将知识产权划分为自创资产或外购资产。如果为自创的知识产权，在计算重置成本时，可采用核算法和倍加系数法进行计算。如果为外购知识产权，则购入的历史成本则成为计算重置成本的主要依据。评估重置成本时可考虑使用物价指数法进行计算。在具体的实践操作中，可以根据待评估资产的具体情况进行分析，也可以根据实际情况对传统方法进行适当改进。

2. 贬值率的计算

在成本法的计算公式中，还有一个重要的指标，即贬值率需要计算。贬值率是运用成本法估算知识产权时的重要概念，他综合体现了知识产权随着时间的变动而导致的功能性或经济性的贬值。贬值率是由知识折旧决定的，但知识资产的折旧完全不同于有形资产的折旧。知识产权的折旧中并不像有形资产折旧时主要考虑物理磨损，知识产权的折旧往往起源于技术进步或外部市场环境等的变化。一般来说，技术进步越快，知识产权更新的时间越短，贬值率将越高。在实践中，贬值率的估算主要采用专家法和剩余寿命预测法。

专家法主要是指聘请有关领域的专家，对被评估知识产权的性能做出专业判断，进而确定其贬值率的方法。这一方法在现实中被普遍采用。专家在判断贬值率时往往需要综合考虑功能性贬值和经济性贬值两个方面。如专家们往往需要考虑技术的先进性、成熟度、可替代性等指标，同时也需要在考虑市场需求、市场应用、市场竞争等方面的基础上做出科学的判断。而且在使用专家法预测贬值率时，还需要综合考虑多个专家的意见，从中选出最为科学的预测。

剩余寿命预测法是评估人员通过对知识产权剩余经济寿命的预测和判断，从而估算贬值率的方法，公式如下：

贬值率 = 已使用年限/(已使用年限 + 剩余使用年限)×100%

$$(10.6)$$

知识产权往往都有一定的使用期限,因此,使用上式计算贬值率也相应的较为容易。但由于有些知识产权即便在法定使用期限内,但在市场上可能已经失去了市场价值,因此,公式中剩余使用年限的判断需要通过判断该项知识产权还能为所有权人带来收益的年限来决定,而非单纯的法律保护年限。

成本法作为国际知识产权评估中通用的方法之一,具有其独特的优点。成本法的计算相对简单,数据搜集也较为容易,具备一定的可靠性。但一般来说,成本不等于价值。由于对于知识产权这一特殊的资产来说,如果经济条件不能产生利润,无论成本如何,知识产权不会产生很大价值。而某些成本廉价的知识产权,却可能由于其具有重大的市场需求量,而产生远远高于成本的价值。因此,成本法作为一种评估知识产权的方法,由于不能反映知识产权的潜在收益,一般更适用于技术萌芽期或目前还没有适用市场的资产。同样也可以作为其他评估方法的一种辅助方法,为知识产权的价值评估提供依据。因此在使用成本法时,需首先明确成本法的适用范围。

10.1.2 市场法

市场法,是指使用市场上一样或相似资产之近期买卖价格经由直接对比或类比剖析以对资产价值进行估测的各类评价技术方法的总称。任何一个正常的投资者在对一项资产购买时,其出价通常不高于现有市场上能够获取的替代品价格是市场法的内在合理性的体现。所以将市场上类似商品已经成交的价格作为基础,通过对参照物和被评估资产之间的差异进行比较,进而调整参照物的价格,最后生成评估对象的价格。因为这种方法的基础是已经通过市场检验的价格,所以其可信度高,很容易为当事各方所接受。市场法利用相同或相似的实际知识产权交易的价格作为评估基础,如果能够找到所需的资料,这种方法可以作为评估知识产权的首选方法。通常市场法计算时采用的公式为

知识产权评估值 = 市场上相同或类似知识产权的价值×调整系数

$$(10.7)$$

调整系数是对参照物与被评估资产之间差异进行调整的关键。选择参照物和评估资产之间可以进行比较的指标,并对指标进行量化处理,计算出两者之间的差异。通过这一差异,对参照物的价格进行增加或减少的处理,得到基于参照物为基础的被评估对象的估值。在进行参数修正时,确定务必要注意指标

的可比性和重要性。

市场法是一种最为有效、简单的方法。市场法的应用需要有两个前提，首先要有活跃的公开市场，这个市场上有非常多的交易者，进行着活跃的买卖，亦即存在着市场行情，而非个别交易，并且已知交易的价格和条款；其次要有可比的资产及其交易活动存在于公开市场中。即评估对象资产和其对应的参照物之间在功能上、所处的市场条件上都具有可比性，而且被估测资产评估基准日节点与参照物成交时间节点的时间间隔不可过长。因此，如果市场上有充分的交易案例，并可以从中取得较为理想的参照物，获取信息，寻找差异，市场法无疑是一种理想的知识产权评估方法。

在使用市场法进行知识产权评估时，需要注意几点问题。首先，需要确定具有合理比较基础的知识产权。创新性和唯一性是知识产权的重要特点，这个特点使得知识产权之间相互较为独立，缺乏可比性。因此在寻找相同或类似知识产权时，要综合比较知识产权的特性。要找到功能相似、形式相似、载体相似、交易条件相似的知识产权才能构成市场法比较的基础。功能相似是指类比的知识产权与被评估的资产可能实现相似的功效，如技术性专利可以实现同样的功效。形式相似是指知识产权的分类相同。载体相似是指知识产权所依附的产品、企业具有相似性，如运用该知识产权生产的产品具有相似性，进行交易的企业在规模、背景上具有相似性。交易条件相似是指参照物当时的成交条件与被评估资产模拟成交条件具有可比性。

其次，市场法要求评估时搜集的参照物的价格信息具有代表性，并且满足合理、可靠和有效的要求。如果市场上存在多个类似知识产权的交易信息，如何从中选出更贴近被评估资产的知识产权交易是个需要仔细分析的问题。合理的分析所有可以作为参照物的知识产权交易情况，通过综合类比各方面特征、背景、交易目的、交易时间等信息，找出其中最具代表性的参照物，而不是简单利用行业或社会平均价格水平信息来评估。同时一定通过可靠的信息来源进行资料搜集，提高评估过程的可信度，并满足评估基准日参照物信息仍然有效的前提。

最后，由于市场法采用的是横向比较的方法，因此收集类似的知识产权交易时的市场信息，例如交易时的市场供求情况、市场竞争情况、产业政策、企业绩效情况等信息应该尽可能的搜集。这些信息对于参照物的评估价值具有很大影响，因此如果现有的市场信息与参照物的市场条件存在很大差异的话，应该适当考虑这一差异对被评估资产价值的影响。评估员们应该根据宏观经济、行业和知识产权情况的变化，考虑时间因素，对被评估知识产权的评估进行必要调整。

市场法也是国际上公认的三大基本评估方法之一。该方法原理简单、易于理解和掌握，能够客观反映资产目前的市场情况，评估值更能反映市场现实价格以及市场价格变动趋势，评估结果易于被各方面接受和理解。但由于目前大多数知识产权的交易不够活跃，而且市场不够公开，想要得到相似交易的足够细节可能会非常困难。而且由于知识产权的独特性，找到合理的可以相比的类似参照物也存在一定难度，在进行影响因素比较、差异调整时，往往还会受评估人员主观因素的影响较大，这在一定程度上影响其评估结果的准确性，因此市场法的适用范围得到很大程度的限制。随着知识产权交易市场日益完善，相应的行业标准越来越规范、科学，市场法的使用也会越来越广泛。

10.1.3 收益法

收益法也称收益现值法，是根据知识产权未来所能够产生的净收益来进行估价。成本法和市场法在实际应用中都有较大局限，相比之下，收益法具有更大的优势。这一方法的核心思想在于贴现理论，将标的资产在未来一定的时间周期内的收益情况做出估算，并根据一定的折现率计算知识产权的现值。因此收益法是通过估算被评估资产在未来的预期收益，并采用适宜的折现率折算成现值，然后累加求和，得出评估值的一种资产评估方法。收益法的基本条件是企业具备持续经营的基础和条件，资产经营与收益之间存在比较稳定的比例关系，并且未来收益和风险能够预测及量化。

运用收益法进行评估的基本思路是投资者购买收益性资产是一种投资行为。其目的往往并不在资产本身，而是资产的获利能力。即资产的价值通常不是基于其历史价格或所投入的成本，而是基于对其未来所能获取的收益。购买收益性资产，对于投资者来说，就如同将资金存入银行获取利息所起的作用是等同的。他所看重的，不是现在存入的资金数额，而是看重能得到多少利息。如果现有某一货币额可与这未来源源不断的净收益的现值之和等值，则这一货币额就是该项资产的价格。收益法的基本模型是：

$$V = \sum_{t=1}^{n} \frac{R_t}{(1 + r)^t} \tag{10.8}$$

式中：V——被评估资产的评估值；

R_t——第 t 年的知识产权的预期收益；

R——折现率；

n——收益年限；

t——年份。

运用上述公式计算知识产权评估值时需要分别计算预期收益、折现率、收益年限等参数值。

1. 收益额的估算

收益额 R_t 是运用收益法估算知识产权价值的主要指标之一，是指知识产权能为所有者带来的预期收益。预期收益不是已实现的收益，也不是未来收益，收益额的确定要根据已知的市场环境合理的推断。由于知识产权往往需要附着在有形资产上才可发挥其效用，因此收益额的确定需要将知识产权的收益额从知识产权与有形资产共同创造的收益中进行分离，即需要扣除其他因素之外区分知识产权本身带来的贡献。在计算时，主要采用直接估算法、差额法、分成率和要素贡献法几种方法。

（1）直接估算法。

此方法适用于能够直接判断知识产权带来的超额收益的情形。通过未使用知识产权与使用知识产权的前后收益情况对比分析，确定知识产权带来的收益额。我们可以将知识产权划分为收入增长型和费用节约型。

收入增长型知识产权是指知识产权应用于生产经营过程，能够使得产品的销售收入大幅度增大。增大的原因在于：

a. 产品能够以高出同类产品的价格销售。在销售量不变，单位成本不变的情况下，知识产权形成的超额收益可以参考下式计算：

$$R = （P_2 - P_1）Q（1 - T） \tag{10.9}$$

式中：R——超额收益；

P_1——使用知识产权之前单位产品的价格；

P_2——使用知识产权之后的单位产品的价格；

Q——产品的销售量；

T——所得税税率。

b. 生产的产品采用与同类产品相同价格的情况下，销售数量大幅度增加，市场占有率扩大，从而获得超额收益。知识产权形成的超额收益可以参考下式计算：

$$R = （Q_2 - Q_1）（P - C）（1 - T） \tag{10.10}$$

式中：R——超额收益；

Q_1——使用知识产权之前的产品销售量；

Q_2——使用知识产权之后的产品销售量；

P——产品的价格；

C——产品的单位成本；

T——所得税税率。

费用节约型知识产权是指将知识产权应用于生产经营过程中后，使得生产产品的成本费用降低，从而形成超额收益。

c. 假设销售量不变，价格不变时，可以参考下列计算节约型知识产权为投资者带来的超额收益：

$$R = (C_1 - C_2) \, Q \, (1 - T) \tag{10.11}$$

式中：R——超额收益；

C_1——未使用被评估知识产权时产品的单位成本；

C_2——使用被评估知识产权后产品的单位成本；

Q——产品的销售量；

T——所得税税率。

收入增长型和费用节约型知识产权的划分，是假定其他资产因素不变的情况下，判断知识产权形成超额收益的来源的方法。事实上，超额收益是各种资产因素的综合作用，评估时应该具体分析。总之，超额收益是知识产权使用前后增加的现金流，同时注意所得税的抵扣。

（2）差额法。

如果无法对比知识产权使用前后收益情况的变化，则可以采用将知识产权和其他类型资产在经济活动中的综合收益与行业平均水平的比较来得到知识产权的超额收益。计算公式如下：

$$超额收益 = 净利润 - 净资产总额 \times 行业平均净利润率 \tag{10.12}$$

该方法用使用知识产权后的经营利润和行业平均利润进行比较得来，如果企业拥有的知识产权众多，这样得到的超额收益是体现了企业所有知识产权带来的总的超额收益。因而很难去区分具体单项知识产权的超额收益有多少。

（3）分成率法。

分成率法的理论基础是知识产权对总收益的贡献程度。技术进步与经济的长期发展具有密切关联，这为运用分成率法估算知识产权价值奠定了理论基础。具体来说，分成率的确定是以知识产权带来的追加利润或追加收入在利润总额或收入总额中的比重为基础的，俗称"抽头"。在评估计算中采用按引进知识产权生产产品的销售收入或销售利润作为提成的基础的方法较为常见。其公式为

$$超额收益 = 销售收入 \times 销售收入分成率 \times (1 - 所得税税率)$$
$$= 销售利润 \times 销售利润分成率 \times (1 - 所得税税率)$$

$$(10.13)$$

由于销售收入与销售利润有内在的联系，可以根据销售利润分成率推算出销售收入分成率，反之亦然。由于销售利润率为销售利润与销售收入的比值，因此下述公式成立。

$$销售收入分成率 = 销售利润分成率 \times 销售利润率$$
$$销售利润分成率 = 销售收入分成率 \div 销售利润率 \qquad (10.14)$$

需要注意的是这里的利润分成的基础是利润总额，如果是净利润，就要不需要考虑所得税了。因此利用分成率法计算超额收益的主要步骤便是确定利润或收入分成率。

（4）要素贡献法。

该方法将知识产权作为产品生产中的生产要素来看待，根据知识产权构成生产经营的要素在生产经营中的贡献，从正常利润中粗略估计出知识产权带来的收益。中国理论界通常采用三分法，即考虑资本、技术、管理三大要素的贡献。通常认为，对于不同类型的企业，要素的贡献率也会不同，见表 10.1。需要注意的是这一方法只能进行粗略计算，得出的收益值并不精确。由于"三分法"的操作过程比较简单，其在目前评估实务中应用较多，但该方法也存在取值过于简单、精度度低的弊端，因而在评估实务中，可以将要素贡献法作为确定知识产权收益额的一种参考方法，与其他方法一同使用，原则上不应单独使用该方法得出评估结论。

表 10.1　不同类型企业技术的贡献度[1]

行业类型	资金	技术	管理
资金密集型	50%	30%	20%
技术密集型	40%	40%	20%
一般行业	30%	40%	30%
高科技行业	30%	50%	20%

2. 分成率的确定

在实际应用中较为普遍的是利用分成率法估算知识产权的超额收益，这种

---

[1]　朱萍. 资产评估学教程［M］. 上海财经大学出版社，2008.

评估方法在国际贸易许可中非常常见。这一方法的原理非常朴素,就是专利权受让方购买了专利后,投入配套的资金,在购买相应的设备、材料、支付管理费,最后生产出了产品,产品在市场上出售获得了利润。在这部分利润中有知识产权获得的报酬。其中,分成率的确定是估算超额收益,即知识产权价值的一个重要部分,也是一个难点。目前尚未有明确的规则或方法指导分成率的确定。如果分成率的确定缺乏客观性和科学性,则最终必会影响知识产权的整体评估价值。分成率的计算公式为

$$s = m + (n - m) \times \pi \tag{10.15}$$

式中:s——被评估资产的分成率;

m——分成率的取值下限;

n——分成率的取值上限;

π——分成率的调整系数。

根据上述公式,想要计算分成率,需要确定分成率的取值上下限以及调整系数。确定分成率的取值上下限一般是根据国际惯例或评估人员的经验来的。联合国工业发展组织对各国的技术贸易合同的提成率进行大量的调查统计后,结果显示销售收入分成率一般的一般取值范围在 0.5% ~ 10%,但不同的行业会有很大区别。

表 10.2   不同行业分成率上下限[1]

行业名称	分成率上下限
石油化工行业	0.5% ~ 2%
日用消费品行业	1% ~ 2.5%
机械制造行业	1.5% ~ 3%
化学行业	2% ~ 3.5%
制药行业	2.5% ~ 4%
电器行业	3% ~ 4.5%
精密仪器行业	4% ~ 5.5%
汽车行业	4.5% ~ 6%
光学及电子产品	7% ~ 10%

上述关于行业分成率的数据在国际上的认可度很高,因此,引用上述数据作为计算的基础是可靠的。根据销售收入分成率和销售利润分成率的关系,利

---

[1] Business International Corporation. Investing, Licensing and Trading Conditions, New York: Business Corporation, 1985.

用行业的平均利润率，便可计算出销售利润分成率的上下限。当然也可以根据经验丰富的评估专家，对分成率的取值范围进行确定。这种情况在实际操作中也是比较常见的。

确定分成率的取值范围之后，还需要确定分成率的调整系数这一参数值。分成率的调整系数实际上是对影响知识产权各项因素的一个综合考虑调整。前述提到，影响知识产权价值的因素包括法律因素、技术因素、经济因素和风险因素。在分成率的确定中，我们将涉及法律因素，技术因素和经济因素，而风险因素主要反应在折现率的确定中。在征求专家意见的基础上，首先应该将影响分成率确定的这三大因素进行分解，明确影响分成率的具体指标（表10.3），并对各项指标进行打分。通常的做法是采用 0～100 的分制进行打分，一项指标的最低分值为 0 分，最高分值为 100 分。在具体的实践中，可以根据知识产权的具体情况分析，选取最适合的指标因素确定分成率。

在上述指标体系中，各指标对目标的重要程度是不同的。因此当衡量各指标对目标的贡献时，应赋予不同的权重。计算权重的方法多种多样，主要有德尔菲法、层次分析法、区间打分法、模糊评价法等。由于本书后面章节对模糊评价法进行了详细介绍，这里不再赘述。

表 10.3　影响分成率的指标分解

目标层	一级指标	二级指标
分成率的确定	法律因素 u_1	法律状态 u_{11}
		保护范围 u_{12}
		侵权可能性 u_{13}
		政策支持力度 u_{14}
	技术因素 u_2	技术领先性 u_{21}
		技术可替代性 u_{22}
		技术依存度 u_{23}
		技术成熟度 u_{24}
		技术垄断程度 u_{25}
		技术应用范围 u_{26}
	经济因素 u_3	行业前景 u_{31}
		市场盈利能力 u_{32}
		市场占有率 u_{33}
		市场竞争力 u_{34}
		市场需求 u_{35}

确定指标值和权重之后，可采用加权平均的方法计算调整系数，进而计算出分成率，调整系数的计算公式如下：

$$\pi = \sum_{i=1}^{3} u_i \sum_{j=1}^{n} u_{ij} \times w_{ij} \qquad (10.16)$$

式中：π——分成率的调整系数；

u_i——第 i 个因素的权重；

u_{ij}——第 i 个因素中第 j 个指标的权重；

w_{ij}——第 i 个因素中第 j 个指标的打分值。

分成率的取值对评估结论有着重大影响，目前评估界在确定分成率时，通常采用的方法还包括经验数据法、行业惯例法、可比案例法等基本方法，这些基本方法实施便利，但都有一定的使用范围，结论也存在一定的主观性，因此，确定适合的分成率在收益法评估中非常重要。

3. 折现率的估算

折现率是指将未来有限期预期收益折算成现值的比率，是体现货币时间价值的一个参数，也即同样数额的收益，时间越远，现值越小。折现率是运用收益法评估知识产权时非常敏感的参数。需要综合考虑技术因素、时间因素、政策法律因素、社会经济因素、市场因素、知识产权类型等因素来确定折现率。

在实务中采用收益法评估知识产权时，折现率的测算可以通过风险累加法、资本资产定价（CAPM）模型、统计分析法等方法。

风险累加法将折现率的构成分成两个部分：无风险报酬率和风险报酬率。该方法针对评估对象面临的单项风险逐项估算相加，适用于风险因素可以划分清楚，风险因素对评估对象价值的影响都是独立的情形。

$$折现率 = 无风险报酬率 + 风险报酬率 \qquad (10.17)$$

无风险报酬率一般参照同期国库券利率或是银行定期存款利率。风险报酬率是对风险投资的一种补偿，风险越大，未来的不确定性越大，折现率取值一般也越大。确定风险报酬率需要考虑知识产权相关的各类风险因素，如法律风险、经济风险、技术风险等，还要结合企业作为知识产权载体的具体分析，综合考虑风险因素后才能更好的确定风险报酬率。风险报酬率往往是由评估师经过综合的分析后给出的结论。

还有一种常常被用来计算折现率的数学模型便是资本资产定价（CAPM）模型。该模型一般适用于权益资本、企业股票、单项资产的收益法评估。由于其应用的广泛性，在知识产权评估时也常常用到。该模型的计算公式如下：

$$r = r_{f1} + \beta \times (r_m - r_{f1}) \times \alpha \qquad (10.18)$$

式中：r——企业知识产权评估中的折现率；

　　　r_{f1}——无风险报酬率；

　　　r_m——市场报酬率；

　　　β——行业系统风险系数；

　　　α——企业风险报酬率调整系数。

该式中，无风险报酬率仍和风险累加法一样，可以选择现行国库券利率或是银行定期存款利率市场报酬率的选择可以参照市场上同类型公司净资产收益率的平均值，或市场期望报酬率的历史均值。式中最难确定的便是系数 β 和 α。β 的计算主要参照企业所在行业的资料进行评估，而 α 的评估则主要牵涉企业内部风险测定。如企业经营状况、产品开发、管理水平等都将影响评估人员对 α 的估算。

运用统计分析法确定折现率的基本思路是直接搜集企业或行业的知识产权收益率的数据，通过对历史数据的分析，判断知识产权收益率的平均水平及其发展趋势，进一步确定知识产权的折现率。这种方法由于有历史的知识产权收益率作为依据，因此更加具有说服力。但在实际中存在数据不公开，交易不活跃等问题，会对该方法的实际应用产生很多阻碍。而且将知识产权的收益率与企业整体资产收益率进行区分也将是个难题。但这种方法无疑为评估人员提供了一个很大的思路和参考。随着市场透明度的增加，这种方法的未来应用或许会更加广泛。

4. 收益年限的确定

收益年限是资产预期能够获得收益持续的时间，通常用年作为单位。收益期限的确定要考虑知识产权的经济使用年限以及法律年限，取其中较短者。经济使用年限也称为经济寿命，是指使用该知识产权能够产生收益的持续时间。时间越长，价值越高。经济寿命会受到知识产权的技术寿命、产品载体的市场寿命、竞争因素等的影响。大部分知识产权的经济寿命和法律寿命时间不一。法律年限是指知识产权法律所赋予的对知识产权保护的期限，不同类型的知识产权，其法定寿命长短不一。例如中国对发明专利权的保护期限为 20 年，而对注册商标的保护期则一般为 10 年。经济寿命和法律寿命在很多情况下是不一致的。例如，一个发明专利在被授权后的 5 年，随着市场上技术的不断进步，原有专利技术的价值会不断下降，甚至由该专利技术生产的产品已经在市场上停止销售，该专利的经济寿命便也同时终止了，而其法定寿命还有很长时间。● 在确定收益年限时，我们比较知识产权的经济寿命和法律寿命，取其中较短的时间作为收益法的计算参数。

上述介绍了使用收益法时各项参数的确定方法，在实际运用时，应该根据具体情况分析对各项参数进行科学而合理的确定。使用收益法时需要注意几点内容。第一，合理确定知识产权带来的预期收益，分析与之有关的预期变动、收益期限，与收益有关的成本费用、配套资产、现金流量、风险因素及货币时间价值；第二，确信分配到包括知识产权在内的单项资产的收益之和不超过企业资产总和带来的收益；第三，预期收益口径与折现率口径保持一致，折现期限一般选择经济寿命和法定寿命的较短者；第四，当预测趋势与现实情况明显不符时，需要分析产生差异的原因。收益法中包含多项评估，各参数确定都建立在预测的基础上，因此对收益法评估结果与市场的吻合度让人置疑，也更考验评估师的职业判断水平。实际进行评估时，各个参数的确定都是非常复杂的，需要很强的专业性和技术性，才能保证评估结果与实际的差异较小。但这种方法也提供了一个额外的好处便是通过参数调整进行敏感性分析，以便于更好的理解在特别情形下价值评估各种因素的重要性。收益法以未来收益作为关注的焦点，并考虑资金时间价值，这恰好符合投资者的投资理念和投资过程中资产价值的本质特征，结果易于为投资各方接受。

10.1.4 传统评估方法在市场中的应用

市场法、收益法、成本法是国际上常用的评估知识产权的方法，他们在基本概念、理论依据、使用前提和计算方法上都存在很大差别，分别从不同的途径评估了知识产权的价值。这三种方法对于知识产权评估来说，由于它的评估对象、特点、内涵都不一样，所以在做评估的时候要特别注意。知识产权评估实践中，运用比较多的还是收益法和成本法。市场法应用比较少，这主要是由于相应的市场条件还不具备，前提条件得不到满足，也无法通过改进方法来实现。其实评估方法本身不存在孰好孰坏的区别，只有是否适用。

知识产权评估方法的多样性为评估人员提供了适当选择评估途径的可能。选择合适的评估方法主要应考虑评估方法与评估对象和评估目的的匹配性，数据和信息搜集的可行性，评估参数确定和评估过程的难易程度，评估人员的专

● 刘伍堂. 专利资产评估 ［M］. 知识产权出版社，2011.

业性等因素来决定。同一评估价值类型可能适用几种方法，在选择评估方法时，评估对象分析、资料限制和评估参数确定往往是制约知识产权评估的主要瓶颈。因此，评估人员应该要从评估工作的效率出发，选择简便易行的方法，同时要保证该方法得出的结论是可靠的。

一般来说，评估方法的选择应在评估开始之前予以确定，当然也可以分别采取几种方法进行评估，然后分析、比较结果的科学性。成本法更基础也更加直观，它建立在重置成本的概念之上，具有一定的可靠性和适用性。市场法和收益法相比成本法更加全面，市场法在活跃市场和可比性参照物的前提下能够在知识产权评估中起到重要作用，但前提条件的达成具有一定难度。收益法则更加依赖于财务基础和风险分析，评估过程相对复杂，参数的确定是其中的一大难点，但这一方法在现实中更具有说服力，使用范围也更加广泛。因此，对于被评估资产的发明与研制与成本无关而重要的是发明思想的知识产权，不宜采用成本法评估；对于市场不活跃或具有非常独特特性的知识产权，不宜采用市场法进行评估；对于未来参数、财务参数、投资参数等不确定性较大时，不宜采用收益法进行评估。因此，采用何种方法进行知识产权的评估需要根据被评估资产的具体情况来加以确定。

在评估中，往往根据评估对象的不同，采用不同的评估方法。表 10.4 描述了对不同评估对象进行评估时，可以选择的较好的评估方法和一般性评估方法。

表 10.4　评估方法与评估对象的选择●

知识产权类型	主要方法	次要方法	最弱的方法
专利	收益法	市场法	成本法
专有技术	收益法	市场法	成本法
商标和品牌	收益法	市场法	成本法
版权	收益法	市场法	成本法
计算机软件	成本法	市场法	收益法
分销网络	成本法	收益法	市场法
特许经营权	收益法	市场法	成本法

在实践的评估中，评估人员们很少单独采用某一种方法，更多的是采用一

● 戈登·史密斯，罗素·帕尔. 知识产权价值评估、开发与侵权赔偿 [M]. 周叔敏，译. 电子工业出版社，2012.

种综合的思路。评估师在评估过程中会选择两种以上的评估方法，不同程度的考虑各种评估方法的结果，多角度考虑知识产权的特征和价值，使评估结果更具科学性和真实性。例如当评估一项专利时，如果可以找到可比市场来形成一个较为公平的市场价值，即通过市场法评估人员可以得到一个数值区间范围，而不只是一个数值，这主要是由于事实上没有完全准确的可比较市场。这种方法的结果将有着最重要的参考价值，一般的最终值是不高也不低于这个范围的。或者说这个范围不仅代表着潜在交易者的交易底线，同时也是对评估对象价值的最好的期望。然后如果条件允许的话，可以同时运用成本法和收益法进行计算，得出具体的量化数值，如果这两种方法中有一种方法的数值并不在市场法得出的参考数值范围内，则该方法在这一专利的评估上可能存在较大偏差，则可以使用另外一种方法的结论作为最终的参考结论。当采用两种或两种以上的方法进行评估时，还有一种更为常见的处理方式，便是将各项评估结果进行平均或加权平均后会得出一个综合平均值。由于每个方法都有可能高估或低估被评估资产，简单平均值将会作为一个整体有可能抵消这些影响。均值与实际值非常切合这样的事实并不是巧合。事实上，如果试图做出可靠的知识产权评估，对所有可能的估值方法的结果求平均，也许会给我们的最终结果一个重要的参考。当然，如果能够根据评估类型的不同进行加权平均，则可能得到更好的结果。但如果当不同评估方法得出的评估值差别很大时，则要注意使用平均值或加权平均值的客观性。这时应根据评估价值类型及评估结果对市场的适用性，判断选择一种评估结果作为最终评估结论。

最后，我们应该注意的是，潜在的买方和卖方应会在谈判桌上进行谈判。更多的往往是，知识产权的最终价值将受到买方和卖方的议价能力很大的影响，而买方和卖方的议价能力受到多方面的影响，比如市场结构、公司规模、替代品以及竞争等。因此综合运用多种评估方法是更为可靠的途径。值得一提的是，知识产权资产评估的最终目的并非是确定一项资产的真正价格，而是为了给知识产权转让、投资或其他交易提供一个估价的参考标准，因此，通过同时使用多种评估方法获得多个参考标准，将有助于提高相关决策的准确性。目前，中国知识产权评估中使用的方法与其他资产评估使用的方法几乎大同小异，而且使用最多的是收益法，虽然收益法能够考虑资产未来的收益能力，但是这种方法主观性较强。美国已经针对专利、商标、版权等知识产权自身的特点，发展出了不少新的评估方法。中国应在这方面加强理论研究，建立起符合各种不同知识产权资产类型的评估方法。

10.2　其他评估方法

随着知识产权评估的重要性越来越大，许多学者和专家开始探讨更多评估知识产权的方法。除传统的成本法、市场法和收益法之外，目前还有些新的知识产权评估方法也越来越多的受到人们的重视。笔者将介绍几种目前较为流行的评估方法。

10.2.1　经验法则估值

经验法则估值是一种基于市场数据的评估方法，该方法最早是运用于专利许可领域和侵权估值领域的评估。当根据大量的经验数据进行决策时，经验法则是一种有用的工具。根据经验，许多知识产权评估专家和知识产权交易定价人都形成了一套正式的或非正式的经验法则。运用这样的经验法则对知识产权进行评估便是这一方法的基础。

美国学者 Robert Goldscheider 在 20 世纪 50 年代提出了 25% 规则，❶ 即许可人利用被许可专利获得的利润率乘以 25% 就得到专利许可费的提成率。这里的利润强调的是被许可人的预期长期利润。这便是最早的经验法则估值的产生。该方法的基本思想是，技术许可交易产生的全部价值应该在买卖双方之间进行公平分配。25% 这一数据的提出是美国学者在调查分析大量美国知识产权交易数据的基础上，分析总结各行业专利许可使用费的比例得出的，因此也证明了 25% 规则的适用性。25% 规则在知识产权交易领域，尤其是专利许可领域被广泛认可，而且在国外的实践中，其历史渊源也可以追溯到很多年前。因此利用该方法对知识产权进行评估，简便了评估程序，如果运用适当，不失为一个简单便利的方法。当一方因管理或税收原因或企业合并重组等原因需要评估其知识产权时，该规则可以发挥很大作用。

经验法则估值法之所以具有应用价值，首先是因为该规则具有公平性。25% 规则基于对预期收益的分配，该方法创造了买卖双方对其各自贡献进行思考的基础。而且，经验法则估值方法的计算基数为最终收益，该基数是被评估知识产权资产带来的直接收益的恰当度量方式。因此，将这种方法用于知识产权评估，尤其是作为早期知识产权交易谈判的基础，能够有助于买卖双方在谈

---

❶　邹声泠. 25% 规则在确定专利许可费中的应用 [J]. 经济视角，2011 (3).

判初期就能够对后续交易进行合理的预测。

经验法则，尤其是25%法则估值由于其评估过程简单，被很多评估专家作为知识产权评估的重要参考。但需要注意的是，在不同的场合，对于不同的知识产权类型和评估目的，也应该适用于不同的评估经验法则，甚至说恰当的百分比不一定总是25%。在具体评估时，评估师还需要根据具体情况来判断许可方是否应该得到高于或低于25%的回报。其次，在运用25%规则时，计算基数一般为利润，然而确定由于知识产权带来的利润有时也需要谨慎的判断和区分，尤其在评估单项知识产权价值或者企业的核心收益并不主要来源于知识产权收益时。因此，在使用经验法则作为知识产权评估方法时，需要根据具体情况进行判断。

10.2.2　实物期权法

目前，实物期权法已经成为国内外评估领域的研究热点，尤其是在知识产权价值评估中的应用。鉴于知识产权，尤其是技术类知识产权具有投资长、风险大、不确定性高等特点，实物期权法由于弥补了传统收益法中未考虑企业未来决策弹性和预测误差大等缺陷而更加具有优势。

实物期权法是由金融期权理论衍生而来，众所周知，期权可以被定义为一种权利，但不是义务，指的是在特定的时间内以特定的价格购买或卖出特定数量的股票、商品、货币、指数或债务。将这一方法运用于知识产权评估来源于在非金融投资领域提出的实物期权的概念。如果一些实物资产具有期权的性质，并赋予企业一定的权利（如投资选择权），则该类实物则被称为实物期权，技术类知识产权就往往同样具有这种性质。因为当企业取得某项技术类知识产权后，就获得了独家使用或控制某项发明的特殊权利。企业可以根据市场环境来决定是否继续投资并将该项技术类知识产权应用于产品生产，以及何时将该项技术类知识产权应用于产品生产。因此，实务期权法认为知识产权的价值包括常规价值和期权价值两个部分。实物期权法的重要优势是结合企业的未来管理和决策柔性，在投资项目的价值评估中充分考虑项目投资的时机选择，使用起来比传统的估值方法具有更大的灵活性。

实物期权方法主要适用于技术类知识产权的价值评估，即专利权和专有技术。而那些实物资产和其他的无形资产如商标权、著作权等，都不具有实物期权的性质。因此，使用实务期权法时，判断待评估的知识产权是否具有实物期权的性质是运用这一方法的首要前提。同时技术类知识产权创造价值的途径有很多，主要包括进一步投资并应用于产品生产或提供服务、出售或购买知识产权、授权他人使用并收取使用费和法律诉讼中的侵权赔偿等。这些经济行为所对应不同的评估目的，根据实物期权法的基本思路，有投资目的的技术类知识产权最适合实物期权法。

总之，实物期权作为新兴的评估方法，虽然具有区别于传统方法的显著特点，同时也存在着许多缺陷。例如，实物期权通常具有多个不确定性来源。其中既包括市场风险，也包括非市场风险。非市场风险将会引起对实物期权的非精确复制，进一步引发不确定性。同时相比于金融期权，实物期权的持续时间通常较长，某些项目或达到十年甚至几十年之久。在一个很长的时期内，受企业的内外部环境改变的影响，可能会导致模型的相关参数不断的变化，其变化特征是随机的或是不确定的，确定起来会十分困难。目前的实物期权价值评估研究中，这些参数的选择过于主观化和简单化，从而使评估结果的可信度大大的降低了。❶ 因此，需要对模型本身和使用模型的评价结果进行修正。所以要十分谨慎的使用实物期权估值模型，以免导致估值失误。目前评估实务中较为常见的实物期权法评估模型包括 Black - Sholes 模型、二叉树模型和 Roll - Geske - Whaley 模型等。由于篇幅关系，本书没有对具体的定价模型做详细介绍。

成本法、市场法和收益现值法是传统的无形资产价值评估方法，这些方法有各自的适用范围，被人们广泛使用。但是运用这些方法评估无形资产价值时存在一个共同的缺陷，那就是忽略了某些无形资产给管理者带来的选择权，即存在不确定性因素时，能赋予管理者在未来获得更多信息后再做出决策的权利。实物期权法考虑了不确定性因素，其重要作用在于发现和计算无形资产隐含的选择权的价值，这也是传统的无形资产价值评估方法所不可比拟的。但是实物期权法并不能取代传统的无形资产价值评估方法，而是对传统的无形资产价值评估方法的有益补充，是无形资产价值评估的一种新思路。

除上述提到的方法外，在知识产权评估领域，还有一些价值评估方法可供参考。这些方法在理论上或实践上能够为评估师们进行知识产权评估提供一定的基础，其评估结论也可能成为知识产权交易定价中的重要参考。

使用行业标准进行评估也是一种用于知识产权评估的方法。行业标准是指具体详细的记录了大量历史交易的数据库。知识产权的买方和卖方可以通过参

---

❶ 乔纳森·芒. 实物期权分析 [M]. 邱雅丽，译. 中国人民大学出版社，2006.

考这些数据，最终达成一个公平合理的交易价格。这一方法与之前提到的市场法有相似之处，均是利用历史数据指导现有交易，或者说行业标准方法是市场法的一个具体化体现。但这一方法更多在存在于一些特定行业之中。这些行业中往往有可供使用的规范化的行业标准，而且行业标准还提供了一种可供大家接受的精确价值，例如电气及电子工程师协会（IEEE）或美国国家标准化组织（ANSI）这两个被广泛认可的技术标准组织的确切价格。例如，在商标许可中，"名人"商标的许可费率一般在3%~10%，而书刊、音乐和其他多媒体出版物，作者的著作权费率通常是5%~15%，这些费率范围在行业内都被广泛接受。当然，也有些行业领军企业，如IBM公司，可以通过他的许可协议为该行业创造一个典范，作为其他企业知识产权价值评估的范例。❶ 各类行业标准数据和信息的来源可以通过调查、计划或者已经确立的规范；条款清单或价格列表；新闻、出版物以及许可协会；期刊、专有数据库、报道和咨询、公布的协议、法庭判例等渠道获得。

许可免除法也是知识产权评估中的一个特殊方法。该方法的计算通过拥有知识产权的所有权而免于支付许可使用费的现值来计算。❷ 这种方法更多的用于侵权诉讼安检的损害赔偿认定计算中。这种方法假设企业如果不拥有商标或专利等知识产权，则必须支付许可使用费才能获得试用的权利。因此，可以参照市场交易中的许可费率和收益进行计算。该方法是收益法和市场法的一种结合，结合了收益法对未来收益的预测和市场法对市场中许可费率的比较。价值是以节约成本或节省许可使用费来计算的。因此，试用该方法的前提便是被评估的知识产权需要被许可才能使用。

在历史实践中，还有一个古老的用来评估知识产权的方法，即拍卖法。拍卖一直是一种简单有效的定价方法。这一方法的估值本质还是市场。即拍卖价格的决定根本上还是决定于市场中各类因素的综合作用。拍卖是通过一个现有的、待定的出价为知识产权进行精确估值。例如，在知识产权交易过程中，卖方一般会邀请多个潜在买方进行谈判。即使没有正式的报价或者竞标，上述邀请回复也会在一定程度上影响卖方的定价。拍卖这一方法在企业并购、破产清算中运用相对较多。例如 Orca Technology 拥有的光驱专利技术被三星以365万美元在破产拍卖会上获得，Laser Industries 通过拍卖会拥有了 IL Med 公司关于

❶ 理查德·拉兹盖蒂斯. 评估和交易以技术为基础的知识产权［M］. 中央财经大学资产评估研究所，中和资产评估有限公司，译. 电子工业出版社，2012.

❷ 韦斯顿·安森. 知识产权价值评估基础［M］. 李艳，译. 知识产权出版社，2009.

手术激光扫描仪的专利，宝利来在破产前也将其剩余资产进行了拍卖，据悉，激烈竞争的投标者最后以 8810 万美元的数字拍得了宝利来，其中最重要的资产便是品牌价值。❶ 拍卖法由于不必计算一个估值模型，因此相对简便。但卖方需要管理整个估值过程，用以吸引足够多的潜在买方，也需要大量工作。从中国目前的现实来看，拍卖的估值方法运用并不普遍，实施具有一定难度，但随着中国知识产权评估不断与国际接轨，这种方法在未来或许会有一定的运用空间。

与西方发达国家相比，中国的资产评估起步很晚，至今不过十几年的历史。正是由于起步较晚，在评估理论、评估方法及指标体系的建立方面基本是借鉴或沿用了发达国家的最新成果，与国外并无太大差别。随着中国对知识产权评估在经济运行中的重要性认识的不断深化，客观性和准确性便成了知识产权评估方法在实际运用中的基本要求，因此，进一步成熟和完善中国的知识产权评价理论和方法对于中国经济的持续、快速、健康发展具有很大意义。

---

❶　Bob Bramson. Patent Auctions, an Alternative Method of Generating Value from Patents ［C］. Annual Meeting of the Licensing Executives Society in Miami, 1998.

第11章 知识产权评估实践

11.1 知识产权评估的现状

11.1.1 中国知识产权评估的现状分析

2017 年年初，国务院印发《"十三五"国家知识产权保护和运用规划》。这是知识产权规划首次列入国家重点专项规划。在知识经济年代，知识产权保护是基础性、前提性的工作。表 11.1 列举了国家规划中未来知识产权的保护和运用的主要指标，因此，随着中国政府对知识产权运用的重视程度增加，知识产权对经济的贡献也势必呈现上升趋势。在这一过程中，知识产权评估的重要性将更加突出。

表 11.1 "十三五"知识产权保护和运用主要指标❶

指标	2015 年	2020 年	累计增加值	属性
每万人口发明专利拥有量（件）	6.3	12	5.7	预期性
PCT 专利申请量（万件）	3	6	3	预期性
植物新品种申请总量（万件）	1.7	2.5	0.8	预期性
全国作品登记数量（万件）	135	220	85	预期性
年度知识产权质押融资金额（亿元）	750	1800	1050	预期性
计算机软件著作权登记数量（万件）	29	44	15	预期性
规模以上制造业每亿元主营业务收入有效发明专利数（件）	0.56	0.7	0.14	预期性
知识产权使用费出口额（亿美元）	44.4	100	55.6	预期性
知识产权服务业营业收入年均增长（%）	20	20	–	预期性
知识产权保护社会满意度（分）	70	80	10	预期性

注：知识产权使用费出口额为五年累计值。

---

❶ 中华人名共和国中央人民政府：国务院印发的《"十三五"国家知识产权保护和运用规划》，http://www.gov.cn/zhengce/content/2017 – 01/13/content_ 5159483.htm.

目前中国的知识产权评估中还存在很多问题。第一，很多企业的知识产权评估意识薄弱，并未将知识产权看做企业资产的重要部分，因此很大程度上导致了企业的资产流失。这无疑为企业进一步扩大规模、投资重组甚至海外并购都设置了障碍。第二，在知识产权运用过程中，许多企业将知识产权的评估价格等于交易价格，这种做法虽然肯定了知识产权评估的客观性，但是也在某种程度上忽视了知识产权评估中可能存在的主观性，有可能给企业自身带来损失。第三，在知识产权评估时，理论上可以选择的评估方法众多，如果不能依据自身评估目的和知识产权特性对众多的评估方法进行甄选，则有可能出现评估方法选择不当的问题。第四，中国目前评估机构的管理机制不健全。许多企业在进行知识产权评估时，为了公平公正起见，往往聘用第三方的专业评估机构进行知识产权评估。中国目前有多家知识产权评估机构，包括国家平台以及中小企业，提供的服务也包含了从单向资产评估到企业整体价值评估等多项中介服务。但许多企业在管理上仍然存在漏洞，评估市场混乱，评估机构无信誉等级等现象。如评估机构的评估规定不详细，行政干预评估标准，评估模式不统一，评估业务多头管理等，虽然服务项目众多，但评估项目的细节可能并无不同，不同评估机构的评估结果还可能差异很大。第五，中国知识产权评估中评估人员的执业水平不高。知识产权评估人员需要客观、专业的对待评估的知识产权进行价值评估，给出合理意见。因此需要具备与知识产权评估相应的执业能力和执业道德。知识产权评估人员应在价值评估、战略管理、财务管理、统计分析等方面都具有良好的技能，同时能够在遵纪守法的基础上独立、客观、敬业、保密的完成评估任务。因此，中国的知识产权评估业务要想进一步发展，需从以上各个方面着手进一步改进。

11.1.2　国外知识产权价值评估的情况分析

中国的知识产权制度和法律相较于发达国家来说还处于起步阶段，发达国家高度发达的知识产权服务体系，为保障知识产权制度的运营发挥了巨大的作用。在法律、商业实践中，国外的知识产权评估主要有两种：第一种，当事人针对特定的法律、商业项目进行的博弈性知识产权价值评估。在这种评估中，当事人各方都会对知识产权的价值出具评估报告，通过谈判、争论，共同确定知识产权的价值。这种评估主要依靠对技术的检索、分析、评估报告，工作团队主要来自企业内部熟悉相关技术和市场的资深人士，专业评估机构主要提供辅助性的检索、分析、流程控制、模式设计等服务。第二种，专业评估机构为政府、银行、证券公司、基金会等提供的参考性知识产权价值评估。这种评估的报告主要用于抵押贷款、税收减免、捐助等特定的项目，工作团队主要来自专业评估机构，其评估报告倾向于压低知识产权的价值，帮助报告获取方获得有力的谈判地位。

国外由于其长期发展的知识产权评估事业，因此有很多方面都已经拥有丰富的经验，值得我们学习。例如国外在法律法规方面已经颁布了许多重要的法律法规用以指导知识产权的评估实践。如美国的《企业价值评估准则》《专业评估执业统一准则》、欧洲的《欧洲评估准则》、日本的《知识产权基本法》等法律法规都在很大程度上规范了国外的评估市场。[1] 另外，国外在评估知识产权时往往非常重视知识产权评估的背景调查。例如，在美国，税法规定，每进行一次资产交易就必须向政府纳税一次。该纳税额的基础是交易资产的价值。因此，税收是企业评估资产的动因之一，客观上也需要对交易资产的价值精确评估。因此，国外的评估非常重视评估背景的调查，并且很少采用单独一种方法进行知识产权的评估，更多的是采用综合各种方法进行评估的思路。

知识产权价值评估是知识经济时代经济发展的重要一环，发达国家在评估意识、评估服务、评估理论、评估法规、评估方法等方面都较为完善，中国应该充分借鉴国外理论，参考国外实践，结合中国对知识产权评估的自身发展需求，形成一套适合中国实践的知识产权评估服务体系，进一步促进中国经济的可持续发展。

11.2 知识产权价值评估的一般过程

11.2.1 确定评估对象

知识产权评估是指由资产评估专业机构和人员对特定的知识产权某一时点的价值进行评定和估算的过程。在这一过程中，首先需要回答的问题便是"要评估什么？"。确定知识产权评估的对象是第一步，因为从知识产权的内涵来看，知识产权包含许多不同的分类。由于对不同的分类可能会采取不同的评估方法及评估程序，因此首先需要确定待评估资产的类别属性。

一般来说，常见的待评估知识产权类型包括以下几种：

---

❶ 魏玮. 知识产权价值评估研究［M］. 厦门大学出版社，2015.

专利权价值评估；

非专利技术价值评估；

商标权价值评估；

软件著作权价值评估；

版权价值评估；

特许经营权价值评估。

知识产权评估对象的多样性还体现在不同行业与知识产权类型的多样性结合之中。即知识产权评估对象往往和行业有一定关联性，主要行业常见的知识产权评估对象包括以下几种：

传统制造业：商标、专利、非专利。

高科技企业：专利、非专利、商标。

商业流通企业：分销渠道、商誉、字号、商标、名称权。

IT 行业：软件著作权。

传媒影视业：影视、动漫版权（著作权）、名称权、商誉。

医药卫生：专利技术、非专利技术（保密配方和制配工艺）、新药批准证书、药号、商标权。

教育行业：名称权、著作权、版权、管理技术（非专利技术）。

旅游景区：景区经营权。

交通（高等级公路）：公路经营权、收费权。

资源型企业：探矿权、采矿权。

农牧业生产企业：植物新品种权、专利、非专利、商标权。

餐饮：商标权、字号、名称权。❶

11.2.2　分析待评估知识产权的主要特征

这一步骤事实上是解答"被评估的知识产权是什么样的"这一问题。在确定待评估知识产权的类型之后，需要对该类型产权的主要特征进行分析。不同知识产权类型，不仅在本身特性上有所差别，其承载的客体也将呈现不一样的特性，因此评估师们需要考虑不同知识产权类型量化评估的影响因素。知识产权是企业的一项无形资产，具有价值和使用价值，从开发到投入实施再到给企业带来效益的过程比较复杂，并且具有一定的风险性。除了知识产权本身的

---

❶ 搜狐网，http://mt.sohu.com/20160817/n464733596.shtml.

内在特性影响其价值外，还有许多的外在因素也会对其价值产生影响。总的来说，知识产权价值的影响因素主要包括法律因素、技术因素、经济因素和风险因素四个方面。

尽管这四大因素是影响各种类型知识产权价值的主要方面，但不同类型的知识产权，在权利特征方面还是表现出很大的差异性。例如将专利资产作为待评估对象时，技术特征将是评估师们需要重点分析考察的对象；如果将版权作为待评估对象时，评估师们则需要更加关注影响版权的经济因素，毕竟版权的总体价值受市场的影响颇大。

11.2.3　确定评估目的

知识产权评估的基础，实际上就是知识产权价值评估的背景和情况。在这个步骤中，要考虑知识产权为什么要进行评估？实际上就是明确评估目的，这是进一步进行评估方法选择的基础。

知识产权评估，因评估目的不同，所采用的价值类型、评估方法和得出的评估结果运用范围也不同。如知识产权转让、投资、股份制改造中的知识产权作价，企业合资合作中的知识产权计价，企业资产重组，贷款质押，法律诉讼涉及的知识产权定价等，因评估目的不同，评估结果便也应该有所不同。

11.2.4　选择评估方法

评估知识产权比评估一般资产更加复杂，因此方法的选择将直接决定评估结果的科学性和可信度。根据国内外评估惯例，对知识产权评估的传统方法主要有收益法、市场法和成本法三种，这三种方法也是实际操作中较为常用的评估方法。除此之外，还有许多其他的方法可供选择，如实物期权法，经验法则法等。具体操作中，评估师应根据知识产权的特点、评估目的、市场环境以及资料收集情况，选用与之相匹配的评估方法。在条件允许的情况下采用两种以上的评估方法，不同程度的考虑各种评估方法的结果，使评估结果更具科学性。

11.2.5　确定评估参数

对知识产权进行评估时，无论选择哪种评估方法，都有可能涉及评估参数的确定问题。评估参数的取值是决定评估结果的重要步骤，很多敏感性参数的取值往往会对评估的最终结果产生很大影响。例如，成本法中贬值率的计算，收益法中对折现率和分成率参数的选择等，都会对评估结果产生很大影响。因此，评估师们必须在科学的计算下合理的选择评估方法中的各项参数，必要时，还可以利用敏感性参数的调整分析确定影响评估结果的主要因素。

11.2.6 出具评估报告

评估报告，一般是指评估师根据相关的评估准则的要求，在履行必要评估程序后，对评估对象在评估基准日特定目的下的价值发表的、由其所在评估机构出具的书面专业意见。

评估报告正文应当包括以下主要内容：

（1）委托方、知识产权持有者和委托方以外的其他评估报告使用者；

（2）评估对象和评估范围；

（3）价值类型及其定义；

（4）评估目的；

（5）评估基准日；

（6）评估依据；

（7）评估方法；

（8）评估程序实施过程和情况；

（9）评估假设；

（10）评估结论；

（11）特别事项说明；

（12）评估报告使用限制说明；

（13）评估报告日；

（14）注册资产评估师签字盖章、评估机构盖章和法定代表人或者合伙人签字。

11.3 知识产权评估的案例分析

11.3.1 专利价值评估案例分析

1. 案例背景

A 公司是一家集机车零部件铸造加工于一体的专业化生产企业。该公司除拥有良好的信誉和优质高效的服务外，拥有众多的高素质人才即良好的研发能力也为企业的自主创新带来巨大的优势。在公司技术人员的努力下，该公司已经被授权了一系列该领域的专利技术。为了进一步扩大投资规模，该公司拟以其拥有的"电子离合器"专利向银行申请知识产权质押贷款，因此，需要专业评估机构对其专利技术进行评估。运用待评估专利生产的产品在市场上销售良好，在全国甚至东亚市场都占有一定的市场份额，未来前景良好。而且，汽车零部件行业作为汽车整车行业的上游行业，是汽车工业发展的基础，而下游行业为整车装配行业和维修服务行业。因此，汽车零部件行业的发展在很大程度上取决于其下游整车市场和服务维修市场的发展。近年来，随着整车消费市场和服务维修市场的迅猛发展，汽车零部件行业的发展也很迅速，而且发展趋势良好，不断转型升级，向专业化方向转变。

2. 评估过程和评估结论

在本次评估中，评估对象为专利价值，评估目的为质押贷款。考虑到专利价值评估中，最适用的评估方法为收益法，因此将使用收益法对 A 公司的专利进行评估。收益法是通过将企业未来收益折算为现值来评估知识产权价值的方法。其基本思路是通过估算该知识产权在未来的预期收益和采用适宜的折现率折算成现时价值来得出评估值。收益法的基本条件是企业具备持续经营的基础和条件，资产经营与收益之间存在比较稳定的比例关系，并且未来收益和风险能够预测及量化。收益法的基本模型如下式：

$$V = \sum_{t=1}^{n} \frac{R_t}{(1 + r)^t} \tag{11.1}$$

式中：V——被评估资产的评估值；

R_t——第 t 年的知识产权的预期收益；

r——折现率；

n——收益年限；

t——年份。

在评估过程中，需要对各类参数进行估算。首先是预期收益的估算。评估人员在分析经济形势和行业形势，并结合企业前五年的实际财务状况，盈利能力和发展能力的情况下，预测了企业未来五年的销售收入、生产成本和期间费用，预测了未来五年 A 企业的销售净利润。然后利用分成率法计算未来五年各年的预期收益。分成率的计算中，分成率的取值上下限，根据评估人员的经验和企业的技术专家的意见，定为 10% ~ 20%，分成率的调整系数则根据指标体系的打分按照综合评价法进行计算。在本案例中，使用的二级指标包含该专利的技术法律状况和保护状况，技术应用范围，是否有替代技术，技术先进性，技术创新型，技术成熟度，技术产品竞争状况，技术获利能力，技术实施条件等指标。经过综合评价法计算之后，调整系数取值为 0.6。因此，分成率 = 10% + 0.6 × （20% − 10%）= 16%。折现率的确定按照资本资产定价模型（CAPM）进行计算。计算公式如下。

$$r = r_{fl} + \beta \times (r_m - r_{fl}) \times \alpha \qquad (11.2)$$

式中：r——企业知识产权评估中的折现率；

　　　r_{fl}——无风险报酬率；

　　　r_m——市场报酬率；

　　　β——行业系统风险系数；

　　　α——企业风险报酬率调整系数。

无风险报酬率选取评估基准日时 5 ~ 10 年期国债到期收益率平均值 3.34%。市场报酬率取评估基准日前 5 年上市公司净资产收益率的平均值为 10.41%。β 和 α 的取值分别由专业评估人员根据行业和企业的综合分析情况得出，取值分别为 0.73 和 1.2，因此，折现率的取值为 9.53%。

收益年限的确定需要知识产权的经济使用年限以及法律年限中取较短者。虽然待评估的专利法律剩余寿命仍有 15 年，但由于待评估的专利技术属于行业内的实用技术，技术较为成熟，实用性较强，因此，评估专家建议采用 5 年作为收益年限，即取 $n = 5$。

根据前述公式进行计算，A 公司该专利资产的评估值为 850.26 万元。

3. 案例启示

专利作为看不见、摸不着的无形资产，其交易正逐渐成为交易双方共同面临的难题，突出表现在当下越来越多的专利交易纠纷。科学地进行专利权评估便是解决交易纠纷的必要手段之一。专利权的评估，包括专利类型、剩余有效期、年费缴纳情况等。专利权经政府依法批准的发明人，对其发明成果的创造适用和消失等方面，在一定的年限内享有的独占权和专有权。对专利权的评估应该注意专利本身的情况，比如，专利类型是属于发明专利、实用新型专利，还是外观设计专利，这些都要把它分清楚。其次对专利的有效期限，也要注意专利权人是否按规定来缴纳年费。假如说没有缴纳年费，也可能它已经不受保护。这些问题，在评估的过程当中都应该非常注意的。

11.3.2 商标价值评估案例分析

1. 案例背景

始于 20 世纪初的世界十大奢侈名牌之一，Tod's 最初只是由 Diego Della Valle 的祖父 Filippo 建立起的一家作坊式的家族小鞋厂。20 世纪 40 年代，它发展成为了规模庞大的集团。该集团旗下经营有托德斯（Tod's）、霍根（Hogan）、Fay 和 Roger vivier 等著名品牌。如今，拥有 Tod's 和 Hogan 这些知名品牌的 Tod's S. P. A. 控股集团，是生产和销售鞋和豪华皮革品的领潮者。

Tod's 的主要营业额来自于意大利，但是当谈及 Tod's，它是一个展示在全球各地的知名品牌，在海外的营业额也是不菲。与之不同的是，Hogan 可以被认为是一个非常本土的品牌，这个品牌 90% 以上的收入都来自于意大利本国。概括来讲，Hogan 对托德斯旗下的品牌来讲，是一个非常重要的补充。Tod's 和 Hogan 这两个品牌有着不同定位。2001 年以前，Tod's S. P. A. 只是 "Hogan" 商标的授权使用人。但是，在 2000 年年底，Tod's S. P. A. 集团就购买 Hogan 商标达成交易。整个交易花费 9300 万欧元，这是一笔巨大的数额。这是一个商标权转让的案例，在这一案例中，商标权转让的费用极其巨大，对这样的大额交易案例进行分析对我们理论结合实际是非常有必要的。

2. 评估过程和评估结论

首先，我们需要检查这样的知识产权是否可以用来估值。当涉及一个具体的品牌时，我们可以相当确定它具有分离的属性。毫无疑问，尽管进行品牌交易时，有时商标和商标持有公司是一并交易的，但是没有必要将目前运营该商标的公司一并交易。显而易见，可出售的品牌是具有可转移性的。这就意味着，从法律意义上讲，品牌已经被注册为商标，这就意味着其受法律保护。因此，对于 Hogan 这样的品牌来讲，是适用于我们的知识产权评估标准的。因此，本案例中，评估对象为商标权，评估目的为商标权转让。在本案例中，同时运用了两种方法进行知识产权评估。

通过市场法评估 Hogan 品牌价值，就需要我们在同行业中的相似案例中抽取样本进行比较。众所周知，Hogan 的年营业额的 80% 来自于意大利市场，当你向意大利的消费者提及 Hogan 这个品牌，他们都说这是时尚的代名词。虽然 Hogan 主要业务是制鞋，但是获得这样的美誉也不为过。这也是为何 Tod's S. P. A. 集团享有比普通的制鞋厂更高利润的一个原因。我们应该承认这样的一个事实，Hogan 天生就是一个鞋子的品牌。因此我们要关注一下制鞋行业。该行业的年收益乘数分布在 0.12 至 1.57 之间，其中中值为 0.53，平均值为 0.65。从这点可以知道，中高端公司的市场表现要优于其他公司。因此他们的收益乘数之高也是显而易见的。鉴于 Hogan 已经是奢侈品市场的翘楚，我们就不考虑低于中值的倍数。因此，根据 Hogan 品牌 2000 年的年收益平均值，值我们得到估值的范围在 3260 万欧元至 9660 万欧元之间。相似的方法，息税前利润比率乘数范围在 4.3 至 12.2 之间，然而中值为 10.2，平均值为 9.1。正如之前所解释的，2000 年 Hogan 的息税前利润比率乘数是 95 万欧元。因此，其品牌估值范围在 969 万欧元至 115.9 万欧元之间。这个价值范围要高于我们从年收益乘数应用中得来的结果。通过以上的阐述，考虑到 Hogan 在市场上的地位，我们可以将以上结果综合分析。简言之，估值结果不应该小于年收益乘数的平均值的计算结果，也不高于最大的息税前利润比率乘数的计算结果。因此，估值结果应该在 4000 万欧元至 11590 万欧元之间。[1]

同时，本案例中的评估人员还运用了收益法对 Hogan 的商标权进行了评估。收益法的具体评估过程，由于篇幅关系，这里不再赘述。运用收益法得出的评估结果为 12330 万欧元。

3. 案例启示

我们在本案例中使用了市场法和收益法两种方法对商标权进行了评估，市场法为我们提供了一个大概的价值区间，尽管这样得到的估值并不是精确的，然而，我们可以用这样的一个结果作为参照，如果通过其他方法得到的数值不在这个区间范围内，那么我们就需要注意是不是出现了差错。对于一个充满了相似收购样本数据的行业来讲，这很容易说明估值错误。从这样的角度来审视，市场法是非常有用的。我们从收益法中得到的结果比交易价值高出了32.5%。更糟糕的是，在使用 2001—2007 年的真实的收益数据所得到的实际结果是 7500 万欧元。这就意味着用收益法的预测高出了 65%。这就使收益法估值结果变得毫无意义。主要原因是收益法中太多的影响因素的预测十分困难。所以估值的结果出现高估或低估也是很普遍的现象。因此，在选择商标权评估所使用的评估方法时，需要综合考虑许多因素。利用多种方法进行综合评价或许是个更加靠谱的选择。

❶ 陈超. 基于上市公司案例的知识产权评估方法选择［D］. 电子科技大学，2015.

11.3.3 版权价值评估案例分析

1. 案例背景

评估对象为 A 实业公司开发研制的《企业经营管理技能技巧评测系统》软件。计算机软件在一般情况下被体现为版权，中国通过《计算机软件保护条例》对此类版权进行保护。被评估的该软件能在国内标准配置的 386 微机及其以上各档次主流机型上正常运行（包括便携机）。该软件使用 Clipper5.0 编程，仿 Windows 界面，源程序量为 2666 条，其主要功能是为企业家、经营管理者提供有关经营管理等 9 个方面、50 余面的测试及综合评定。为企业经营策划、市场营销、经济管理、行政管理等方面提供科学有序的依据。该软件已上报中国软件登记中心，评测种类较为齐全，其可扩充性、程序牢固性、意外操作或掉电时数据保护能力、容错能力、系统安全性等较好，系统不易崩溃，有在线提示和帮助功能，用户使用较方便，基本不用操作命令，操作方法较为简便，程序结构合理，兼容性高，可运行于国内流行的各种汉字系统中。该软件在功能设置上，经用户试用表明，基本能够满足用户的常用需求。此次评估的目的是对 A 实业公司开发研制的《企业经营管理技能技巧评测系统》软件的市场价值进行评定估算。

2. 评估过程和评估结论

某资产评估事务所 C 根据 A 实业公司的要求对该计算机软件进行评估。资产评估工作中，遵循被评估资产持续经营，资产价格具有替代性和公开市场性的操作原则。同时，资产评估机构遵循独立性、客观性、科学性的工作原则，在掌握翔实可靠资料的基础上，根据评估的目的，采用符合实际的标准和方法、科学的评估程序，确定被评估资产在基准日的公允价值。

根据此次评估的目的，评估中按该软件开发研制中实际发生的成本费用计算，按重置成本标准，参照物价变动指数和预计销售利润等对该软件的市场价值进行评定估算。因该软件刚刚面市，贬值率为 0%。

重置成本的计算主要采用核算法进行计算。经评估工作人员对委托方提供的账目单据等进行核查验定，研制开发期间，工资及福利费用 74224.11 元，原材料耗费 445463.18 元，低值易耗品耗用 1725 元，办公及管理费 64695.86 元，差旅费 19389.5 元，累计折旧 98470.42 元，装修费分摊共 37790.68 元，房租 85000 元，财务费用 277062.2 元，其他费用 52871.27 元。

$$其研制成开发成本 = 74224.11 + 445463.18 + 1725 + 64695.86$$
$$+ 19389.5 + 98470.42 + 37790.68 + 85000$$
$$+ 277062.2 + 52871.27 = 1156692.22（元）$$

以上的成本费用数据，其主要构成为人工及原材料等费用，但考虑到评估基准日较开发研制日的物价指数上涨约为 20%，确定物价指数调整系数为1.2。因此在核算重置成本过程中加入对物价调整因素的考虑，对传统的核算法计算方程进行了适当改进。据估价工作人员了解，软件市场利润率较高，但考虑该软件刚刚面市，其应用方面有一定的局限性，开拓销售市场有一定的难度，参考该公司提供的产品规则书中发售计划中，薄利多销、占领市场的宗旨，暂定其产品利润率为 30%，利润调整系数为 1.3，该计算机软件的评估价值为

$$1156692.22 \times 1.2 \times 1.3 = 1804439.8（元）$$

评估人员对 A 实业公司开发研制的软件进行了实际调查了解，核实查验账目、票据，综合考虑该软件的市场价值及其他各项因素，确认该软件的市场总价值为 180 万元❶。

3. 案例启示

使用成本法评估计算机软件是实践操作中的常用手段。由于计算机软件成本具有明显的不完整性，这对使用成本法评估软件价值会带来一定困难。但是对于未开发完成的软件、专用软件以及虽属于通用软件但尚未投入生产、销售的，采用成本法进行评估仍然是具有说服力的。本例采用重置成本法，并参照物价指数和销售难度调整利润率，科学合理，容易被人们所接受。不足之处是本例中物价指数调整系数的确定和销售利润率的确定，没有详细的市场资料，说服力不强。另外开发期间所发生的费用不做任何分析即作为开发成本，理由也不是很充足，如果不加合理分析，很可能形成虚高成本，造成虚高定价，影响价格决策。

---

❶ 本案例摘自百度文库《计算机软件评估案例》，https：//wenku.baidu.com/view/3f5c918da0116c175f0e4883.html.

第四篇

专利组合价值评估

第 12 章 专利组合价值评估理论

12.1 专利组合的概念及特征

12.1.1 专利组合的概念

专利组合（Patent Portfolio）作为企业知识产权重要的组成部分，由于单项专利在技术保护上存在着明显的局限性，专利组合已经成为了许多企业战略决策和技术管理的重要依据和有效手段之一。对专利组合概念的科学界定，是研究专利组合价值的基础。在维基百科中，广义的专利组合的定义为"由一个单独的实体所拥有的一组相互关联的或不关联的专利以及专利申请的集合"。这是专利组合概念最广的一个的范畴，包含了一个企业或个人所拥有的所有的专利。但这一宽泛的概念并不实用，这一定义在评估整个企业的价值用于并购时，或销售企业所拥有的所有专利时可能成立。但对于定义一个好的专利组合来说，或分析什么是一个完美的专利组合时，这个定义显然太过宽泛了。所以更多时候，我们将专利组合定义为"被某一实体拥有或控制的一组相互关联的专利的集合"。这一关联性使得专利组合能够解决某一技术问题，如可以是某一技术的不同方法，或是同一个技术标准或体系，或者是一个产品的不同技术创新等。因此，从范畴上来说，我们这里的专利组合主要指狭义的专利组合的范畴。

专利组合一词是由国外 Patent Portfolio 翻译得出，而最早被引入时，也被翻译为"专利投资组合""专利布局""专利网""专利典藏"等名称，目前较为主流的翻译是专利组合这一名称。中国学者对于专利组合的定义主要沿用了国外学者的定义。国外这一概念的发展起源于 20 世纪 90 年代。虽然有学者提出早在 1991 年德国教授 Klause K. Broekhoff❶ 在其文章 *Indicators of Firm Patent Activities* 中就提出了专利组合的概念，但国内学者普遍认为最早系统性阐述专利组合概念的是德国教授 Holger Ernst。1998 年 Holger Ernst❷ 教授在 *Patent Portfolio for Strategic R&D Planning* 中提出，专利组合是运用专利数据进行技术投资组合的方法，用以评估企业的专利配置并用于企业的战略及研发规划。在 Ernst 教授的理论体系中，专利组合分析主要分为四个层面，即企业层面、技术领域层面、专利发明人层面和专利与市场一体化层面。企业层面的分析主要从企业的专利活动和企业的专利质量两个维度考虑。技术层面包括相对技术份额、技术吸引力和研发重点三个维度。专利发明人层面分析仍以专利活动和专利质量进行考察，认为发明人组合是 R&D 中人力资源管理的有效工具。专利与市场一体化组合中，主要运用市场吸引力、相对技术份额和相对市场份额指标进行分析。通过组合式地分析，明确企业开发何种专利技术，引进什么专利技术，构建何种形态的专利组合、如何有效进行专利管理等。最终为企业管理层制定企业战略，规划未来企业发展目标提供详实、有效、科学的依据。Ernst 教授是迄今为止研究专利组合理论方面的权威专家之一，他提出的专利组合分析体系也成为许多国内外学者进行拓展分析和实证检验的基础。

国外另外一个关于专利组合的经典定义来源于 2004 年 Wagner❸ 所著的 *Patent Portfolio* 一文。Wagner 关于专利组合的理论来源于对"专利悖论"的思考。早在 20 世纪 80 年代，美国联邦法庭意识到了美国企业在 R&D 过程中面临了一系列矛盾的心理和行为：随着知识经济的发展，企业的发展越来越离不开对知识、信息和技术的争夺，越发重视 R&D 的投入与专利化。虽然企业对创新投入在大幅增长，但是对于平均每件技术创新的投入金额却在大幅度减少。市场上很多专利也从未被专利权人实施、主张或者许可，虽然企业专利带来的直接经济利益甚至低于研发投入的本金，但是仍然抵挡不住企业对 R&D 和创新专利投入的热情。如果专利带来的经济价值不大，那么企业为什么要大量申请专利？由此产生了"专利"悖论。许多学者对此进行了解释。Bronwyn

❶ Brockhoff Klaus K. Indicators of firm patent activities [J]. Technology Management: the New International Language, 1991, 27: 476 –481.

❷ Ernst H. Patent portfolios for strategic R&D planning [J]. J. Eng. Technol. Manage, 1998, 15: 279 – 308.

❸ Wagner R P, Gideon P. patent portfolios [J]. University of Pennsylvania Law Review, 2004, 1 (154): 1 –77.

从专利战略的角度，认为当今专利世界的发展趋势是单项专利竞争的战术竞争正转向以专利组合为特征的战略竞争。Wagner 在此基础上提出了专利组合理论。他认为以单项专利为主导的时代已经过去，因此认为专利的真实价值并不是分散存在一个个单独的专利中，而是存在于包含它们的专利组合之中，专利组合的整体价值远远大于单个专利价值之和，因此必须不断扩张专利活动。市场上不断扩张的专利申请、转让、许可、联盟等活动正是企业普遍实施专利组合战略的必然结果。即企业的专利决策与单项专利的期望价值并无直接关联。这里，专利组合是指一个处于共同控制之下、具有明显区别但又相关的单项专利的战略性集合。相关性是专利组合的一个重要特征，可能基于过程，也可能基于产品。专利组合更多地集中在一个技术领域，最好被理解为共享关键技术性特征的单项专利集合。关联性弱或无关联性的专利集合也可能会存在，甚至也被称为专利组合，但效果却非常小。专利组合给其持有人带来的竞争优势是单项专利所无法比拟的。Wagner 的专利组合理论强调了专利组合的策略形态，为解释专利组合的策略分析提供了强有力的理论基础。

在定义专利组合的过程中，人们往往会思考一个问题：专利组合是否就是单项专利的延伸？或者说是否可以把专利组合看成一个超级巨大的单项专利？这是个非常重要的问题，也是我们后续评价专利组合价值时需要回答的一个问题。在维度上，或许专利组合和单项专利有很大的相似性，但专利组合绝不仅仅是单项专利的一个延伸。Wagner 的专利组合理论中已经提出组合的整体价值大于单项价值的总和。事实上，这一论述本身就包含着一个前提，即专利组合和专利有很大程度的差异。除此之外，美国著名专利律师 Larry M. Goldstein❶ 在其所著 *Patent Portfolios：Quality，Creation，and Cost* 一书中也回答了这一问题。他认为专利组合无论从权利要求的有效性、保护的范围还是侵权的可发现性，在这三个方面的表现都远远超出了单项专利。尤其是在保护范围方面，专利组合的优势更大。因为相同技术问题的多个创新点很难在一个单项专利中予以覆盖，而在实际问题中，往往同一技术问题会涉及许多创新概念，而同一概念又有多种表述方法，这些都难以在一个单项专利中进行全部覆盖。因此专利组合将拥有更大的优势。

---

❶ Larry M Goldstein. Paten portfolios：quality，creation，and cost [M]. True value press，2015.

12.1.2 专利组合的特征

一项好的专利组合会有什么样的特征，或者说具备什么的特征才能形成一项好的专利组合呢？单项专利具有排他性、区域性和时间性的特点。专利组合作为单项专利的战略性集合，在特征方面也表现的和单项专利有明显的区别。

1. 规模化与多样性的结合

专利组合的规模化特点主要表现为一个专利组合体中专利数量的庞大特点，特别是对一些大型跨国公司来说，单个企业拥有的专利数量往往是惊人的。大规模的专利组合能够为企业带来诸多利益：如有利于企业后续的自主发明，能够吸引许多相关的外围专利，形成强大的保护范围用以减少被起诉的可能性，并增加了企业提起诉讼的筹码，同时为企业吸引更多投资增加助力等，总之对提升企业竞争力帮助良多。而专利组合的多样化的特点主要表现为一个专利组合体中的专利之间的关系的多样化。多样化的专利能够解决专利技术中的许多不确定性，如未来市场竞争中的不确定性，未来市场环境的不确定性，未来法律环境的不确定性等。

这里仍需要注意几个问题。一个是在专利组合的规模和质量之间要保持平衡。专利组合最常见的形式是核心专利和外围专利的组合，即通过一个群组的专利来覆盖创新技术的核心专利，以及各种优化改进、技术结合、应用扩展等延伸出来的新的技术方案而生成的外围专利。许多企业为了追求专利组合的规模性，对专利组合的质量并未进行严格管理，因此庞大的专利组合中可能包含了许多毫无价值的外围专利。尽管我们并不要求每项外围专利都需要有直接的经济价值，但一般来说外围专利都是核心专利重要的支援，具有一定的策略价值。还需要注意的一个问题是专利组合的多样性与关联性的平衡问题。这是一个相当矛盾的命题。提高专利组合的多样性就会降低专利组合之间技术的关联性。专利组合的针对性和集中性更强，那么保护特定技术的强度越高，但是抵抗市场风险不确定性的能力也就相对削弱。因此在构建专利组合时也应充分考虑这一问题。

2. 时间性和地域性的结合

专利组合的特点之一是可以打破单项专利在时间上和地域上的限制。以中国为例，中国的发明专利保护期限是 20 年，实用型新和外观设计为 10 年。法定期限是专利权的最高期限，当法定界限期满后，专利权即强行终止，成为公用技术。而专利组合中的核心专利，在其周围往往围绕着大量外围专利，形成致密的专利保护网。这样即便核心专利保护期届满，仍然可以利用外围专利适当延长专利的有效期限，延长垄断收益的时间。专利组合的地域性特点使得专利组合的所有人能够根据自身的营销战略以及未来的发展布局进行专利布局，扩大对创新的地域保护范围。一个好的专利组合应该在地域上是平衡的。专利组合的拥有者应该至少要考虑三个地理市场。首先是本国市场的保护，其次是美国市场，美国市场的专利侵权赔偿额动辄能达到几百万甚至几十亿美元的专利市场，以及其他目标市场。如果目标市场太过庞大，可以选择企业盈利较多并且专利法律较为完善国家进行。

3. 获益性和风险规避的结合

专利组合和其他资产组合，例如股票组合有很大的相似性。资产组合能够通过多元化的投资方式规避单一投资方式带来的不确定性因素和风险。专利组合也是如此，亦能够通过专利组合的方式，规避技术的研发、生产和销售过程中可能存在的市场风险和法律风险，避免技术淘汰和侵权风险。但是专利组合与其他资产组合不同，专利组合不仅仅能够规避风险获得一定的直接经济收益，更多的是专利组合还能在企业运作过程中带来一系列其他直接或间接经济收益，包括由于专利许可等专利交易带来的直接货币收入、专利组合生产产品所带来的货币收入，以及专利侵权和交叉许可带来的无形资产收入等。

4. 竞争性与战略性相结合

专利组合是企业参与市场竞争最有力的竞争工具之一，可根据所处的不同技术研发阶段以及市场竞争状况进行适时调整。如在垄断竞争市场上的成长型企业应该更加关注专利组合在技术上的优势，而在风险防御方面的优势可以相对放松。但一个处于寡头垄断行业的企业势必需要更加重视专利组合的风险规避能力才能在竞争中立于不败之地。总之，拥有比竞争对手更具价值的专利组合无疑会为企业在市场竞争中争取更多优势，有利于企业的业务发展。专利组合的战略性表现为企业在构建专利组合之前可以根据竞争对手的专利布局情况，以及自身的资源配置情况，设定专利布局的战略目标，如进攻型战略或防御性战略，以此为基础随时调整技术研发路线，进行战略性布局。这样不仅可以提升企业在商业谈判中的地位，并且可以向市场释放适当的信号以避免潜在竞争者的出现。

12. 2 专利组合研究的文献综述

下面分别从专利组合基础理论研究、专利组合评价研究、专利组合应用研究 3 个方面对专利组合的研究进行分析。

12. 2. 1 专利组合评价研究

谭思明（2006）在给出专利组合定义的同时给出专利组合管理的定义：评价、选择多种类型、一定数量的专利，优化配置企业有限的资源，通过管理运行，实现企业专利战略目标，专利组合管理应实现专利组合价值最大化的目标。❶ 要实施有效的专利组合管理必须建立切实可行的专利组合分析评价指标体系和专利组合价值的评估模型。

1. 专利组合分析评价指标体系的构建

专利组合理论是由德国学者 Holger Ernst 作为该理论的创立者在 1998 年提出的一套运用专利数据进行技术投资组合的方法。它克服传统投资组合方法往往"基于决策者的主观评估，因为缺乏必要的信息而导致无法监测竞争对手而导致竞争失败；方法是静态的，无法用于分析技术发展的动态趋向的弊端，为决策者制定合理的专利战略提供有力支持。在 Holger Ernst 之后，Dyerson 和 Pilkington 对 Holger 的方法进行了改进，在公司层面上发展了专利组合分析，建立了一系列指标用以测度专利质量和活动。David J Teece，Peter Grindley （1998）为代表的专利组合学者研究了授权与交叉授权间的相互组合，并认为通过专利组合模型可以帮助进行内外研发选择的判断。Kevin Rivette 则确定了专利组合要素，并将公司内外部资源和专利战略紧密联系起来。Patrick Thomas 对于专利指标和股票市场表现之间的关系研究，他认为技术在专利组合中的反映出来的技术表现和公司的经济表现有很强的正相关关系。公司研发投入在股票价格上的反映为我们提供一种有效的，但非直接的数据用来测度公司发明和创新活动的经济结果。Tao J，Daniele J 等（2005）认为尽管许多公司都致力于研究有效的方法以从专利组合中挖掘其价值，但大多数公司使用的专门方法却是没有效率的，往往得不到令人满意的结果。另一方面，处于领导地位的公

---

❶ 谭思明. 专利组合分析：一个有效的企业竞争战略决策工具 ［J］. 情报杂志，2006，25（4）：23 - 25，28.

司采用的方法却能很好地将知识产权管理战略与公司战略结合在一起。他们从两个方面对 70 多家公司的战略进行了分析，公司是如何管理其知识产权资产组合的；公司是如何从组合中提取到有价值的信息的，从而总结了一系列有效的方法帮助公司从其知识产权组合中提取到有价值的信息。Lin 和 Chen（2005）通过多技术组合和五个常见的研究发展因素（Research and Technological Development，RTD）联系的研究，对 1976 至 1995 年间 78 个美国公司的专利和金融数据进行分析，以确定技术组合如何通过其组成和技术集合发挥其重要作用。一个高水平的技术组合包含具有高引用水平，包括自引频率的专利，这些专利可以对提高公司价值起到积极的作用。

中国早期关于专利评价指标主要集中于数量指标上的研究及运用上，用专利数量指标来分析和评价企业及区域的技术竞争力水平等。后来，专利质量指标的研究及运用渐渐成为专利分析的热点。专利组合分析理论是一种重要的集数量、质量及市场指标为一体的专利分析方法和可视化工具。关于专利组合分析中国研究者普遍接受的是德国学者 Holger Ernst 的思想：专利组合分析主要有公司层面、技术领域层面的专利组合分析，专利发明人的组合分析，专利、市场一体化的组合分析等 4 种组合分析方法，并在专利组合分析中建立用于企业技术水平评价和竞争对手监控的重要指标。中国学者借鉴 Holger Ernst 专利组合分析理论构建了一系列专利分析评价指标体系。例如：于晶晶等（2009）结合中国国情，剔除或以其他指标替代 Holger Ernst 指标体系中无法从中国专利数据库中得到的国际范围和引用频率两项指标，建立了专利组合分析评价指标体系[1]。刘佳等（2011）则提出采用技术规模、相对技术优势和相对技术整合能力等新的指标来计算专利质量，以代替 Holger Ernst 指标体系中专利授权率、技术范围、国际范围和引证频率等指标。[2] 于晶晶等（2010）[3] 和钟华等（2011）[4] 还分别提出了专利组合分析的评价流程。

此外，中国学者还通过引入其他专利指标构建相关专利组合分析体系和方法。例如，将多维标度技术用于专利组合图谱的绘制，引入专利优先权网络、

[1]　于晶晶，谭思明. 专利组合分析评价指标体系的构建 [J]. 现代情报，2009，29（12）：152 – 155.

[2]　刘佳，钟永恒，董克，等. 专利组合在企业技术评价中的应用研究 [J]. 情报杂志，2011，30（8）：33 – 37.

[3]　于晶晶，谭思明. 专利组合分析评价指标体系的应用 [J]. 现代情报，2010，30（7）：155 – 158.

[4]　钟华，安新颖. 基于专利组合的医药技术情报分析——抗 HBV 制药企业实证 [J]. 医学信息学杂志，2011，32（2）：64 – 68.

技术生命周期理论、专利法律状态信息等构建专利组合分析方法和模型。

2. 专利组合价值评估模型

有效的专利组合，作为一个专利集合体，其整体价值远大于其中单项专利价值的总和。曹晨等（2012）结合 Lanjouw – Schankerman 专利价值评估模型与 Parchomovsky – Wagner 专利组合理论，通过整合单项专利的综合专利价值指数构成专利组合价值指数，建立了专利组合价值评估模型。靳晓东等（2013）根据被证券化专利组合的特点，构建了基于模式转换算法下的三叉树专利组合价值评估模型，并给出了其求解的方法。

12.2.2　专利组合应用研究

靳霞等（2005）采取专利组合分析，结合经济指标数据分析专利信息，构建基于专利信息的专利战略决策支持系统，给出支持系统的结构和流程。❶刘婷婷等（2006）提出运用专利投资组合理论来制定企业专利战略，并给出评估专利投资组合战略实施效果的 5 类价值指标。潘颖等（2012）以商业方法专利为研究对象，运用专利组合和专利引用将"由内而外"和"由外而内"两种常用构建企业技术战略的方法结合起来，利用聚类分析技术构建出电子商务环境下企业技术战略模型。❷张兴旺等（2012）基于专利组合战略理论体系，提出了中小型企业在信息竞争环境下的专利组合战略过程模型。❸

基于专利组合分析方法，国内学者对相关领域产业和企业进行了专利组合分析研究。徐绪松等（2007）基于收益法提出了专利联盟中专利组合价值的评估方法，并由此借助财务分析中内部收益率计算了专利联盟中的许可费❹。李小丽（2009）以美国生物制药技术型企业为研究对象，进行了技术型中小企业甄选技术并购对象的研究。❺王晓璐等（2011）对 MPEG Ⅱ 专利池中 19 家企业的专利组合质量进行了分析，得出该专利池中的成员企业所拥有的专利

---

❶ 靳霞，朱东华，刘志强. 基于专利信息的专利战略决策支持研究［J］. 科技和产业，2005（11）：59 – 60.

❷ 潘颖，卢章平. 专利优先权网络：一种新的专利组合分析方法［J］. 图书情报工作，2012，56（16）：97 – 101.

❸ 张兴旺，李晨晖，秦晓珠. 新信息环境下中小型企业专利组合战略研究［J］. 情报理论与实践，2012，35（8）：88 – 92.

❹ 徐绪松，魏忠诚. 专利联盟中专利许可费的计算方法［J］. 技术经济，2007（7）：5 – 7.

❺ 李小丽. 基于专利组合分析的技术并购对象甄选研究——美国生物制药技术型企业的实证［J］. 情报杂志，2009（9）：1 – 6.

组合具有差异化的结论。❶ 中国学者还对抗 HBV 制药、储氢技术领域的企业以及中国电信、光伏水泵系统、3D 打印快速成型技术和国际燃料电池汽车领域等产业进行了专利组合分析。

　　分析结果显示，对于专利组合的研究还没有引起中国学者的高度重视，研究处于起步阶段，还没有形成稳定的研究团队。中国学者有关专利组合的理论研究多引用或介绍国外的思想，缺少国内的相关理论体系。实证研究涉及行业范围较窄，实证的企业数量较少，缺少理论与实践相结合的专利组合战略研究。

12.3　专利组合评价的对比分析

12.3.1　国外专利组合评价研究

　　随着数量经济学的兴起以及专利信息数据库的完善，许多学者将计量方法和指标应用在专利分析领域，建立了一系列评价专利价值的指标体系。尤其是国外学者，利用欧美发达的专利文献数据库，开发了许多科学的用以评价专利价值的指标。利用这些专利指标能够较为客观的评价专利的价值，大大降低了专利价值评估中的人为主观因素。表 12.1 为国外学者在研究专利价值时主要用到的指标。

表 12.1　国外专利价值评估常用指标

指标	含义	研究代表人物
被引次数	专利被后续专利引用的次数	Trajtenberg，Harhoff 等，Hirschey Richardson，Jaffe 等，Sampat，Hall 等，Mariani，Romanelli，Schettino 等
引文数量	专利所引用的科学文献、专利文献等现有技术的数量	Narin 等，Carpenter 等，Hirschey and Richardson，Mariani and Romanelli，Schettino 等
专利维持水平	专利授权之后维持其有效性的情况	Schankerman and Pakes，Sampat

　　❶ 王晓璐，陈向东，许珂. 专利联盟内成员的专利组合质量差别化分析——以 MPEGⅡ 专利池为例 [J]. 技术经济，2011（30）：1－4.

指标	含义	研究代表人物
权利要求数量	专利说明书中权利要求的个数	Lanjouw, Schankerman, Hall 等, Tong and Frame, Mariani and Romanelli, Schettino 等
专利族规模	同一发明在不同国家获得的专利或在不同国家提交的专利申请的数量	Putnam, Lanjouw 等, Eaton 等, Harhoff and Reitzig, Schettino 等, Sampat
技术生命周期	申请文件中所有引证专利技术年龄的中间数	CHI Reasearch, Hirschey and Richardson
科学关联指数	某项专利引用科技文献数量/同类专利引用科技文献的平均数量	CHI Reasearch, Hirschey and Richardson
专利诉讼指标	专利在申请和实施过程中遭遇的诉讼案件数量	Lai 等, Reitzig
非专利文献	专利引用文献中非专利文献的数量	Hirschey and Richardson, Silverberg and Verspagenb
专利技术范围	IPC 分类码	Lerner, Klemperer, Gilbert and Shapiro
专利许可情况	专利的许可费用、许可种类、许可期限等	Georgia Pacific Indicators

　　由于专利组合的概念发展较晚，专利组合交易市场也是近年来才逐渐兴起的。因此国外对于专利组合价值评估的研究并不是很多，也未能提出一个较为理想的专利组合的价值评估模型。因此表 12.1 中的指标多数为研究专利价值评估时所使用的，而近来有些学者对于专利组合的价值评估也大多是在原有专利价值评估指标体系的基础上做出一些改进。其中在专利组合评价中影响力最大的是德国学者 Holger Ernst 推荐的一组用于专利组合分析的指标。在 Holger Ernst 教授之后，有人开始陆续利用各种计量方法和指标评估专利组合的价值。表 12.2 列举了国外专利组合价值评估中较为常见的一组指标。从表中可以看出，表 12.2 中的部分指标与专利价值评估时所用指标是重复的，但在具体计算中，可能会有所区别。

表 12.2　国外专利组合价值评估常用指标

指标	含义	研究代表人物
专利活动（PA_{iF}）	i 企业在 F 技术领域的专利申请量	Ernst
合作强度（CI）	i 企业在 F 技术领域的合作专利申请量/ PA_{iF}	Ernst
研发重点	PA_{iF}/i 企业专利申请总数	Ernst
专利授权率（Q_1）	企业 i 在技术领域 F 的专利授权量/ PA_{iF}	Ernst
技术范围（Q_2）	i 企业申请的专利 IPC 分类号的多样性与数量	Ernst
国际范围（Q_3）	专利族的规模以及三方专利的份额	Ernst，Wang X L 等，Grimaldi 等
引证频率（Q_4）	PA_{iF} 的平均引证频率	Ernst，Wang X L 等，Grimaldi 等，Kapoor 等
平均专利质量（PQ_{iF}）	$Q_1 + Q_2 + Q_3 + Q_4$	Ernst
专利效能（PS_{iF}）	平均专利质量与专利活动的乘积	Ernst
技术相对增长率（RGR）	企业 i 在技术领域 F 专利申请数的平均增长率/所有企业 F 领域专利申请数的平均增长率	Ernst
技术增长潜力率（DGR）	后 N 年技术领域 F 的专利申请数的平均增长率/前 N 年技术领域 F 的专利申请数的平均增长率	Ernst
技术相对增长潜力率（RDGR）	技术领域 F 的 DGR/所有技术领域的 DGR	Ernst
技术份额（基于专利申请量）	i 企业在 F 领域的专利申请量与该领域内所有企业专利申请量的总和之比	Ernst
技术份额（基于专利效能）	i 企业在 F 领域的专利效能与该领域内所有企业中专利效能的总和之比	Ernst
相对技术份额	i 企业在 F 领域的专利效能与该领域内所有企业中专利效能最高者之比	Ernst

指标	含义	研究代表人物
专利相对位置	企业在某一领域的专利申请量与该领域的企业最大申请量之比	Ernst
专利组合规模	专利组合所包含的专利数量	Wang X L 等
专利组合年龄	专利组合中的授权日到研究日之间的年限	Wang X L 等
专利族规模	同一发明在不同国家获得的专利或在不同国家提交的专利申请的数量	Ernst 等，Wang X L 等
权利要求数量	专利说明书中权利要求的个数	Wang X L 等，Grimaldi 等
战略价值	专利组合在企业战略中的地位和作用	Grimaldi 等
经济回报	专利组合给企业带来的利润回报	Grimaldi 等

从表 12.1 和 12.2 可以看出，国外在专利和专利组合的价值研究中，已经建立起了较为全面的指标体系，有许多指标的设置都值得我们借鉴。但需要说明的是，国外对于专利价值的评估指标虽然较为全面，但国外研究的基础主要以欧洲和美国专利数据库为实证的数据基础。而由于中国建立专利数据库的时间较晚，在数据库的完善上和欧洲和美国专利数据库有很多差别，因此中国现行专利数据库缺乏对某些指标的统计。如国外指标中频繁出现的引证指标在中国的专利文献数据库中则并没有统计。因此国外的专利或专利组合评价指标体系对中国来说并不适用，这也是我们要构建适合中国国情的专利评价指标体系的原因之一。同时国外的专利组合评价往往是以企业为立足点进行的评价，如利用 Holger Ernst 教授的评价指标体系得出的结论是为了使企业能够利用专利组合评价更好的进行研发策划和战略发展的，更加适合我们在专利组合定义中广义专利组合的评估，而对于我们主要研究的狭义的专利组合的评估，则存在一定的局限性。而我们希望能找到一个更加通用化和标准化的指标，以供不同层面的机构使用。

12.3.2 国内专利组合评价研究

国内对于专利和专利组合的研究相对国外来说起步较晚，从文献上来看，对于专利的研究从 2000 年开始才呈现大幅上涨的趋势，而对于专利价值评估的研究是从 2006 年开始文献才迅速增加。这些文献中，对于专利组合分析的研究文献数量尤其少。在中国知网的检索中，关于专利组合的研究 2006 年只有 6 篇文献，到 2014 年也仅发展至 21 篇文献，因此国内对于专利组合的研究还有很大发展空间。国内的研究主要集中在应用方面，例如在实践应用方面拓展了专利组合的应用领域和用途，把专利组合应用于企业的投资选择、技术并购对象的选取、企业专利战略、R&D 资源配置、技术管理、项目评价等方面。同时在专利组合的价值评估方面，引入国外文献中的专利组合价值评价指标，并以此为基础对专利组合分析方法中的指标进行了创新性的应用，引入了新的指标。目前中国在专利组合的价值评估方面还存在许多问题。包括数据源的管理问题；信息的获取技术落后；缺乏好的分析方法；目前宏观描述相对多，微观分析相对少等问题。如何针对这些问题提出好的解决办法仍是未来研究的重点。

国内文献中对专利价值进行评估的文献数量较多。表 12.3 列出了国内文献中较常使用的专利价值评估指标。

表 12.3　国内专利价值评估常用指标

指标	含义	研究代表人物
引用次数	专利所引用的科学文献、专利文献等现有技术的数量	李春荣等，张希等，胡元佳等，李振亚等
被引用次数	专利被后续专利引用的次数	李春荣等，张希等，胡元佳等，李青海等，李振亚等
技术生命周期	申请文件中所有引证专利技术年龄的中间数	岳宗全等，李春荣等，李振亚等，张彦巧等
科学关联指数	某项专利引用科技文献数量/同类专利引用科技文献的平均数量	岳宗全等，李春荣等，李青海等，李振亚等
专利族规模	同一发明在不同国家获得的专利或在不同国家提交的专利申请的数量	李春荣等，张希等，胡元佳等，李青海等，万小丽等
专利技术范围	IPC 代码范围	李春荣等，张希等，胡元佳等，李青海等，李振亚等，王玉娟，张彦巧等
专利所有者	专利所有者是个人还是企业，企业规模、研发等情况	张希等，张彦巧等
权利要求数量	专利说明书中权利要求的个数	李春荣等，张希等，李振亚等

指标	含义	研究代表人物
专利异议情况	专利被提出异议的情况	李春荣等，张希等，胡元佳等
发明专利实施率	获得国家知识产权局授权的专利实际应用到生产中，转化为实际产品的比率	岳宗全等，黄庆等，杨丹丹
发明专利授权率	发明专利授权量与申请量的比值	黄庆等，李春荣等，杨丹丹，赖院根等
专利许可实施率	专利许可量与专利授权量的比重	黄庆等，杨丹丹
专利权质押率	专利质押量与授权量的比重	黄庆等，杨丹丹
受保护范围	涉及 PCT 专利或三方专利的国家个数	李春荣等，李振亚等，张彦巧等，万小丽等，黄庆等
技术创新度	用于考察专利技术的质量	李振亚等，张彦巧等，万小丽等，刘玉琴等
专利寿命	缴纳年费使得专利有效的期限	李春荣等，黄庆等，杨丹丹，李青海等，李振亚等，万小丽等赖，院根等
专利的诉讼	是否被提起专利无效诉讼，以及诉讼结果	李春荣等，李青海等，李振亚等
现有技术缺陷	专利申请数中对现有专利技术状况描述中是否存在缺陷	李振亚等
专利技术成熟度	专利技术在市场中所处的阶段	张彦巧等，万小丽等
市场因素	专利的市场需求程度、市场份额、市场竞争状况以及同类专利价格等	张彦巧等，万小丽等
技术可替代程度	一项专利技术被其他技术替代的程度	万小丽等
专利权转移率	发明专利专利权转移占授权量的比重	黄庆等，杨丹丹

在使用指标体系进行专利价值评估方面，国内的文献多以国外研究为基础，在此基础上加入新的指标进行创新。从表中可以看出，国内学者在评价专利的价值时有许多指标都参考了国外的文献，如引证指标，技术生命周期，科学关联指数，专利族规模，专利技术范围，权利要求数量，专利的诉讼，授权率，受保护范围等都和国外的研究指标重合。除此之外，国内学者还开拓了一

些新型指标用以考察专利的价值，如一些定性指标，包括技术创新度、技术成熟度、技术可替代程度，市场因素，现有技术缺陷等，以及一些新的定量指标如专利实施率，许可实施率，专利权质押率，专利权转移率等。表中所列指标有些是对单项专利价值的评价，有些是对某机构专利价值的评价。在具体应用时应该加以区分才能更加科学的衡量专利的价值。国内学者在研究中提出的定性指标的衡量是国内专利价值研究中值得提倡的一点，国外的专利价值评估主要采用定量指标进行衡量，很少用到定性指标，而实际上，专利的价值并不能完全由定量指标就能计算得出，很大程度上仍然需要定性的判断，因此加入定性指标是合理的。尽管如此，中国国内学者在构建指标体系时仍存在很多问题。中国学者在专利分析时深度不够，往往盲目引入国外已有的成熟指标，不仅没有考虑该指标是否适合中国专利的评估，同时也鲜有文献做出实证分析，用以验证指标是否真正有效。如引入的国外指标中的引证指标，技术生命周期，科学关联指数等指标在国内的专利文献库中并不能提供该数据。即便是新加入的指标中，如专利实施率，质押率等数据的获取也存在一定的困难性。还有些文献中的评价指标体系看似面面俱到，但体系过于庞杂，只是单纯的指标的罗列，缺乏深入分析，在理论上缺乏精准性，在实践中也缺乏可操作性，这样的指标体系存在的价值并不大。因此，如何构建一套科学实用的专利评价指标体系仍是有待解决的问题。

　　从文献上看，专利组合价值评价在国内较为稀缺。随着专利组合在中国专利交易市场上的比重越来越大，国内学术界开始关注专利组合的研究。国内对专利组合的研究主要集中于两个方面：第一是对专利组合形成机制和构建策略的研究，如王玲等（2007）[1]、岳贤平（2010）[2]、岳贤平（2012）[3]、张兴旺等（2012）[4]、冯晓青等（2013）[5]、岳贤平（2013）[6]、李辉等（2014）[7] 等，第

　　[1]　王玲，杨武. 基于中国创新实践的专利组合理论体系研究 [J]. 科学学研究，2007，25（3）：546 –550.

　　[2]　岳贤平. 基于 R&D 资源配置的企业专利组合策略：一个分析框架 [J]. 情报杂志，2010（12）：10 –14.

　　[3]　岳贤平. 基于价值和成本的专利组合的形成机制研究 [J]. 情报杂志，2012（12）：104 –108.

　　[4]　张兴旺，李晨晖，秦晓珠. 新信息环境下中小型企业专利组合战略研究 [J]. 情报理论与实践，2012，35（8）：88 –92，124.

　　[5]　冯晓青，吕莹. 微软收购诺基亚专利组合及其启示 [J]. 中国审判，2013（11）：54 –56.

　　[6]　岳贤平. 专利组合的存在价值及其政策性启示 [J]. 情报理论与实践，2013（2）：35 –39.

　　[7]　李辉，霍江涛，许波，等. 基于 TRIZ 的专利组合设计理论研究 [J]. 科学技术与工程，2014（36）：197 –203.

二是对专利组合价值的评价研究，主要研究专利组合价值评价的方法以及指标体系的构建，如谭思明等（2010）❶，钟华等（2011）❷，曹晨（2012）❸，潘颖等（2012）❹，靳晓东等（2013）❺，李姝影等（2014）❻，许泽想（2015）❼等。对专利组合价值的合理评估是制定专利组合市场价格的重要参考。Holger Ernst 教授的专利组合评价指标体系是在国内专利组合评估中最具影响力的指标体系，国内许多学者在进行专利组合的评估时都引用了该指标体系［谭思明等（2010），钟华等（2011），李姝影等（2014）等］，但该指标体系主要以企业为立足点进行评估，而且体系中有部分数据无法从中国的专利数据库中获得，因此在运用时存在许多弊端。还有一部分学者在评估专利组合的价值时，依然从单个专利入手，在评估完所有单项专利的价值后利用一定的方法对专利组合进行综合分析［曹晨等（2012）］，这类研究因为没有将专利组合看作一个整体进行研究，因此也缺乏一定的合理性。

国内对于专利组合价值评估的指标体系多以国外指标体系为蓝本，在中国的适用性有待考量。国外的专利体系与专利内容、专利数据、甚至专利质量与国内都存在很大差异，照搬国外的体系肯定存在很大问题。表12.4 列出了国内学者在专利组合评价中常用的指标。从表中可以看出，从专利活动这一指标开始一直到最后一个指标，全都引自 Holger Ernst 教授的专利组合评价指标体系，可能在具体计算上会有些细微的改动，但指标所代表的含义并没有发生很大变化。即便是表中所列的前半部分指标，有许多指标也和 Ernst 教授的指标体系中的某些指标存在很大的关联度。如引用次数和被引用次数和引证频率指标的关联度很大，而专利族规模指标事实上是国际范围指标中考察的一部分，相对技术优势指标也和技术份额指标存在一定相关性。因此，可以看出中国国

---

❶ 谭思明，于晶晶. 专利组合分析的应用研究 ［J］. 情报理论与实践，2010（3）：91 – 96.

❷ 钟华，安新颖. 专利组合理论及应用研究分析 ［J］. 科技管理研究，2011（10）：141 – 145.

❸ 曹晨，胡元佳. 专利组合价值评估探讨——以药品专利组合为例 ［J］. 科技管理研究，2012（13）：174 – 177.

❹ 潘颖，卢章平. 专利优先权网络：一种新的专利组合分析方法 ［J］. 图书情报工作，2012，56（16）：97 – 101.

❺ 靳晓东，谭运嘉. 一种专利组合价值评估模型的设计 ［J］. 数量经济技术经济研究，2013，30（4）：99 – 110.

❻ 李姝影，方曙. 公司层面的专利组合分析方法研究及实证分析 ［J］. 情报杂志，2014（33）：39 – 43.

❼ 许泽想. 新兴产业创业期企业无形资产评估——以专利组合价值评估为例 ［J］. 产业经济，2015（1）：142 – 146.

内学者在利用指标体系评价专利组合时对 Holger Ernst 教授的推崇程度。尽管 Holger Ernst 教授所构造的这一评价指标系统较为经典，但除数据获取方面的问题外，该系统主要以企业为立足点进行分析，对于评估企业无形资产价值、财务年报分析等用处很大，但对于以市场交易为目的的专利组合价值评估方面可能存在很大局限性。除此之外，国内的文献在专利组合评价时较少采用定性指标，这点和专利价值评价时有所不同。尽管加入定性指标可能会降低评价的客观性，但仅仅使用定量指标很可能会遗漏影响专利组合价值的非常重要的方面。因此，如何科学合理的评价专利组合是非常迫切的问题。

表 12.4 国内专利组合价值评估常用指标

指标	含义	研究代表人物
引用次数	专利所引用的科学文献、专利文献等现有技术的数量	曹晨等，王晓璐等
被引用次数	专利被后续专利引用的次数	曹晨等，王晓璐等
专利族规模	同一发明在不同国家获得的专利或在不同国家提交的专利申请的数量	曹晨等，王晓璐等
相对技术优势	申请者在某技术领域专利数量在该技术领域所占优势	刘佳等，钟华等，郭磊等
相对技术整合能力	不同 IPC 号在同一专利文件中的共现频次，反映企业在某一领域对外部资源的整合能力	刘佳等
权利要求数量	专利说明书中权利要求的个数	曹晨等，王晓璐等
专利寿命	缴纳年费使得专利有效的期限	谭思明等，于晶晶等，王晓璐等
发明专利比重	企业在某一领域的发明专利占总的比重	谭思明等，于晶晶等
专利活动	专利申请人在某个技术领域的申请量	刘佳等，李姝影等，王晓璐等，谭思明等，于晶晶等
研发重点	PA_{iF}/i 企业专利申请总数	谭思明等，于晶晶等
合作强度（CI）	i 企业在 F 技术领域的合作专利申请量/ PA_{iF}	李姝影等
专利授权率（Q_1）	企业 i 在技术领域 F 的专利授权量/ PA_{iF}	谭思明等，于晶晶等

续表

指标	含义	研究代表人物
专利技术范围（Q_2）	IPC 代码范围	谭思明等，于晶晶等，李姝影等，王晓璐等
国际范围（Q_3）	专利族的规模以及三方专利的份额	李姝影等
引证频率（Q_4）	PA_{iF}的平均引证频率	李姝影等
专利效能（PS_{iF}）	平均专利质量与专利活动的乘积	谭思明等，于晶晶等
技术份额（基于专利申请量）	i 企业在 F 领域的专利申请量与该领域内所有企业专利申请量的总和之比	谭思明等，李姝影等，于晶晶等
技术份额（基于专利效能）	i 企业在 F 领域的专利效能与该领域内所有企业中专利效能的总和之比	李姝影等
相对技术份额	i 企业在 F 领域的专利效能与该领域内所有企业中专利效能最高者之比	李姝影等
技术相对增长率（RGR）	企业在某技术领域专利申请数的平均增长率/所有企业在该领域专利申请数的平均增长率	钟华等，郭磊等，张世玉等，朱相丽等
技术相对增长潜力率（RDGR）	技术领域 F 的 DGR/所有技术领域的 DGR	张世玉等，朱相丽等
专利相对位置	企业在某一领域的专利申请量与该领域的企业最大申请量之比	钟华等，郭磊等

第13章 专利组合价值评估体系

13.1 专利组合评价指标体系的构建

13.1.1 专利组合评价目的

1. 专利组合评价目的

专利组合是专利资源的重组与升级，专利"抱团"形成合力，为企业的发展提供持续竞争力。专利组合作为一种重要的无形资产，能为专利权人带来巨大的经济价值。这种价值的实现有可能来源于专利组合交易导致的直接货币收入，或者来源于无形资产增值带来的收入。最为常见的则是专利产业化带来的货币收入。无论专利权人通过哪种方式进行获利，专利组合都可能为专利权人带来巨大的经济利益，提升其竞争优势。专利组合已经成为许多企业普遍采用的一种策略。正因如此，许多企业开始认识到专利组合评价的重要性。甚至国外的一些机构已经开始投资训练专业人士用以管理和评价专利以及专利组合。对专利组合价值的精确评价有利于企业正确核算自身资产，为企业的相关专利运营提供有效的市场参考，也为企业进一步进行无形资产的管理提供了必要的基础。

专利组合评价可能被应用于多种不同的场合，在不同场合下，评价专利组合的目的也有所区别。专利组合的评价目的甚至在一定程度上会影响到专利组合的最终价值，即同一个专利组合当被用于不同的评价目的时，可能呈现不同的价值。因此有些文献认为评价目的对专利组合的价值影响很大，主张对于不同的评价目的使用不同的评价方法以增加针对性。但这种以目的为导向的价值评价思路却忽视了专利组合的价值本身，缺乏客观性和科学性。因此我们认为专利组合价值评估的目的并不能决定专利组合的价值，但毫无疑问会对专利组合的价值评估产生一定影响。一般来说，专利组合的评价目的主要包括以下几种：

一是市场交易。因为市场交易的原因而对专利组合进行评估是我们最常见到的一种情况。这里的市场交易包括多种类型。首先企业可以通过购买专利组合提升企业的竞争力，即企业与专利权人进行的专利组合转让交易。无形资产占总资产的比重大小也已成为衡量企业竞争力的重要标准。当然通过这一专利组合的转让提升企业竞争力的方法有可能是由于获取了生产某种产品所需的技术，进而提高了企业的产品质量，扩大了市场份额。或者是因为专利组合的转让使得企业在战略布局上拥有了竞争者没有的优势。更有甚者，拥有专利组合的某些企业可以获得中国的高新技术企业认定，进而享受国家给予的一定的税收优惠，也成为提升企业竞争力的手段之一。除专利组合转让外，另外一种常见的专利市场交易类型便是许多企业和专利权人之间进行的专利组合许可交易。专利组合的许可是专利权人将其拥有的专利组合许可他人实施并收取专利使用费的一种交易方式。和专利组合转让不同的是，专利组合许可交易中专利组合的所有权并未发生转移。专利许可交易也是实现技术转让的一种常见手段。

二是财务报告。财务报告反映一家企业过去一个财政时间段的财政表现及期末状况。它以量化的财务数字，分目表达。随着无形资产对企业生存发展的重要性越来越大，人们在了解企业的经营状况时对企业无形资产的了解需求也越来越大。企业的财务会计报表中，一般都包含了对企业无形资产的披露。而无形资产的计算中企业拥有的专利组合的价值无疑是其中重要的一项。因此对专利组合的评估有可能是因为财务报告的需要。这点对于上市公司来说尤为重要。上市公司需要定期向公众披露企业的财务会计报表，这也是许多股民进行投资决策的重要依据。拥有较高价值的无形资产肯定能为企业的形象加分不少。如果一个企业拥有某个领域的某项垄断性的专利组合技术，股民在投资时必然会信心十足。因此如何精确的计算公司所拥有的包括专利组合在内的无形资产的价值也成为企业关注的一个问题。

三是损失评估。专利一经批准，就拥有了国家法律所赋予的各项专有权利。而作为一种法律权利，必然会受到来自于利益相关者的各种挑战，即专利诉讼。专利诉讼是指当事人和其他诉讼参与人在人民法院进行的涉及与专利权及相关权益有关的各种诉讼的总称。专利诉讼包括了专利的权属诉讼、侵权诉讼、行政诉讼以及合同诉讼等。尤其是近年来，随着专利申请量和授权量的大幅度增加，专利诉讼的案件也频繁发生。尤其是专利侵权案件屡见不鲜。在发生专利侵权行为时，赔偿损失往往是侵权行为人需要承担的主要民事责任。而如何确定赔偿金额便与价值评估息息相关。就专利组合来说，因为组合中包含数目众多的单项专利，诉讼问题发生的概率就更大。因此，在特定情况下，专利组合的评估是为了核查专利诉讼中造成的损失而进行的评估。

四是融资需要。在专利组合的评价中，还有一种特殊情况，就是企业在进行各种形式的融资时，需要对企业的无形资产，包括专利组合进行评价。随着社会主义市场经济的形成，企业资产重组，企业的兼并和收购已经成为企业改革的重要内容。而无论是哪种形式的企业改革，都需要对企业的产权进行定价。其中知识产权的定价也是重要的一部分，甚至许多企业在合并过程中，其知识产权的定价会远远高于物质资产的价格。包括在成立合资企业时，许多拥有高尖端技术的企业可以通过专利技术入股等方式获得股权。这时对于包括专利组合资产在内的无形资产的价值评估就变得十分重要。除此之外，随着金融业的快速发展以及政府对促进知识产权市场应用的大力扶持，知识产权投融资平台也相继建立。专利组合的质押、专利组合信托、专利组合资产证券化、专利组合信贷等融资方式逐渐兴起，成为许多企业赖以生存的融资渠道。因此专利组合的价值评估也成为获取融资的必要步骤之一。

掌握专利组合的价值，对企业和政府都具有重大意义。对政府来说：专利工作日益重要，准确评价中国专利组合的实力、全面把握专利组合在科技经济活动中的作用，对于科学决策、正确引导和有效制定与实施专利战略具有重要意义，能够明确专利组合战略实施扶持对象，对企业的科技创新和经济发展起宏观导向作用；对企业来说，能够帮助企业在国内外自我定位，做到"知己知彼，百战不殆"，利用分析结果，可预测技术发展方向，指导企业管理者做出正确决策。

13.1.2　专利组合价值影响因素

专利组合的价值会受到多种因素的影响。一个专利组合是否有价值以及价值高低将会受到很多因素影响。在分析时，应该对可能影响专利组合价值的各方面因素进行全面衡量，进而系统的评估专利组合的价值。一般来说，我们将影响专利组合价值的因素归纳为 3 个方面，即技术因素、经济因素、风险因素。这三大因素中又包含众多具体的方面。这三大因素也是我们将来建立专利组合评价指标体系的主要理论基础。

1. 技术因素

专利组合的价值大小应该首先取决于专利组合所代表的技术质量。专利法中要求专利要具有新颖性、创造性和实用性。这都是对专利技术要素的描述。在科技高度发达的当今社会，技术已经成为产品价值中的核心因素。没有技术含量的专利组合几乎可以被判断为没有价值的专利组合。专利权利归根结底是对技术方案保护的一种法律方式，抛开技术谈专利无疑是毫无意义的。一个有价值的专利组合，其技术必然是先进的，短时间内不可替代的，竞争对手无法模仿的。通过使用这样的专利组合使得企业的产品性能提高，生产效率提高，或者降低了资源消耗等，这样的专利组合才能在市场中创造巨大的经济收益。而专利组合作为众多单项专利的有机结合，相关性是一个重要的特征。因此专利组合的技术要素中还有一个重要内容便是专利组合内部各专利的技术关联程度。如果仅仅是许多毫无关联的专利随便组合在一起，这样的专利组合必然不会为获得专利组合的企业带来丰厚的回报，因此专利组合的价值也必然会大打折扣。

2. 经济因素

经济因素主要考察专利组合所包含的技术在商品化、产业化和市场化的过程中带来的预期收益。专利获得授权只能够说明获得了垄断性经营专利技术的权利，不管专利组合的内在技术质量如何，最终还是要通过市场进行检验。专利组合的技术要转换成价值，需要在市场中进行交换，把使用价值兑换成价值才能获得经济收益。由于这一价值转换过程都需要依赖市场，企业收益是在市场竞争中获得的，专利组合技术在市场中的表现如何是衡量专利组合价值的一个重要因素之一。因此与专利组合所处的市场相关的因素都会影响专利组合的价值，如市场规模、市场前景、市场占有率、市场竞争状况、产业发展前景、产业政策等。例如企业在运用专利组合进行产品生产时，该组合所代表的技术在产业中的发展前景如何便是一个重要的考量标准。如果该产品所在的产业为朝阳产业，或该产业是国家重点扶持的产业，必然会在专利组合的市场价值转换过程中创造出更大的收益。同样的，如果一个专利组合中的技术能够较为容易的转化为产品，不需要依赖其他技术的配合便可以并使得该产品的市场占有率明显扩大，该专利组合的经济价值必然是很高的。

3. 风险因素

专利是一种法律赋予专利权人的权利，因此专利能够起到保护专利权人权益的作用，帮助专利权人在一定的期间和范围内受到保护，同时规避可能出现的风险。由于具有规模性和多样性的特征，专利组合有效地放大了专利权利保护的范围和年限，在风险规避能力上相比单项专利具有更高的价值。这也是在专利交易市场上专利组合大放异彩的主要原因。专利组合的保护范围越大，其风险规避能力越强，专利组合的价值也越高。一个好的专利组合在形成时应充分考虑该专利组合是否能够保护专利组合拥有人尽量避免受到来自法律、竞争者等各方面的威胁和挑战。专利组合的法律状态包括专利组合的转让、许可、诉讼历史、专利权剩余保护期限、专利异议、复审、无效等相关信息都能体现专利组合的风险规避能力。如果一个专利组合的法律状态并不稳定，在面临风险时，就容易受到制裁。例如许多企业由于专利组合的侵权问题曾遭受了巨大的代价，因此应该尽量通过组合体内的专利资产多样化规避专利组合所有者后续的研发以及企业产品销售可能遇到的专利侵权而引起的成本高昂的专利诉讼。

这里还需要说明的一点是尽管专利组合价值评估的结果是专利组合市场交易时的主要定价参考，但专利组合的市场价格有可能受到多方面因素的影响，因此价值和价格有可能脱节。专利组合的价格首先会受到市场需求和供给的影响。如果专利组合代表的技术具有垄断性特征，即专利组合的专利权人是目前唯一能提供此类技术的企业，这类专利组合的市场需求量一定很大，往往出现许多买家争相购买专利组合的现象，因此该专利组合的市场价格也可能会远远高于其本身的价值。而且由于专利具有时效性的特点，同样的专利组合技术在不同时间点上的价格也会有所不同。除此之外，专利组合的市场价格还会受到诸如谈判双方的实力，第三方中介机构的谈判能力，专利组合背后是否有专有技术以及同类型专利组合的近期市场价格等因素的影响。

13.1.3　专利组合评价指标体系的构建

从文献上看，关于专利组合评价的研究在国内外都非常稀少。专利组合评价事实上是对专利组合价值的评价。虽然专利组合是由多个不同的专利组成的，但在其价值的表现方面，具有一些不同于专利组合体中的单个专利价值的价值。因为专利组合是基于单个专利的战略性集合，专利组合的整体价值应该远远大于组合中所有单项价值的加总值，才能真正达到形成专利组合的作用。因此专利组合的评价不能单纯沿用单项专利价值评估的模式。测算出每个单项专利的价值并累计求和的方法绝不适用于专利组合的评价。在评价专利组合时需要将专利组合看作是一个整体，从整体出发，系统性地进行考虑，才能建立一个对专利组合的科学的评价体系。

1. 专利组合评价指标体系的设计原则

专利组合评价的核心问题是确定评价指标体系。影响专利组合价值的因素众多，这些因素都不同程度的影响着专利组合的评价结果。如何从众多的影响因素中科学合理的选取评价指标，对评价结果的精确性至关重要。对于纷繁复杂的专利组合，如果仅仅专注一部分可定量的指标，精确计算后的结果往往会偏离实际，如果仅仅考察定性指标，则结果有可能太过主观。为了能够确保科学合理地对专利组合的价值进行判断，在选取指标时应该遵循以下原则：

一是系统性。在构建专利组合的评价指标体系时，首先应该遵循的便是系统性原则。在这一原则指导下，将专利组合的整体视为一个系统，以系统整体目标的优化为准绳，使系统完整、平衡。从整体上把握专利组合价值评价的脉络，找出最能反映专利组合价值的影响因素，要以较少的指标能够较为全面的反映出专利组合价值的内在特征，而不在于构建的专利组合价值指标体系多么庞大，又要避免单因素选择，总体来说要追求系统最优化原则。

二是全面性。鉴于影响专利组合价值的因素众多，且较为复杂，因此全面性原则也是构建专利组合评价指标体系时必须要遵循的。首先所选择的指标应该能全面的分析到影响专利组合价值的各大类因素，如技术因素，经济因素，风险因素等，不失于偏颇。其次指标的选择应该定性指标与定量指标相结合，绝对指标和相对指标相结合，保证指标类型的全面。

三是层次性。专利组合的价值一个复杂的结构体，其竞争力评价涉及多方面因素影响。专利组合既受到专利组合中专利自身质量的影响，还受到经济状况、风险规避能力等因素影响。因此，在评价专利组合价值时，需要划分每个因素所属大类，以便对专利组合评价体系有较为明晰的层次性，同时增强了评价结果的可视性和可读性。对不同层次指标的分析，还可以利用权重影响进一步明确不同的因素对专利组合价值的影响程度。

四是实用性。无论多么繁杂的指标体系，最终的目的都是能精确的评价一个专利组合的价值。因此实用性是非常重要的。如果一个指标体系中的各类指标数据无法获得，计算繁琐，这类指标体系在现实工作中就并不适用。尤其是中国的专利文献数据库与国外的数据库有很大区别，许多国外的指标数据在中国的数据库中难以获取，因此设计的指标体系应该适合中国的专利国情。除此之外，该指标体系应该具有一定的通用性，即应该能够满足政府、企业、中介公司等各类机构评价专利组合价值的需要。

2. 核心专利识别

为了更好的解释各个指标的含义，首先对专利组合中的核心专利和外围专利进行说明。大量的研究表明，专利组合内不同的专利价值差别很大。大多数专利只反映出很小的技术改进，不能够为企业技术、产品或服务的提升带来明显的效果。只有少部分专利即核心专利，能够为企业技术的突破、产品的更新换代、服务品质的升级等带来重大影响，甚至使企业在授权许可、技术转移等过程中获得较大的经济利益，其专利价值较高。因此一般的讲，核心专利是制造某个技术领域的某种产品必须使用的技术所对应的专利，也就是在某一个发展阶段，某项技术应用中不得不使用的专利，不能通过一些规避设计手段绕开。企业一旦掌握了核心专利技术，就相当于拥有了在某个产品技术领域的核心竞争力，就可以借此来夺取市场份额，获得高于行业平均水平的利润，在行业中建立话语权和权威性。核心专利能够帮助企业直接或间接地降低成本和提高质量，形成持续竞争优势。

核心专利目前并没有形成统一的概念。肖沪卫（2011）的著作中描述核心专利是在某一领域具有首创性的并以此为后续科技及产业化集聚的必不可少的专利。孙涛涛等（2012）认为核心专利是指在某一技术领域中处于关键地位、对技术发展具有突出贡献、对其他专利或者技术具有重大影响且具有重要经济价值的专利。罗天雨等（2012）提出核心专利是在某一技术领域中占据不可替代的地位，并具有显著的技术特征和效果，能为企业带来丰厚经济利益和竞争力的专利技术。马永涛等（2014）的文章则指出核心专利是具有原创性，因原理设计、实施过程科学优化及技术领域涉及广而绕不开，并且蕴含巨大经济效益和战略意义的专利或专利组合。以上不同的概念在定义核心专利时可能有不同的侧重点，但基本都涉及了核心专利的技术方面和经济方面。正如美国司法部反垄断司提供的两种衡量核心专利的方法：一种是在"技术上是核心的"，即某项专利权必须与某个产品的生产规格或者技术核心要求直接相关；另一种是在"商务上是核心的"，这主要是从应用成本的角度来讲，即为了避开某项具有核心竞争价值或者基础性的专利，需要付出很大的代价或者成本投入，才能绕开的专利（张莹，2013）❶。综合以往文献中的定义，笔者认为核心专利大致包括以下几个特征：（1）核心专利在某一技术领域中的地位是关键的，拥有该核心专利能使企业能在技术层面的市场竞争中获得优势；

---

❶ 张莹. 从核心和外围专利的关联性论企业专利战略 [J]. 科技创业月刊, 2013 (1)：17 - 19.

（2）核心专利能够为企业的技术、产品以及服务带来明显的提升效果，使企业获得巨大的经济收益；（3）核心专利的技术往往是该技术领域中原创性的技术，而且是在应用过程中无法通过规避设计绕行的技术。目前，孙涛涛等（2012）提出的概念在国内的认知度较高，该概念同时强调了核心专利的技术地位及经济价值，被许多学者广泛采用，笔者对核心专利的定义也参照该概念。❶

在专利组合中，除核心专利外，还存在大量的外围专利。简单来说，外围专利其实是相对于核心专利来说的，它们是对核心专利技术不同程度的改进。外围专利简单意义上讲，是指某项技术专利并非制造某种产品的关键、核心专利，但是为了制造和生产这类产品，提高产品性能，却也需要使用到的专利。外围专利是围绕核心专利而产生的，一般数量众多，便于形成一个专利网，从而突破技术垄断，变被动为主动。这种策略性布局能够一定程度上提升核心专利群的价值。核心专利是外围专利存在的基础，体现的是人类的原始创新和技术上的本质革新。没有核心专利的存在，外围专利就失去了存在的依据。外围专利是对核心专利的创新和改进，它体现的是人类对于追求效率和便捷的探索。在核心专利存在的基础上，外围专利的存在可以使得核心专利发挥其最大的功效，实现最大的经济效益。

核心专利和外围专利在很大程度上是一个相对概念。一个专利组合中可能会包含多项核心专利。对于规模庞大的专利组合来说，其主要价值体现在核心专利的价值上。大量外围专利是出于策略性考虑而加入专利组合的。随着各方对核心专利的不断重视，有不少学者和机构开始研究核心专利的识别方法，到目前为止，已经有了一定的理论基础。如何判断一个专利组合中的核心专利，目前已有很多相关研究。较为常见的判断核心专利的方法包括定性分析方法和定量分析方法。定性分析需要根据专利的内容特征以判断某技术领域核心专利所在，而定量分析则是主要根据专利的文献信息来进行判断。定性分析最常用的是相关行业领域专家评价法（梁军，2011❷；霍翠婷，2012❸）。借助领域专家的学识和经验来识别核心专利是最传统的方法，其优点是不需要考虑较多制约因素的影响，在专家熟悉的领域内识别准确率较高，该领域专家及专利事务

❶ 孙涛涛，唐小利，李越，等. 核心专利的识别方法及其实证研究 [J]. 图书情报工作，2012，56（4）：80–84.

❷ 梁军. 中国发明专利许可价值衡量指标研究 [J]. 电子知识产权，2011（5）：52–55.

❸ 霍翠婷. 企业核心专利判定的方法研究 [J]. 情报杂志，2012，31（11）：95–99.

专家的经验仍然具有某种不可替代的作用。在调研过程中发现，企业在专利组合交易过程中最为常用的判断核心专利的方法便是专家评价法，即通过本行业或企业内的相关技术人员对专利组合中哪些专利属于核心专利进行判断。这种方法较为简洁明了，但也存在很大的主观性，不同专家可能会给出不同的结论。而且，对于中介机构或者政府部门来说，还需要调集行业内的相关专家才能获得此类信息，成本较高。除定性方法外，定量方法主要依靠专利文献信息判断核心专利。常用的方法包括单一指标判别法以及指标组合或综合指数判别方法。单一指标判别中，常用的指标包括被引频次指标（Abert，1991[1]；栾春娟等，2008[2]）、专利族规模指标（Schettino，2013[3]；唐春，2012[4]）、权利要求数量指标（Tong，1994[5]；Saiki，2006[6]）等。也有许多学者研究如何运用指标组合以及综合指数判别核心专利（王旭等，2013[7]；谢萍等，2015[8]）。目前，如何识别核心专利学术上以及行业内并没有一个统一的方法。当然行业专家在识别核心专利的过程中，除以往经验外，也会参考许多专利文献指标以此作为判断的标准，如被引频次、专利族规模、权利要求数量甚至诉讼和许可等指标。或者在采用定量方法识别核心专利时，参考专家的意见对指标进行权重赋值或判断，因此能有效的将定性和定量方法进行结合。至于使用哪种方法判别核心专利更加有效并没有一个定论，要看企业在具体实施过程中所具备的具体情况而定。如果企业能够借助领域专家来寻找核心专利固然有其优势，在专业人士不足的情况下利用专利文献信息很好地从海量数据里快速寻找、筛选并

❶ Abert M B，Avery D，Narin F，et al. Direct Validation of Citation Counts as Indicators of Industrially Important Patents ［J］. Research Policy，1991，20（3）：251－259.

❷ 栾春娟，王续琨，刘则渊，等. 基于《德温特》数据库的核心技术确认方法 ［J］. 科学学与科学技术管理，2008，29（06）：32－34.

❸ Schettino F，Sterlacchini A，Venturini F. Inventive productivity and patent quality：Evidence from Italian inventors ［J］. Journal of Policy Modeling，2013，35（6）：1043－1056.

❹ 唐春. 基于国际专利制度的同族专利研究 ［J］. 情报杂志，2012（6）：19－23.

❺ Tong X，Frame J D. Measuring National Technological Performance with Patent Claims Data ［J］. Research Policy，1994，23（2）：133－141.

❻ SAIKI T，AKANO Yuji，WATANABE C，et al. A new dimension of potential resources in innovation：a wider scope of patent claims can lead to new functionality development ［J］. Technovation，2006，26（7）：796－806.

❼ 王旭，刘姝，李晓东. 快速挖掘核心专利——Innography 专利分析数据库的功能分析 ［J］. 现代情报，2013，33（9）：106－116.

❽ 谢萍，袁润，钱过. 基于 TOPSIS 方法的核心专利识别研究 ［J］. 情报理论与实践，2015，38（6）：88－93.

识别核心专利，也是海量信息环境下辅助专家识别核心专利的有效补充方法。

3. 专利组合评价指标体系构建

在分析专利组合价值主要影响因素的前提上，遵循上述系统性、全面性、层次性和实用性原则，以中国专利数据库为基础，构建了分层次的专利组合价值评价指标体系。该指标体系的设计参照了国内外已有的研究文献，选取其中最能代表专利组合价值并适用于中国国情的指标；同时还参考了国内专利组合交易市场上较为活跃的大型企事业单位以及中介机构的调查意见，如中兴通讯、中科院微电子所、北京智谷等企业和机构，针对专利组合评价实际应用过程中的主要方面设置合理的指标，力求进一步提高该专利组合评价指标体系的科学性和合理性。该评价指标体系从技术、经济和法律三个维度出发，包含了专利组合的技术质量、产业化能力和风险规避能力 3 个一级指标，每个一级指标项下包含 5 个二级指标，共 15 个二级指标，见表 13.1。

第一，专利组合质量。该一级指标主要体现专利组合的技术维度的价值，共包含 5 个二级指标。

（1）发明专利比重。

该指标主要考察一个专利组合中发明专利占组合中专利总数的比重，取值为 0~1。按照中国专利的分类标准，专利分为发明专利、实用新型专利和外观设计专利三种。其中发明专利是指对产品、方法或者其改进所提出的新的技术方案的专利。发明专利在中国专利类型中的技术含量最高，特别是对新颖性、创造性的要求较高，因此在中国只有发明专利需要进行实质审查才能授权。利用该指标可以反映出一个专利组合的技术创新程度，该指标值越大，即发明专利所占比重越大，专利组合的创新度越高。而创新度高的专利组合与高的技术价值必然呈正相关关系。

（2）技术领先性。

在知识经济不断发展的今天，技术领先是企业获取竞争优势的主要来源，也成为许多企业经营的主要战略之一。专利组合所代表的技术是否具有领先性也是专利组合技术价值维度中非常重要的指标。他不仅关系到专利组合本身的质量，甚至会直接影响专利组合在市场交易中的价格，因为处于领先地位的技术往往是许多企业想要争相购买的技术。该指标由于很难用定量的数值进行直接衡量，国外因此利用赋值法对其进行打分，见表 13.2。由于专利组合中包含的各项专利有可能在技术领先程度上有所差别，因此这里我们设定专利组合的技术领先性主要依据核心专利的技术领先程度判断，如果组合中存在多项核心专利，则取各项的平均值作为专利组合的技术领先性的判断依据。

表 13.1　专利组合评价指标体系

一级指标	二级指标	定义	说明
专利组合质量	发明专利比重	专利组合中发明专利数量所占的比重	反映专利组合的创新度
	技术领先性	定性指标	反映专利组合技术与该行业最新技术的关联程度，赋值法
	技术可替代性	定性指标	反映专利组合的技术可替代程度，赋值法
	专利组合范围	专利组合中包含的不同 IPC 四维码的数量与专利组合中单项专利总数的比值	反映专利组合的宽度特征
	专利组合关联度	专利组合中同一 IPC 号在专利组合文件中的共现频次，取 IPC 号的前 5 位，求共现频次的最大值与单项专利总数之比	反映技术关联度的指标
产业化能力	专利组合政策匹配性	专利组合中不同 IPC 分类号下的专利处于国家战略产业的数量占比	反映专利组合技术获取政策支持力度的指标
	核心专利产业增长率	过去一段时间内专利组合内核心技术专利所在产业的年均产值增长率	反应核心专利所在产业的市场状况的指标
	技术依存度	定性指标	反映专利组合与其他技术配套相关的合作能力
	申请人能力	专利申请人在本行业的专利授权数量与该行业专利授权数量之比	反映专利组合申请人的行业地位和技术优势的指标
	许可状态	根据专利组合中专利的许可实施情况进行赋值	反映专利组合市场需求状况的指标

一级指标	二级指标	定义	说明
风险规避能力	权利要求数目	专利组合中的平均相对权利要求数目	反映专利组合的法律效力
	受保护范围	按照专利组合受到保护的国家数量和类型情况进行赋值	反映受专利组合受到不同市场法律保护的范围大小
	侵权检测难度	依据核心专利侵权检测难度进行赋值	反映专利组合被法律保护难易程度的指标
	涉诉情况	专利组合中曾经或现在涉及侵权诉讼并胜诉的专利占单项专利总数的比重	反映专利组合的法律稳固性特征
	剩余有效期	按照专利组合中剩余有效期进行赋值	反映专利组合受保护时间的指标

表 13.2　技术领先性赋值

技术领先程度	赋值
国际领先	1
国内领先	0.75
省内领先	0.50
一般	0.25
落后	0

（3）技术可替代性。

替代性技术是能够实现相同或相似的技术功能，在同一市场领域进行竞争的技术。替代性技术的竞争性在某种程度上推动了技术研发的不断进步，但同时也和原有技术争夺同一市场份额，对原有技术的价值会产生很大冲击。专利组合所包含的技术是否在市场上存在替代性技术，以及替代性技术与该专利组合技术之间的差别如何便成为判断专利组合质量的一个指标。专利组合所代表的技术越不容易被其他技术所替代，该专利组合的竞争性越强，则价值越高。该指标为定性指标，采用赋值法进行打分，见表 13.3。和技术领先性指标的处理方法相似，我们仍采用组合中核心专利的技术可替代性对组合的价值进行判断，如存在多个核心专利，仍采用取平均值的办法计算赋值。

表 13.3　技术可替代性赋值

技术可替代程度	赋值
不存在替代技术	1
存在替代技术，但本技术占优势	0.75
存在替代技术，与本技术互有优势	0.50
存在替代技术，比本技术有优势	0.25
存在替代技术，且比本技术有明显优势	0

（4）专利组合范围。

该指标被定义为专利组合中包含的不同 IPC 四维码的数量与专利组合中单项专利总数的比值，是表征专利组合技术宽度特征的指标。IPC 分类被称为国际专利分类，是目前唯一国际通用的专利文献分类和检索工具。国际专利分类系统按照技术主题设立类目，把整个技术领域分为 5 个不同等级：部、大类、小类、大组、小组。IPC 四维码可以将专利的技术领域缩小至小类等级。IPC 是一个功能和应用相结合、以功能为主的分类体系。功能性分类是按照物或者方法所固有的性质或功能的分类方法，应用性分类是把物或方法限定于特定使用领域的分类方法。由于一个专利的技术内容，往往可以用作多个用途，或涉及好几个分类的内容，因而可能存在多个分类号。该指标以专利组合中的单位专利 IPC 数量的平均值表征该专利组合的技术覆盖范围。该指标越大，专利组合涉及的技术领域或可以被应用的领域就越大，专利组合的价值也越高。

（5）专利组合关联度。

该指标被定义为专利组合中同一 IPC 号在专利组合文件中的共现频次，取 IPC 号的前 5 位，求共现频次的最大值与单项专利总数之比。该指标反映了专利组合的技术关联程度。这里讨论的专利组合并非是多件专利的简单集合，而是一组彼此之间有差别但又相互关联，存在一定内在联系的专利集群。在这组专利集群中，依照企业技术、市场等方面的关联性，围绕不同运用功效，对专利的结构和数量分布设计，依靠不同专利之间的协同作用，可以有效打破单件专利的局限性。因此专利组合中各项专利之间的关联程度越强，该组专利组合的技术价值越大。由于 IPC 分类是表明专利涉及的技术领域的分类方法，如果不同专利共享相同的 IPC 小类，则专利用于同类型技术领域的概率越大。因此该指标在一定程度上反映了专利组合内部专利的技术关联程度。

第二，产业化能力。该一级指标主要体现专利组合的经济维度的价值，共包含 5 个二级指标。

（1）专利组合政策匹配性。

该指标被定义为专利组合中不同 IPC 分类号下的专利处于国家战略产业的数量占比。国家战略产业的划定按照《"十二五"国家战略性新兴产业发展规划》中的说明进行判定。如按照该规定，中国的重点发展方向和主要任务是：节能环保产业，新一代信息技术产业，生物产业，高端装备制造产业，新能源产业，新材料产业，新能源汽车产业。每个产业内部又有具体的细分，并明确了各产业所需要的关键技术开发的内容。为了使中国产业发展能够应对激烈的国际竞争，促进经济长期平稳较快发展，各级政府都出台各类政策支持战略性新兴产业的发展。因此如果专利组合中某些专利的技术领域涉及战略性新兴产业，该专利组合所代表的技术获得政府政策支持的可能性越大，即在投融资体系、市场环境以及体制政策等方面都更有可能获取更大的支持，其经济价值也就越大。

（2）核心专利产业增长率。

该指标表示过去三年内专利组合中核心技术专利所在产业的产值年增长率的均值。专利组合经济价值的实现，很大一部分需要依托产业的发展，尤其是由于专利组合技术产品化所带来的货币收入和该产业的发展直接相关。即使是由于专利交易等所带来的货币收入，也不能脱离产业的发展背景。没有经济发展前景的产业，专利组合转化为产品的可能性就大大减小，甚至专利组合的交易市场也会因此冷淡。因此，如果某一产业的增长率越大，该产业发展前景越好，该类专利组合的市场价值往往也就越高。而由于专利组合的规模庞大，有可能涉及许多不同的细分产业，因此本指标仅考察专利组合中核心专利所在的细分产业其产值增长率。

（3）技术依存度。

该指标是一个定性指标，采用赋值法进行打分计算，用以反映专利组合与其他技术配套相关的合作能力。如果一个专利组合在转化为产品的过程中需要依赖于其他技术的使用才能实施，则企业需要投入的成本增加，对实施企业自身的技术实力要求也加大，因此可能会直接影响到该专利组合的产业化能力。因此我们认为能够被独立应用而不需要依赖其他技术的专利组合产业化能力应该越高，经济价值越大。表 13.4 为技术依存度的赋值标准。

表 13.4　技术依存度赋值

技术依存程度	赋值
独立应用	1
依赖个别几项技术	0.75
依赖较少其他技术	0.50
比较依赖其他技术	0.25
依赖很多其他技术	0

（4）申请人能力。

该指标的含义为专利申请人在本行业的专利授权数量与该行业专利授权数量之比，反映了专利组合中专利申请人的行业地位和技术优势。专利申请人是就一项发明创造向专利局申请专利的人，可以为自然人或法人。在专利市场上，一般以法人为申请人的专利更具市场价值。以法人申请人为例，一个实力雄厚的跨国公司所申请的专利和一个小型民营企业所申请的专利，在市场上被认可的程度完全不同。实力雄厚的跨国公司由于其拥有完备的资金实力、科研能力、研发团队等优势，其申请的专利必然有很大的使用价值和市场价值。例如一个由美国苹果公司申请的手机专利和一个由中国某国产山寨品牌申请的同类型手机专利，在市场交易时的价格肯定存在很大差距。因此申请人的能力在很大程度上能够体现一个专利的价值。

（5）许可状态。

该指标将根据专利组合中专利的许可实施情况进行赋值，是反映专利组合市场需求状况的指标。专利许可是指专利权人将其所拥有的专利技术许可他人实施的行为。专利实施许可的作用是实现专利技术成果的转化、应用和推广，有利于科学技术进步和发展生产，从而促进社会经济的发展和进步。一般来说，专利被许可发放的越多，说明技术越成熟，产品转化能力越强，市场需求量越大，经济价值也就越大。当然由于专利许可获取的专利许可费用也成为增加企业收益的一个来源，因此也可以被看成是专利价值实现的一部分。因此专利组合的许可状态也可以被用来表征专利组合的经济价值。具体赋值原则参照表 13.5。如果存在多项专利许可，则取平均值。

第三，风险规避能力。该一级指标主要体现专利组合的法律维度的价值，共包含 5 个二级指标。

表 13.5　许可状态赋值

许可次数	赋值
远高于平均水平	1
高于平均水平	0.75
平均水平	0.50
低于平均水平	0.25
几乎没有	0

（1）权利要求数。

权利要求是专利制度中特有的概念。权利要求自身是一个技术方案，是对发明内容的高度概括，实质上是专利权的客体。它是发明或者实用新型专利要求保护的内容，具有直接的法律效力，是申请专利的核心，也是确定专利保护范围的重要法律文件。许多文献都将利用专利的权利要求数量表征专利的价值，因此我们也用专利组合中各项专利的平均权利要求数量作为衡量专利组合法律价值的一个重要指标。在具体计算时，考虑到不同专利权人以及不同 IPC 分类下，专利的权利要求数量有可能差异较大。因此首先计算出权利要求数量的相对值以使数据具有可比性。方程（13.1）中的 claims 即为我们所求的相对权利要求数量，该值由专利的权利要求数量与专利权人在同一 IPC 类别下专利权利要求的最大数量的比值求得。在此基础上对专利组合中各项专利的 claims 值进行平均即为专利组合的权利要求数量指标值。

$$\text{claims} = \frac{\text{专利权利要求数量}}{\text{专利权人同一 IPC 类别下专利权利要求的最大数量}}$$

(13.1)

（2）受保护范围。

该指标主要考察专利组合受到不同类型的市场保护的范围。该市场保护的范围代表的是专利受到保护的实际的市场容量。在以往研究专利价值的文献中，已有许多文献证实了专利的价值与专利被授权保护的国家数量呈正相关关系（如 Harhoff，Scherer，2003[1]；Lanjouw，Schankerman，2004[2] 等）。除了国家数量之外，由于不同国家的市场大小不同，经济和法律的发展程度不同，所以在不同国家申请时受到的市场保护范围的大小也不同。发达国家不仅市场需

❶　Harhoff D, Scherer F M, Vopel K. Citations, family size, opposition and the value of patent rights [J]. Research Policy, 2003, 32 (8): 1343-1363.

❷　Lanjouw J O, Schankerman M. Patent quality and research productivity: Measuring innovation with multiple indicators [J]. The Economic Journal, 2004, 114 (495): 441-465.

求庞大，而且知识产权法律体系完善，能够更有效保护该国授权的专利。如被美国授权保护的专利其受到保护的程度与被越南授权保护的专利其受保护程度肯定不能同日而语。因此，在考虑专利组合的受保护的市场范围时，除考虑国家数量之外，国家的类型也是关键。目前来说，世界上最为活跃的专利市场主要集中在美国、日本和欧洲等国家和地区。这三个地区的知识产权部门力量庞大，如果某个专利在美日欧市场上出现了侵权，付出的法律代价也往往是非常巨大的。因此如果一项专利获得了美日欧专利部门的授权保护，该专利的风险规避能力必然很强。除此之外，PCT 专利也是一种能够有效规避风险，尤其是海外市场风险的专利申请形式。PCT 是《专利合作条约》（*Patent Cooperation Treaty*）的英文缩写，是有关专利的国际条约。根据 PCT 的规定，专利申请人可以通过 PCT 途径递交国际专利申请，向多个国家申请专利。因此 PCT 专利的风险规避能力也较强。因此在设定受保护范围的指标时，我们将同时考虑专利组合中的专利是否进行了美日欧或者 PCT 的专利申请，以及其他国家的申请。我们参照 Grimaldi M 等（2015）的文章，将受保护范围这一指标划分为两部分。

$$coverage = C_A + C_B \qquad (13.2)$$

方程（13.2）中的因变量 coverage 即为我们要求的受保护范围的指标值。C_A 部分为专利组合受到保护的国家数量和类型，如果受到许多发达国家的保护，则赋值较高，C_B 部分为专利组合中的专利是否受到 PCT 及美欧日专利法的保护，C_B 部分的值为 0 或 0.5，如果专利受到 PCT 或者美欧日专利法的保护，则取值 0.5，否则为 0。C_A 部分的赋值见表 13.6。专利组合的 coverage 取值为各项专利的平均值。

表 13.6　部分的赋值

被授权保护的国家数量和类型	赋值
1~2 个非欧非美的国家	0.1
美国	0.2
1~2 个欧洲国家	0.2
3~4 个非欧非美的国家	0.2
美国以及其他国家	0.3
1~2 个欧洲国家以及非美国的国家	0.3
>2 个欧洲国家或欧洲专利局	0.4
>4 个非欧非美的国家	0.4
>2 个欧洲国家或欧洲专利局以及美国	0.5

（3）涉诉情况。

该指标用专利组合中曾经或现在涉及侵权诉讼并胜诉的专利占单项专利总数的比重来表示。专利由于其法律权利的属性，因此有可能产生权利被侵犯的行为，也就会产生关于专利的诉讼案件。专利诉讼是指当事人和其他诉讼参与人在人民法院进行的涉及与专利权及相关权益有关的各种诉讼的总称，包括权属诉讼、侵权诉讼、合同诉讼以及行政诉讼等。目前各大公司之间的专利诉讼案已经屡见不鲜。一般来说，被提起诉讼的专利都是具有较高价值的专利，如果一项专利本身并没有什么价值，被提起诉讼的可能性就很小，因为即便胜诉也没有可得利益。从这一点来看，专利的涉诉与专利的价值是呈正比的。如果一项专利在诉讼纠纷中获胜或从无效宣告中维持下来，说明该专利的法律地位稳固，能够规避风险的能力较强，价值较大。

（4）侵权检测难度。

随着企业对知识产权的保护意识加强以及专利法律的不断完善，专利侵权案件时有发生。对企业来说，由于专利侵权而引发的诉讼有可能使企业面临巨大的经济风险。专利侵权检测是规避这一风险的有效手段之一。专利侵权检测既可以在专利申请之前规避可能会发生的侵权风险，同时还可以在专利被授权之后判断专利是否受到侵权行为。专利侵权检测主要是对专利相似度的测量。但不同的专利在进行侵权检测时难度有很大差别。有些类别的专利，如某些方法类的专利，即使别的企业使用了该专利，也很难被检测出来。对于此类专利来说，其专利被侵权的风险就大大增加，专利的价值由于其风险规避能力较弱也会受到影响。因此我们通过专利组合中核心专利的侵权检测难度作为衡量专利组合风险规避能力的指标之一。当然对核心专利的侵权检测难度的判断，需要借助该专利技术人员的专业知识和经验。通过对不同侵权检测难度的核心专利赋值，评价专利组合的价值，具体赋值法则见表13.7。

表 13.7　侵权检测难度赋值

侵权检测难度	赋值
容易检测	1
检测难度一般	0.66
很难检测	0.33
几乎无法检测	0

（5）剩余有效期。

该指标为定性指标，将按照专利组合中各个专利的剩余有效期进行赋值打分，然后取均值，打分细则见表 13.8。专利剩余有效期是指专利受法律保护的剩余期限。中国专利法对专利的保护是具有时效性的，而且不同类型专利的有效期不同。发明专利权的期限为二十年；实用新型专利权和外观设计专利权的期限为十年。一旦期限届满，专利失效，专利价值也随着消失。专利的剩余有效期是指在评估专利价值时到专利权期限届满时剩余的时间有多长。例如一个有效期为 20 年的发明专利，在其申请后的第 5 年被评估时，其剩余有效期为 15 年。剩余有效期越长，说明专利的潜在垄断时间越长，尤其对于需要花费较长时间进行产品转化的专利来说，专利剩余有效期的长短无疑将和其经济价值直接挂钩。即便是对那些用来许可或其他用途的专利，其最终目的仍然要归于产品转化，因此剩余有效期也同样对这类评估目的专利价值有影响。相反，如果专利组合中的专利离到期日很近，则需要重新申请或组合，这类专利组合在市场上的需求必然减少，价值将会大打折扣。

表 13.8　剩余有效期赋值

专利类型	剩余有效期	赋值
发明专利	15 ~ 20 年	1
	10 ~ 15 年	0.75
	5 ~ 10 年	0.50
	3 ~ 5 年	0.25
	3 年以下	0
实用新型/外观设计	8 ~ 10 年	1
	5 ~ 8 年	0.75
	3 ~ 5 年	0.50
	1 ~ 3 年	0.25
	1 年以下	0

13.1.4　专利组合评价方法

专利组合作为企业无形资产的重要组成部分，对专利组合进行价值评估意义重大。以往评估无形资产的方法主要有成本法、市场法和收益法等。成本法计算简单，但并不能反映专利可能带来的垄断利益。市场法需要有相对成熟的市场，而且许多专利组合的个性特征十分显著，并不具有可比性。收益法相对来说应用更加广泛，该方法以专利资产的存续年限和预期收益率为基础获取专利价值，方法较为合理，但如果对预期收益的预测出现偏差，结果也会变得不可取。除传统方法外，实物期权法也是专利价值评估中较为新兴的方法，该方法考虑管理决策者在投资生产以及产品研发等问题决策中的选择权，将专利看做企业的投资机会来评估。但该方法同样需要预测未来的预期利润，存在很大不确定性。因此，以往的无形资产评估的方法对评估专利组合价值来说都存在一定缺陷。

专利组合价值评估中的难点在于专利本身存在一定的模糊性。模糊性是指由于事物类属划分的不分明而引起的判断上的不确定性。专利组合作为一种无形资产，其内容主要依靠专利文献中的表述向人们展示。而文字表述的内容和保护范围极有可能会存在一定的模糊性，并不能完整表达整个专利的内涵，这也是专利遭到各种类型诉讼的主要原因之一。除此之外，专利实施所处的环境，如国家对专利法律和制度的完善程度，国家在专利方面的政策倾向，专利交易市场的成熟程度，专利的技术成熟度，不同国家之间专利保护的差异程度等，都存在很大程度上的模糊性。

考虑到传统方法的弊端以及专利组合的模糊性，本文将采用模糊综合评价的方法对专利组合价值进行整体评估。该方法以一种基于模糊数学的综合评标方法。该综合评价法的思路是根据评价的目标对象，分析目标对象相关影响因素并对其进行分解，构造不同层次的评价指标体系。然后通过一些方法对各项指标赋值确定权重，最终结合实际数据进行综合评价值的计算，获得评价和排序。本文在确定权重时将使用层次分析法进行赋值。模糊综合评价能够将定量因素和定性因素进行统一的表达和处理。该方法以数理统计方式处理日常中自然表达的模糊评价信息，应用模糊数学理论处理繁杂的专利组合价值影响因素，进行多级模糊综合运算，有效体现专利组合价值中的模糊性，结果具有很高的可信度。该模糊综合评价法的一般步骤包括以下几步：

第一步，模糊综合评价指标体系的构建。模糊综合评价指标体系是进行综合评价的基础，评价指标的选取是否适宜，将直接影响综合评价的准确性。该步骤已经在13.1.3中完成。根据前面的分析，可以用三个层次来评价专利组合的价值。第一层次为目标层 u。第二层为准则层：$u = (u_1, u_2, u_3)$。第三层为方案层，$u_1 = (u_{11}, u_{12}, u_{13}, u_{14}, u_{15})$；$u_2 = (u_{21}, u_{22}, u_{23}, u_{24}, u_{25})$；$u_3 = (u_{31}, u_{32}, u_{33}, u_{34}, u_{35})$。评价指标递阶层次图见表13.9。

表 13.9　评价指标递阶层次图

目标层	准则层	方案层
专利组合价值 u	专利组合质量 u_1	发明专利比重 u_{11}
		技术领先性 u_{12}
		技术可替代性 u_{13}
		专利组合范围 u_{14}
		专利组合关联度 u_{15}
	产业化能力 u_2	专利组合政策匹配性 u_{21}
		核心专利产业增长率 u_{22}
		技术依存度 u_{23}
		申请人能力 u_{24}
		许可状态 u_{25}
	风险规避能力 u_3	权利要求数目 u_{31}
		受保护范围 u_{32}
		侵权检测难度 u_{33}
		涉诉情况 u_{34}
		剩余有效期 u_{35}

　　第二步，构造判断矩阵。影响专利组合价值的各因素所起的作用是不同的，各个准则层下的不同方案对于该准则的重要程度也有所区别。因此需要对表 13.9 中的各个指标进行权重赋值。由于专利组合价值评估的模糊性特点，在评估中涉及部分定性因素，且客观数据支持并不理想，因此笔者采用 Satty 教授提出的层次分析法（AHP）构建判断矩阵，确定指标权重系数。我们利用 Satty 教授的 1～9 及其倒数的标度表对指标体系中各关联因素进行两两比较评判，给出相对重要性的定量结果，构成判断矩阵，进而计算权重。

表 13.10　判断矩阵标度及其含义

序号	重要性等级	c_{ij} 赋值
1	i, j 两元素同等重要	1
2	i 元素比 j 元素稍重要	3
3	i 元素比 j 元素明显重要	5
4	i 元素比 j 元素强烈重要	7
5	i 元素比 j 元素极端重要	9
6	i 元素比 j 元素稍不重要	1/3
7	i 元素比 j 元素明显不重要	1/5
$A = (c_{ij})_{n \times n}$		
9	i 元素比 j 元素极端不重要	1/9

上表中 c_{ij} 表示第 i 个元素相对于第 j 个元素比较结果，并由此构成判断矩阵 A。

$$A = (c_{ij})_{n \times n} \tag{13.3}$$

第三步，一致性检验。所谓一致性检验就是检验专家在判断指标重要性时，各判断之间是否是协调一致，有没有出现相互矛盾的结果。比如如果甲比乙极端重要，乙比丙极端重要，丙又比甲极端重要的情况显然是违反常识的。

根据矩阵理论，我们可以得到这样的结论，即如果 λ_1，λ_2，$\cdots$，λ_n 是满足式

$$Ax = \lambda x \tag{13.4}$$

λ 也就是矩阵 A 的特征根，判断矩阵的特征向量即权重向量，并且对于所有的 $c_{ij} = 1$，有

$$\sum_{i=1}^{n} \lambda_i = n \tag{13.5}$$

显然当矩阵具有完全一致性时，$\lambda_1 = \lambda_{max} = n$，其余特征根均为零；而当矩阵 A 不具有完全一致性时，则有 $\lambda_1 = \lambda_{max} > n$，其余特征根 $\lambda_1, \lambda_2, \cdots, \lambda_n$ 有如下关系：$\sum_{i=2}^{n} \lambda_i = n - \lambda_{max}$。

构造判断矩阵偏离一致性的指标：

$$CI = \frac{\lambda_{max} - n}{n - 1} \tag{13.6}$$

检查决策者判断思维的一致性。CI 值越大，表明判断矩阵偏离完全一致性的程度越大；CI 值越小（接近于 0），表明判断矩阵一致性越好。

第四步，评语集及模糊评价。评语集是一个模糊子集，代表评价者对目标对象评价结果组成的评语等级集合。一般评语等级以 5~9 个为宜。选取专家对评价指标体系中的第三层各个元素进行单因素评价，具体做法可以采用问卷调查。根据项目前后相关指标数值的变化对其做出强、比较强、一般、不太强、很不强的评价。用模糊权向量将不同的单因素进行综合，就可得到对该项目从总体上来看对各等级模糊子集的隶属程度，即模糊综合评价结果向量。

13.2 目标企业对专利组合的需求分析

专利组合转让的目的是实现行业内的创新扩散，促进技术成果的产业化和市场化，从而提高整个行业的技术水平，带动产业的优化升级。而目标企业接

受专利组合转让的目的是提高自己的技术水平和产业内的竞争力，以便充分发挥自己的后发优势。

13.2.1　目标企业对专利组合的需求分析

目标企业对专利组合形成有效的需求必须具备两个条件：一是要有需要，即所购买的专利组合对企业的发展要有所帮助，企业要实现一定的目的；二是目标企业要有对专利组合购买的支付能力。

1. 目标企业购买专利组合的目的

对于绝大多数企业来说，购买专利组合的目的有两个：一是防御；二是进攻。

所谓防御目的是指企业希望通过专利布局，提高自己已有专利的有效性和生产经营的安全性，降低自己被提起专利诉讼的风险。2010 年到 2014 年中国最高人民法院共新收各类知识产权案件分别为 313 件、420 件、359 件、594 件、481 件，其中专利等技术类案件在整体案件数量中占有较大比重，专利行政案件涉及实际要解决的技术问题的确定等基本法律规则解释的案件比例较高，专利民事案件涉及侵权判定规则的案件较多，专利与标准结合、默示许可的认定等新类型法律问题开始出现。2014 年苏泊尔因豆浆机专利侵权赔付九阳近千万，百强家具状告一统、宜毅、东升三家企业专利侵权索赔 1.3 亿余元，珠海西通电子有限公司起诉珠海天威飞马打印耗材有限公司 3D 打印机专利侵权，法院裁定天威向西通赔偿 16 万元人民币，因涉嫌侵犯爱立信所拥有的 ARM、EDGE、3G 等相关技术等 8 项专利，小米在印度被爱立信诉至印度新德里高等法院，北京市第二中级人民法院因高铁领域专利侵权判赔 800 万元等。随着法律制度的不断完善和市场经营主体法律意识的不断完善，越来越多的企业开始注重自己知识产权的运营和保护。企业一旦被诉不仅面临巨额的诉讼赔偿，牵扯企业大量的财力和精力，而且会使自己的经营战略受到直接影响，对于一些快速成长的企业来说，企业研发能力和技术水平往往滞后于企业的发展，因此需要通过外部购买来完善自己的专利布局，提高自己生产经营的安全性。

二是通过购买专利提高自己产品的竞争力或者为了进军新的市场，即进攻目的。产品竞争力的背后往往需要核心技术的支撑，拥有了核心技术将使企业在市场交易中拥有更多的话语权，否则可能永远处于被动跟随的位置，很难发展壮大。另外产业优化升级也需要产业内领头羊位置的企业勇于创新提高自己的技术水平。所以为了企业长远发展，一些有竞争实力的企业会选择通过专利购买为自己将来的战略实施提前进行相应的专利布局，通过购买专利组合，提前进行消化和完善，为自己竞争力的提高打下基础。

2. 目标企业购买专利组合的支付能力

有需要是目标企业购买专利组合的一个要件，而真正要实现交易购买，目标企业必须要有相应的支付能力。以通讯业为例，一个专利组合包动辄可能需要上千万元，对于财务实力较弱的企业来说可能很难承担。对于企业来说，尽管每年有技术引进方面的财务预算，但由于技术越先进、越核心的专利组合包价格越昂贵，好多时候面对高昂的价格，企业尽管有需要但也不得不放弃购买专利组合包。

13.2.2 选择目标企业应坚持的基本原则

1. 战略匹配性原则

企业的战略是指导企业长期发展的纲领性规划，它规定了企业未来发展的方向和目标。目标企业购买专利组合的目的可能是想通过技术成果的引进来提高自己的技术水平，提高企业的竞争力和可持续发展能力，实现企业发展战略规划目标，有些可能是为企业进入新的竞争领域创造条件，有些可能是为扩大现有的市场份额，有些可能是为了整合自己现有的专利组合，以此建立强大的专利联盟，提高自己的垄断地位和防御水平。引进的专利组合只有符合企业的发展战略才能发挥其应有的作用，才能具有持久的竞争力。因为只有符合企业的发展战略，企业才能舍得在专利组合的引进、市场化、产业化方面进行资源投入，从而有利于实现专利组合转让的目标。反过来，也只有符合企业发展战略规划目标的专利组合才是值得企业引进的，这样的专利组合引进才最具有效率。

2. 产业关联性原则

产业关联性原则要求在选择目标企业时，目标企业的经营业务要适宜于专利组合的市场化和产业化。产业关联可以分为横向关联和纵向关联，横向关联是指虽然企业目前所处的产业与专利组合产业有所不同，但其核心技术要素和工艺流程与其类似，或者具有相同的基础技术需求，比如复印机产业和传真机产业的技术大部分是重叠的，通过专利组合的引进，从而能使目标企业顺利实现企业内的产业结构调整。纵向关联是指转让的专利组合有利于提升企业现有产业链的技术水平，或者有利于深化企业目前的产业链条，实现产业链前向或者后向延伸，提升企业在现有产业中的地位。

3. 能力适应性原则

目标企业购买专利组合的目的是通过技术的引进提升企业的竞争力，实现技术成果的产品化和市场化。技术成果的市场化离不开产品的开发、制造、销售，因此要想充分发挥专利组合的优势，目标企业必须具备相应的技术吸收和消化能力，具备相应的产品生产制造能力，具备相应的市场营销能力，只有这样，企业才能通过技术成果的引进实现专利技术的产品化和市场化，把专利技术真正转化成满足市场需求的产品。也就是说，技术成果市场化的过程需要企业多能力的配合，任何能力的缺失都将影响企业购买专利组合效益的发挥。

4. 竞争力提升原则

在选择目标企业时，不仅要考虑通过专利组合的转让实现目标企业竞争力水平的提高，同时更要通过目标企业的不断壮大，实现产业内的技术扩散和产业竞争力水平的提高。因此目标企业要具备较强的成长潜力，能够通过专利组合引进实现企业的快速扩张，从而提高现有产业内企业的势力和竞争水平。也就是说目标企业要具有产业带动作用，能够通过目标企业的成长带动整个产业的发展和进步。

13.2.3　目标企业的特点分析

从目标企业购买专利组合的目的来看是实现战略进攻和防御的功能，具体来说目标企业应该具有以下特点。

1. 灵活性

灵活性要求企业能及时感知内外部环境条件的变化，并根据变化及时对企业的生产经营进行调整。只有具有灵活性的企业才能对自身条件和外部环境做出准确的判断，才能有针对性的引进相应专利技术组合来弥补自身发展的不足。相对于其他企业，具有灵活性的企业在引进专利组合方面更积极、更主动，更有效率。

灵活的企业要具备较强的战略管理能力，不仅对内外部环境的变化有较准确的判断能力，也要对企业发展的机遇有较强的把握能力。另外灵活企业要有柔性的组织结构，企业组织结构层级相对较少，要尽量实行分权式管理，这样面对外部环境的变化，企业才能做出及时反映。同时，在企业制定计划时要留有一定的余地，具备充分的弹性，这样当环境发生变化时企业才能迅速做出调整，以便适应环境的变化。

2. 创新性

专利组合的引进本身就属于企业创新投入的一部分，相对于自主创新来说，引进创新的目标导向性强，风险性相对较低。但是对于企业来说，专利组合的引进并不是创新的结束而是开始，需要企业利用自己的技术能力去消化和吸收引进的专利技术，不仅要实现专利技术的产品化，而且要通过专利组合的引进提高企业的技术水平和创新能力。只有具有创新性的企业才能对将要购买的专利组合进行正确的评估和评价，才能实现专利组合的产品化和产业化，才能真正实现购买专利组合的目的。

创新性的企业首先需要创新性的文化。创新性的文化需要鼓励创新、包容不切实际，鼓励员工勇于探索和实践。创新性的企业更需要加大企业的创新投入，包括人、财、物、信息方面的投入。即需要企业投入适合的研发人员，相应的研发资金和相应的信息技术共享平台等。

3. 成长性

成长性说到底是指企业的可持续发展能力，高成长性的企业表现为企业自身与所属行业具有发展性，产品要有广阔的发展前景，所属产业的竞争力和规模不断增强。只有具有成长性的企业才有积极性去购买专利组合，企业购买专利组合的目的之一是实现企业的不断成长。

成长性的企业具有以下的特点。一是要立足于朝阳产业或者国家鼓励发展的新兴产业，这样未来产业发展具有广阔的前景，也会给企业的发展创造更大的空间，将更有利于专利组合的产业化和市场化。二是企业要有强大的市场开发能力。只有把生产的产品卖出去企业才能获得相应的收益，市场化也是专利组合转让的终极目标。三是企业要有强大的技术研发能力和技术水平，这样才能通过不断创新开拓市场，适应瞬息万变的市场环境。四是企业要有明确的主营业务和发展目标。只有这样企业才能把自己有限的资源用于本企业最擅长的业务，才能获得不断发展和成长。

4. 竞争性

竞争性是指在现有的产业体系内目标企业要具备一定的实力水平和竞争能力，一般来说应该是处于本行业内部第一梯队的企业。企业购买专利组合需要较强的战略管理能力和一定的资金投入，而专利组合的产品化和市场化都需要企业有相应的生产能力和市场开拓能力，所有这些都需要目标企业具有一定的资金、技术、组织管理、市场销售方面的要素基础储备，这样才能把专利组合的引进战略真正变成可以具体实施的策略方案，从而实现专利组合引进的目标。

5. 后发优势性

所谓后发优势一是指企业通过引进专利组合获得产品或者工艺研发方面的免费搭乘效应，从而减少投入，降低风险，节约时间。其次，目标企业作为一个有竞争力的后动者，可以打破在位者惯性，通过引进技术抓住机遇，从而对企业的组织结构、技术、产品进行创新，不断增强竞争优势。从某种意义上来说，目标企业之所以引进专利组合是因为企业本身在这方面存在缺陷，满足不了企业现在或者未来竞争发展的需要，可能是自己产品布局与专利布局不匹配，也可能是市场布局与企业的专利布局不匹配，还可能是企业未来发展战略和现有的专利布局不匹配，需要企业通过外部引进来提高自己的竞争能力和防御水平。

13.2.4　目标企业遴选的基本依据

1. 产业地位专利匹配度

一般来说企业的专利拥有量要与其所处的产业地位相匹配，要想实现企业的持续竞争力，要遵守技术先行的优势，因此专利技术的拥有实力要大于企业的产业专业实力。产业地位专利匹配度就是对企业专利实力和企业产业实力进行衡量的指标，其计算公式如下：

$$产业地位专利匹配度 = \frac{企业专利拥有量/行业专利拥有量}{企业产值/行业产值}$$

$$(13.7)$$

说明：企业专利拥有量是指企业主营业务所在行业的专利拥有量，如果该指标大于 1 说明，企业产业地位专利匹配度较高，反之较低可能需要通过引进专利组合来弥补自己的不足。

2. 企业成长专利匹配度

企业的发展需要技术先行，也就是说专利的增长率应该要快于企业产值的增长率，企业成长专利匹配度指标就是从企业成长的角度来动态衡量目前企业所拥有的专利与企业的匹配程度，其计算公式如下：

$$企业成长专利匹配度 = \frac{企业近三年专利增长的平均水平}{企业近三年产值增长的平均水平}$$

$$(13.8)$$

说明：企业近三年专利增长的平均水平是企业近三年专利数量增长率加权平均，企业近三年产值增长的平均水平是用企业近三年产值的增长率的加权平均，如果该指标大于1说明企业专利的增长速度快于企业产值的增长速度，反之说明企业专利增长速度慢于企业增长速度，需要企业通过加大相关的投入，带动专利的增长，使之与企业的增长相适应。

3. 市场分布专利匹配度

越有实力的企业越来越倾向于通过构建专利组合一方面来提高自己专利的总体价值，同时通过专利组合来提高自己的市场竞争地位和防御能力。随着愈来愈多有实力的企业向海外的扩张，其专利布局只有与市场布局相匹配才能提高自己产品的国际竞争力，降低被诉讼的风险。

$$市场分布专利匹配度 = \frac{企业国外专利数量/企业专利总数}{企业出口销售收入/企业总销售收入}$$

(13.9)

说明：企业海外专利数量与企业专利总数的比值反映了企业国外专利的拥有比率，企业出口销售收入和企业总销售收入的比率反映了企业国外市场的产值比重。如果市场分布专利匹配度小于1，说明专利的海外布局过少，与企业产品市场的匹配度过低，需要调整企业的专利布局战略。

4. 产品分布专利匹配度

企业的产品分布要与其专利分布相匹配，如果主营业务中专利分配过低，将可能会导致主营业务的发展后继无力。产品分布和专利分配匹配度越高，从某种程度上也说明了企业的专利布局与企业的战略策略匹配程度较高。其计算公式如下：

$$产品分布专利匹配度 = \frac{主营业务专利数量/企业专利总数}{主营业务销售收入/企业总销售收入}$$

(13.10)

说明：该指标如果低于1，说明企业的业务分布与专利分布不匹配，主营业务所拥有的专利数量过低，可能需要外部引进来弥补。

5. 专利与企业发展的整体适应性

企业的专利布局和规划不仅要符合企业的战略发展规划，为企业带来经济效益，同时也要通过专利布局建立企业的防御体系，确保核心专利的安全。此项指标具体要考虑以下几个方面的内容：

（1）企业是否有明确的专利布局规划？有赋值为1，没有赋值为0。

（2）企业是否有明确的专利组合规划？有赋值为1，没有赋值为0。

（3）企业是否有过专利涉诉案件？有赋值为0，没有赋值为1。

（4）目前企业的专利与企业发展战略的适应程度？按照适应程度进行5、4、3、2、1、0赋值，适应程度越高赋值越高。

从得分结果看，分值越高适应能力越强，越低说明目前企业拥有的专利与企业的整体发展不适应，可能需要外部引进来弥补企业发展的不足。

13.3 目标企业承受能力系统的构建

企业是运用一定的要素投入包括资本、劳动、技术，通过相应的组织管理获得社会需要的产品或服务的过程。即可以把企业的生产运营过程看成一个投入、生产、产出的过程，企业的产出能力不仅取决于企业的投入能力和水平，而且也取决于企业生产过程中的生产制造能力和组织管理能力，企业的产出能力是企业投入能力、生产运营能力的综合表现。因为企业在生产符合社会需求的产品和服务的同时也获得了相应的利润和发展。企业现有的产业竞争力是企业通过投入人、财、物、技术等生产要素，通过一定的生产经营管理获得的静态产出。而动态产出则表现为企业的活力和持续的成长能力。企业的生产经营过程如图13.1所示。

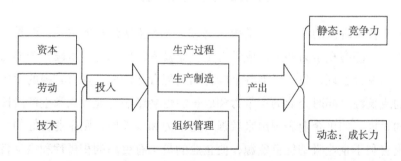

图 13.1 企业生产过程图

在企业生产经营过程中的不同阶段有不同的能力与之匹配，在生产阶段针对人、财、技术的投入，企业要具备在人力资源管理、财务运营和技术创新方面的能力，这样才能保证企业必要的要素投入和持续运营，因此投入阶段，企业的能力首先表现为人力资源管理能力、财务管理能力和技术创新能力。企业在生产过程中既要有生产制造的硬实力，也要有必不可少贯穿生产经营整个过程中的组织管理的软实力，即生产制造能力和组织管理能力。在产出阶段企业的业绩水平主要是通过静态的竞争力和动态的成长力来反应企业的综合表现，即产出阶段主要表现为企业静态竞争力和动态成长力。企业的能力系统如图 13.2 所示。

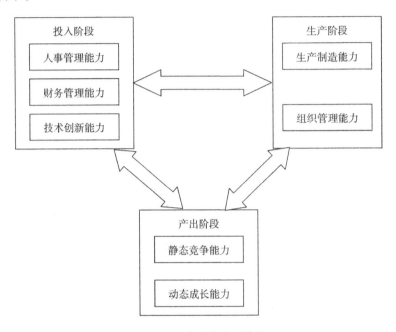

图 13.2　企业能力系统图

企业各个阶段的能力并不是相互割裂，或者依次递进的关系，而是相互交织和影响。静态竞争力和动态成长力是企业投入阶段和生产阶段各个能力相互作用后的综合表现，只有以上各个能力相互配合才能使企业有较强的竞争力和较快的成长性。同时企业的竞争力和成长性也会影响企业投入和生产阶段各个能力的表现，如果企业表现出来较强的竞争力和成长性，则企业良好的发展势头将更有利于企业吸纳优良资源，使企业的员工有更高的积极性和主动性，从而提高企业效率和产出水平，促进企业更快的成长。

13.3.1　目标企业承受能力划分

目标企业购买专利组合的承受能力需要企业生产过程中的各个阶段的能力相互配合和支撑。目标企业购买专利组合无非是通过一定的资金支出购买相应的专利技术，然后通过相应的运营管理提高自己的防御能力和市场占有率。在企业购买专利组合时，首先要考虑自己的战略目的，然后要考虑自己的财务预算，而专利组合的引进不单单是专利所有权的转移，实质上是技术的引进，需要企业有相应的创新能力对引进的专利技术进行消化和吸收，这样才能真正提高企业的创新能力。根据对目标企业特点的分析，只有具备一定竞争实力和成长性的企业才会有动力和实力去购买专利组合，而企业购买专利组合的目的也是为了更好的促进企业的成长，提高企业的竞争力。结合企业的生产经营过程和目标企业的特点，目标企业承受能力可以从以下 7 个维度进行分析：

1. 人事管理能力

企业最宝贵和最重要的资产就是所拥有的人才，只有具备较高的人事管理能力才能使员工保持持久的积极性和主动性，从而增强企业的生命力和活力。美国哈佛大学教授威廉·詹姆斯研究发现，没有得到激励的员工通常只能发挥其能力的 20%～30%，而当他们受到充分激励时，他们的能力可发挥至 80%～90%，发挥出原来三四倍的能量。所以说企业如果具备较高的人事能力需要充分了解员工的需求，多种激励方式相结合，从而创造一种公平、公正、竞争、向上的工作环境，从而激发员工工作的积极性和主动性。较高的人事管理能力不仅要选对人、激励人，更要通过企业的发展来发展人，使每个员工在企业的发展中获得自我发展。

对于目标企业来说，如果具有较高的人事管理能力，意味着企业拥有理解能力、执行能力、沟通能力、协作能力、思考能力、创新能力、自控能力、学习能力较强的员工，因此员工对未来企业的发展战略有更清晰的理解，对于企业未来的发展目标将更有信心，同时在项目的实施过程中其执行效率和工作质量更高，项目成功的可能性更大。由于员工有较强的学习能力、创新能力，因此专利组合项目的引进不仅能实现专利组合的产品化和市场化，而且也有利于目标企业自主创新能力的提高。任何项目的引进和实施都有一定的不确定性和风险性，在引进专利组合的项目中，如果企业员工的素质较高、能力较强，将有利于化解项目的风险，增强企业的承受能力。

2. 财务管理能力

财务管理能力反映了企业在资金筹措、日常运营、投资、利润分配等方面所积累的相关学识和经验，反映了企业控制管理"资金流"方面的能力和水平。在企业财务管理过程中，需要一系列的学识与技巧，如何利用企业的财务杠杆、如何对项目的收益率进行正确分析和评价、如何利用金融工具保证企业资产的流动和增值、如何保持最佳的库存规模等，都反映了企业财务管理能力的大小。财务管理的目标就是通过一系列财务预测、决策、预算、控制和分析，以较低的成本筹措到企业发展所需要的资金，保证资金在企业内外的顺畅循环流动，并使资金保持不断的保值和升值。通过财务预测目标企业可以对专利组合转让项目资金运营状况有个合理估计，从而提前做出安排，提高企业资金的运行效率，降低资金的运营成本。

通过财务预测也可以及时发现企业在专利组合引进项目中可能出现的财务问题，从而实现事前控制，尽可能降低不利因素对企业生产经营的影响。较高的财务决策能力才能使企业在引进专利组合的过程中制定和选择正确的行动方案，从而有利于降低专利组合引进的成本。通过财务控制可以从资金流方面对专利组合项目的实施进行时时控制，以便对项目实施过程中出现的问题进行及时纠正，保证专利组合转让项目的成功。通过财务分析企业能够凭借现有的财务报告资料和其他相关资料对项目的实施现状进行分析，对于项目的偿债能力、盈利能力、资产的状况、未来的发展趋势做出更加科学合理的评价。从而为项目的实施和后续的配套工程提供决策依据。其构成要素包括：

（1）金融关系能力。

金融关系是企业在筹集和运营资金的过程中和有关的金融机构或非金融机构建立的关系。如果目标企业的金融关系较强，企业能很快从外部筹集到资金，或者在企业面临财务危机时，企业能及时从外部寻求到帮助，这样能增强目标企业的适应性。另外，较强的金融关系可能使企业在外部融资时获得相关的优惠待遇，从而降低企业的融资成本。

（2）财务控制能力。

财务控制是指对企业的资金投入及收益过程和结果进行衡量与校正，目的是确保企业目标以及为达到此目标所制定的财务计划得以实现。财务控制有助于实现专利组合项目的目标，它既是工作中的实时监控手段，也是评价标准。通过财务监控可以保护专利组合项目实施中资产的安全和完整，防止资产流失，保证项目实施的相关经营信息和财务会计资料的真实性和完整性。

（3）信息处理能力。

大数据时代，如何从数据中找到企业所需要的财务信息，从而做出正确的决策，是企业财务管理能力的重要一环。较强的信息处理能力意味着企业能从日常的财务信息或者非财务信息中发现企业财务运营过程中出现的异常问题，从而提高企业的财务预测或者预警的能力。信息处理能力也是提高企业财务分析能力的前提。

3. 技术创新能力

企业的技术创新能力为企业适应内外环境的变换提供了技术支持，创新本身就是变革的过程，通过技术创新不仅可以带来企业内部构成要素的变化，促进企业的自我调整和自我发展，而且通过创新可以使企业始终保持一种动态的环境适应性，能根据环境的变化及时做出应对策略。

按照反馈控制系统的结构，可以把企业的技术创新过程看成由输入、创新过程、输出、反馈等要素组成的系统。

（1）创新投入能力。

创新投入能力是指企业投入的创新资源的数量和质量。一般分为 R&D 投入和非 R&D 投入，R&D 投入集中体现在经费、人员和设备的投入上，包括技术人员的数量、文化技术素养、设备的投资额、设备的先进程度等。因为企业技术创新能力的积累性和学习性，需要企业在发展过程中不断加大对研发人员的培训力度，提高他们的技术水平，完善他们的知识结构。非 R&D 投入是指企业技术引进和技术改造的费用，因为企业可以充分利用外部的研发力量来增强自己的创新能力。

（2）研发制造能力。

研发制造能力反映了企业利用现有的信息、知识、人力及各种物质投入，通过选题、制定方案、反复试验，从而解决企业生产经营过程中碰到的技术难题的能力。研发制造过程不仅需要研发人员制定周密的试验设计方案，而且还需要相关人员有较高的风险意识和敏锐的判断力，以抓住研发过程中的关键影响因素，提高研发工作的效率。对于企业来说，大多从事的是应用研究和技术开发。研发制造能力一方面反映了企业对现有科学技术知识进行新的组合和综合，并结合当地市场环境和本企业的特点，对基础研究成果进行进一步的开发，增强其市场适用性的应用研究能力。另一方面反映了企业通过新材料、新工艺、新产品等的研制来提高企业收益水平和市场份额、增加顾客价值和忠实度的技术开发能力。对于目标企业来说，任何一项专利组合的产品化和市场化都有它的使用条件和设备人员要求，因此企业的研发制造能力则表现为企业对引进技术的消化、吸收、甚至创新的能力。只有对引进的新技术进行很好的消化、吸收，才能在技术引进中提高企业的自主创新能力，减少企业对外部的技术依赖。

（3）创新产出能力。

企业创新产出能力是反映企业通过一系列的投入、研发过程产生成果的能力，创新产出是企业创新系统运行的目标，其能力的强弱反映了企业技术创新系统运行的效果。企业技术创新产出可以分为直接产出和间接产出。直接产出包括一种新产品、新材料、新工艺、新技术、新知识产权，甚至是企业产品的一种新包装等，是企业技术创新的直接成果。间接产出是直接产出通过产品的市场化给企业带来的效益，包括销售额的增加、利润率的提高、收益的增加等。只有注重对企业创新产出能力的衡量，才能提高企业的创新效率，增加中国技术成果的市场转换水平，防止科研资源的浪费。

（4）反馈控制能力。

反馈控制能力反映的是企业在技术创新过程中信息的搜集、甄别、加工处理和传递能力。信息搜集能力需要企业能及时地获得尽可能全面的、有益提高企业技术创新水平的相关信息，尤其是创新产出及实施方面的信息，以便能跟预期的目标相比较，找出差异和应对措施。

4. 生产制造能力

生产制造能力反映了企业在生产过程所具有的知识、技能、经验等。如果目标企业具备了较高的生产制造能力，在专利组合产品化方面会更具有优势和效率，在专利组合产品化的过程中，可能会用最低的成本生产出数量更多、质量更好的产品和服务，从而提高企业产品的市场竞争力。最终的产品或是服务是企业多种投入条件下的产物，企业生产制造能力反映了企业在生产过程中如何配置和协调这些投入资源的水平。厂房的选址和建造、生产工艺流程设计、设备安装与检测维修、生产计划安排、人员配置与协调等都需要相应的知识和技能，生产过程中只有实现各种资源的相互协调和综合利用，才能完成生产任务，缩减生产成本。较高的生产制造能力需要以下因素的配合。

（1）完善的机械设备。

现代生产是属于机械化的大生产，机械设备的投入能够实现规模生产，提高生产的效率，随着微电子数控设备的推广使用，在一定程度上也保证了产品的质量。完善的机械设备的投入是企业实力的体现，也是企业较高生产制造能力的保证。企业要对机械设备进行定期的保养和检修，通过制定合理的使用计划，提高机械设备的使用率。

（2）先进的生产技术。

先进的制造技术强调计算机技术、信息技术、传感技术、自动化技术、新材料技术和现代系统管理技术在产品设计、制造和生产组织管理、销售及售后服务等方面的应用。它驾驭生产过程的物质流、能量流和信息流，是生产过程的系统工程。生产技术一般包括设计技术群、工艺技术群和支撑技术群。面向制造的设计技术群是指用于生产准备（制造准备）的工具群和技术群。制造工艺技术群是有关加工和装配的技术。支撑技术群是指支持设计和制造工艺两方面取得进步的基础性的核心技术，诸如测试和检验、物料搬运、生产（作业）计划的控制以及包装等。先进生产技术的应用不仅可以缩短产品的上市周期，而且可以提高产出降低投入，提高生产的效率。

（3）高效的生产工艺。

高效的生产工艺加工制造出的零件或整机质量高，性能好，部件尺寸精确，表面光洁，内部组织致密，无缺陷及杂质，使用性能好，整机的结构、色彩美观宜人，使用寿命和可靠性高。高效的生产工艺投入少，环境污染低，实现了生产过程的零排放或少排放。它能够根据市场需求的变化迅速做出调整，实现柔性制造。高效的生产工艺不仅具有技术的先进性，同时又具有普遍的经济适用性。

（4）健全的管理制度。

制度的完善能够为监督和控制生产中的各个环节提供标准。生产的顺畅运行是提高效率的前提，由于生产中存在着许多不确定因素，需要对生产中的各个环节进行时时监督和控制，以便及时发现存在问题，化解其可能的负面影响。通过制度提供的标准为生产的时时监督和控制提供了可能。

制度的完善能有效抑制生产中的机会主义行为。制度本身具有约束和监督的功能，能够对员工的行为起到预先警示的作用，有效抑制生产过程中的机会主义行为，保证生产过程按照既定的标准顺畅运行，减少意外事件对生产过程的干扰。

5. 组织管理能力

组织管理能力是企业在对内外部各种因素进行管理、协调的过程中逐步积累的相关知识、技能和经验。企业的组织协调管理更多是从企业的整体利益出发来谋划企业的发展，通过企业战略规划的制定、组织结构的设立、制度的完善、文化的建设等协调企业的发展，它更多的是为保证企业顺畅运行而在企业内部进行的一系列软环境建设，使企业的各个组成系统朝着统一的方向和目标前进，提高企业的合力水平。通过企业的组织协调，要保证信息和知识在企业内部实现共享，资源按照企业整体利益最大化的原则配置，防止部门间出现遇事相互推诿、见利相互争夺的局面。组织管理能力比较强的企业表现为，有长远的企业发展战略规划和企业发展目标来明确组织前进的方向，有适合的企业组织机构设置对资源进行合理配置，有完善的企业制度为企业的运营和人员行为制定规范标准，通过企业文化形成企业内部统一的价值规范，降低企业的管理运行成本。

（1）战略管理能力。

战略管理是企业确定其使命，根据组织外部环境和内部条件设定企业的战略目标，为保证目标的正确落实和实现进行谋划，并依靠企业内部能力将这种谋划和决策付诸实施，以及在实施过程中进行控制的一个动态管理过程。通过全员的参与和对目标企业发展面临的总体环境、产业环境的分析，使目标企业明确自己的行业地位及未来的行动目标。其中总体环境包括人口、经济、法律政策、社会文化、技术和全球环境六大因素。行业环境主要包括新进入者的威胁、供应商、买方、替代品，以及当前竞争对手之间竞争的激烈程度。较强的战略规划能力能充分发挥企业自身的能力和资源优势实现企业自身发展的可持续性，即企业战略的内部可持续性以及外部环境和资源的可持续性。

（2）组织构建能力。

组织结构的设计就是要解决组织的复杂性、正规化和集权化问题，即决定组织应该采取怎样的层级结构，通过制定怎样的规则和程序引导员工的行为，组织集权化和分权化的程度如何，如果组织结构设计合理，就能够使各个部门各负其责，而且不同部门和层级之间能相互配合，资源配置更加合理，各项生产经营决策将更加科学，因此会提高组织的运转效率。组织结构的设计要与组织战略目标相适应，要具有明确性、适应性、动态性。

（3）文化培育能力。

组织文化是组织全体成员在长期的创业和发展过程中形成的，为全体组织成员所积极认同并享有的整体价值观念、信仰追求、道德规范、行为准则和习俗作风等。高瞻远瞩的公司往往会建立一种教派般的文化，从而可以强化公司追求远大目标的能力，因为这种文化会创造一种属于精英组织、几乎什么任务都能完成的意识。这类公司把他们的理念转化为有形的机制，同时发出持续一贯、加强理念的信号。他们对员工灌输理念，规定必须严密契合公司，并通过培训、言语、誓词、激励机制等事项创造出一种身属特殊团体的意识。对于承受能力比较强的企业来说应该建立一种以人为本、鼓励创新、强调合作、追求可持续、致力于绩效提高的企业文化。

6. 静态竞争能力

竞争力反映了企业利用资源进行生产的综合效率和水平，竞争力意味着更高的效率和产出水平，企业购买专利组合的目的之一是提高企业的竞争力，反过来说只有有竞争力的企业才有动力、有能力去购买专利组合。

从竞争力的来源来看，企业的竞争力可能源于企业拥有的某项专有资产，专有资产的排他性，保证了企业以此获得的垄断地位，从而保证了企业的收益水平。企业购买专利组合从某种意义上来说也是为了获得相关专利技术的专有权，从而使自己获得技术垄断优势，提高自己的利润水平。企业的竞争力也可能源于企业的技术创新能力，在当今信息科技时代，科学技术突飞猛进，技术水平的提高不仅提高了资源的利用效率，而且也扩大了产出水平，提高了产品的质量，只有通过不断创新才能围绕市场需求的变化及时调整自己的生产，保持持久的活力和生命力。企业的竞争力也可能来源于企业内部拥有的各项能力相互配合和协作的结果。实际上企业最初的竞争力可能来源于专有的资源、技术创新能力，但是要想获得持久的竞争力企业必须要各个能力相互配合，不仅需要较强的技术能力，也需要有较强的财务管理能力、人事管理能力、财务管理能力、生产制造能力相配合，因为企业是一个动态发展的系统，只有系统内部各个构成部分相互配合才能实现高效运转。

从外在表现来看，企业竞争力首先表现为较高的利润水平。企业生产经营的目的是为了获利，较高的利润水平是企业持续运转和不断成长的前提。其次可能是更低的成本优势，在市场竞争日趋激烈的今天，企业的竞争更多时候是成本的竞争，谁能以更低的成本进行生产则谁将在市场的价格竞争中获得更多的主动权，因此，成本优势是从企业成本角度反映了企业对资源的利用效率。另外，企业的竞争力还表现为更强的产业地位，企业的竞争首先表现为产业内部之间企业的竞争，如果企业的产业地位较强，说明在产业竞争中企业处于较有利的位置，在产业的发展中能有更多的话语权，企业的某些标准甚至可能成为行业的标准，从而有利于降低企业发展的成本，提高企业的实力和竞争力。

7. 动态成长能力

企业成长能力是指企业未来发展趋势与发展速度，包括企业规模的扩大，利润和所有者权益的增加。企业成长能力是随着市场环境的变化，企业资产规模、盈利能力、市场占有率持续增长的能力，反映了企业未来的发展前景。实际上成长能力是企业综合能力的动态表现，一个成长能力比较强的企业正是具有了成长性和后发优势性的双重特性，更需要通过引进专利组合来支撑企业的快速成长。企业规模的扩张、利润和所有者权益的增加只不过是企业成长能力的外在表现，一个企业要想具有活力，实现快速成长，需要有创新的文化为引领，需要有不断打破商业惯例的决心为企业的竞争开创新的蓝海，需要有合适的人才为企业发展而积极工作，需要为公司内部的创新和学习创造更多的空间。

13.3.2 目标企业承受能力的评价指标

1. 指标确定的原则

要想对目标企业的承受能力进行准确的衡量和评价，必须解决两大难题，一是确定合适的评价指标，二是选择正确的评价方法。企业能力系统的复杂性决定了其评价的复杂性，不可能用单一的指标去准确衡量企业的各种能力。在选择衡量指标时，要以上述系统理论分析为指导，注意坚持以下基本原则：

（1）科学性和实用性相结合。

在指标选择时，即要在理论分析的基础上，使指标的选择尽可能全面合理，真正能反映企业能力系统的全貌，同时注意指标的确定要具有实用性，防止指标选择过于繁琐和复杂，因为过于繁杂的指标体系不仅不利于企业综合能力的准确衡量，反而增加了评价的工作量。指标的选择并不是越多越好，在能准确反映企业综合能力的前提下，本着实用的原则，尽量使指标的选择少而精。所选择的指标不仅要有明确的含义，而且计算方法要简单易行，过于复杂和晦涩的指标，不符合成本效益原则。

（2）代表性和可获得性相结合。

受企业财务核算制度的限制，尽管有一些指标对反映企业的综合能力具有代表性，但是在当前的财务报表体系框架内我们却无法获得这类指标。同时，由于害怕泄露企业商业秘密，有些指标只是在企业内部管理决策时使用，而不会向外界透露。因此选择评价指标时，即要考虑指标的代表性，同时也要考虑其可获得性，在考虑不涉及企业商业秘密的前提下、在企业现有的财务核算和统计指标范围内，选择具有代表性的指标，没办法获得的指标，设计的再完美也只是纸上谈兵，而无法付诸实施。

（3）针对性和可比性相结合。

不同企业其发展状况千差万别，它们可能存在于不同的行业、处于不同的发展阶段、有着不同的企业规模和不同的所有制结构等，所有这些都会对企业综合能力的构成要素和发展情况带来影响。中国现阶段会计制度主要有《企业会计制度》《金融企业会计制度》《小企业会计制度》等，不同企业间实行不同会计核算制度，存在着财务核算方法的差异，因此在确定企业能力系统的衡量指标时，要根据企业的不同情况选择具有针对性的指标。同时为了便于比较不同企业技术创新能力的差别，对企业的技术创新能力做出正确评价，选择的指标要在不同企业间具有可比性。

2. 指标的确定

从以上基本原则出发，根据对企业能力构成要素的系统分析，构建企业能力系统的评价指标体系。按照能力系统的构成要素，分为六大类一级指标，分别是人事管理能力指标、财务管理能力指标、生产制造能力指标、市场营销能力指标、技术创新能力指标、组织管理能力指标。对于每类一级指标虽然可以进一步选择多种二级指标来加以衡量，但考虑到资料的可得性和经济性，选择 2~3 个定量或定性分类指标来加以衡量（表 13.11），为了便于不同企业间的比较，所有指标都选择相对指标，这样就消除了由于企业自身规模等原因给企业能力系统造成的不均衡影响。为了更好的对目标企业的承受能力进行评价，在选择定量指标的同时，也选择定性指标对目标企业进行衡量，以便实现定性与定量指标的相互印证和补充，从而更全面真实地衡量目标企业的承受能力。

第一，人事管理能力指标（u_1）：

（1）人均薪酬水平（u_{11}），是指企业员工平均的薪酬水平。计算公式如下：

$$人均薪酬水平 = 应付职工薪酬/企业员工总人数 \qquad (13.11)$$

人事管理能力的关键是员工积极性和主动性的发挥，从目前企业发展的实际情况来看，薪金激励仍然是最为有效和最常用的激励方式，人均工资水平越高意味着企业员工的积极性越高。

（2）员工对工作的满意度（u_{12}），此指标为定性指标，如果企业的人事管理能力比较高的话，会给员工创造一个更加和谐融洽的工作氛围，那么员工对工作的满意程度会较高。

第二，财务管理能力指标（u_2）：

在企业的财务管理中，比较重要的两个方面一是要及时、高效的筹集到企业生产所需要的资金，二是要实现企业财务的持续运营，防止企业出现资金链条的断裂。

（1）财务费用效率（u_{21}），反映了企业筹集资本时的成本效率，也就是说如果在同样的财务费用下，企业筹资越多，说明企业筹集资本的效率越高。计算公式：

$$财务费用效率 = 企业债务/财务费用 \qquad (13.12)$$

企业债务包括企业的长期负债和短期负债之和。

（2）单位资产的现金流量（u_{22}），反映了企业报告期末现金的拥有数量，一家公司单位资产现金流量越高，说明这家公司单位资产在一个会计年度内所赚得的现金流量越多，现金流越强劲，这在很大程度上表明企业主营业务收入回款力度较大，产品竞争性强，公司信用度高，经营发展前景有潜力。计算公式：

单位资产现金流量 = 年末现金及现金等价物/同期企业流动负债总额

$$(13.13)$$

利用年末现金及现金等价物而不是经营活动现金流量，就是充分考虑了企业筹资和投资活动对现金流的影响，只有有了较高的现金流，才能防止在企业生产经营中出现资金断裂。这样既能反映投资和筹资活动对企业现金流的影响，而且能反映企业的持续运营能力。

表 13.11　目标企业承受能力的评价指标体系

要素类指标	分类指标	计算公式
人事管理能力（u_1）	人均薪酬水平（u_{11}）	应付职工薪酬/企业员工总人数
	员工对工作的满意度（u_{12}）	定性指标
财务管理能力（u_2）	财务费用效率（u_{21}）	企业债务/财务费用
	现金比率（u_{22}）	年末现金及现金等价物/同期流动负债总额
	金融关系能力（u_{23}）	定性指标
技术创新能力（u_3）	无形资产拥有率（u_{31}）	无形资产的价值/企业拥有的资产总值
	研发资金投入强度（u_{32}）	研发投入/同期企业的主营业务收入
	技术水平的先进性（u_{33}）	定性指标
生产制造能力（u_4）	生产成本效率（u_{41}）	主营业务收入/主营业务成本
	固定资产拥有率（u_{42}）	固定资产/企业拥有的资产总值
	生产管理制度的完备性（u_{43}）	定性指标
组织管理能力（u_5）	管理费用率（u_{51}）	企业主营业务收入/管理费用
	战略管理能力（u_{52}）	定性指标
	组织构建能力（u_{53}）	定性指标
静态竞争能力（u_6）	资本收益率（u_{61}）	企业税后利润/企业实收资本总额
	成本收益率（u_{62}）	企业税前利润/成本费用总额
	市场占有率（u_{63}）	企业销售收入/企业所在产业当年销售收入
动态成长能力（u_7）	总资产增长率（u_{71}）	（年末资产总额 − 年初资产总额）/年初资产总额
	盈利能力增长率（u_{72}）	（当期成本收益率 − 上期成本收益率）/上期成本收益率
	市场占有率增长率（u_{73}）	（当期市场占有率 − 上期市场占有率）/上期市场占有率

（3）金融关系能力（u_{23}），属于定性指标，反映了企业在资金融通中和相关的金融机构及非金融机构关系的融洽程度。一般来说该指标的等级越高，反映了企业和相关金融及非金融机构的关系越强，企业的财务管理能力越强。

第三，技术创新能力指标（u_3）：

（1）无形资产拥有率（u_{31}），反映的是企业技术创新所带来的直接成果。选择这个指标是基于以下理由：第一，企业技术创新产出的成果无非是新产品、新工艺、新技术等，这些都可以通过申请专利转化为企业的无形资产，随着企业知识产权保护意识的增加，越来越多企业重视企业专利权的申请；第二，尽管企业也可能拥有非专利技术，但企业通过非专利技术所带来超额垄断利润可能给企业带来了较高的商誉，这也在无形资产的核算之列；第三，采用相对指标，可以消除企业不同资产投资规模和行业特点产生的影响。选择无形资产拥有率来反映企业创新的直接产出成果符合精简、代表性和可比性的原则。计算公式如下：

$$无形资产拥有率 = 无形资产的价值/企业拥有的资产总值$$

$$(13.14)$$

（3）研发资金投入强度（u_{32}），是指企业进行研究开发所投入的经费占销售收入的比例。计算公式如下：

$$R\&D 投入强度 = R\&D 经费/同期企业的主营业务收入$$

$$(13.15)$$

采用相对指标排除了不同企业发展规模对研发投入资金的影响，一般说来该指标计算结果越高说明企业对技术研发方面的投入越强，企业对技术开发越重视，企业用于购买专利组合的资金越充足，其承受力越强。

（4）技术水平的先进性（u_{33}），定性指标，用来反映企业技术水平的领先程度，一般说来企业技术水平越先进，其创新能力相对越强，在专利组合的引进中，其技术支持越强，越容易利用自己的先进技术对引进的专利技术进行深化、提升，从而实现技术到市场进而到利润的转化。

第四，生产制造能力指标（u_4）：

（1）生产成本效率（u_{41}），反映了企业生产过程中成本控制的能力，如果企业生产的技术水平较高，生产过程稳定，不同生产环节之间衔接良好，那么同样的生产成本企业创造的主营业务收入越多，这不仅提高了企业产品的价格竞争力，而且也扩大了企业的盈利空间。计算公式：

$$生产成本效率 = 主营业务收入/主营业务成本 \qquad (13.16)$$

通过计算主营业务的成本效率，能够排除非主营业务收益水平对该指标的影响，因为企业的可持续发展更多的是依靠主营业务。

（2）固定资产拥有率（u_{42}），随着工业化生产的不断发展，技术的不断进步，机械设备的使用越来越广泛，机械的使用不仅提高了效率，而且扩大了生产能力，一般来说工程装备的水平越高企业的生产制造能力越强，产品质量越有保障。固定资产拥有率是通过企业的装备水平来反映企业的生产能力。计算公式：

$$固定资产拥有率 = 固定资产/企业拥有的资产总值 \qquad (13.17)$$

采用相对指标，排除了由于生产规模不同而对指标产生的影响，增强了指标的可比性。

（3）生产管理制度的完备性（u_{43}），定性指标，反映了企业在生产制造能力方面的水平，一般来说生产管理制度越完备，企业的生产制造水平越高。

第五，组织管理能力指标（u_5）：

虽然可以从战略管理能力、组织构建能力和文化培育能力方面来衡量企业的组织管理能力，这三方面的能力更多的应该用定性的指标来衡量，受资料限制，本研究通过定量指标来衡量，虽然定量指标不能够全面的反映企业组织管理能力的全貌，但比较精确和容易计量，便于不同企业之间进行比较。

（1）管理费用效率（u_{51}），从费用方面反映了管理的效率，如果企业的内控制度比较健全，组织之间的运行比较协调，文化凝聚力比较强的话，那么企业运用较少费用就能实现企业的平稳有效运行。计算公式：

$$管理费用效率 = 企业主营业务收入/ 管理费用 \qquad (13.18)$$

管理费用效率可以消除企业不同规模对管理费用带来的影响，选择企业主营业务收入而不是企业利润，主要是考虑企业利润有可能是负值，影响了指标对比的统一性，另外企业利润本身已经包含了管理费用的影响。

（2）战略管理能力（u_{52}），定性指标，是对企业战略的制定实施所进行的综合判断。战略管理能力越高，在一定程度上反映出企业的组织管理能力较高。

（3）组织构建能力（u_{53}），定性指标，是对企业在组织结构设计方面的综合评价。即企业在解决组织的复杂性、正规化和集权化方面的能力和水平。组织构建能力越高说明企业组织结构设计与企业发展的目标和环境的匹配程度越高，面对外界变化，企业的承受能力越强。

第六，静态竞争能力（u_6）：

根据静态竞争能力的表现，可以用以下指标来衡量企业的静态竞争力：

（1）资本收益率（u_{61}），反映企业运用资本获得收益的能力，资本收益率越高说明企业运用资本获得收益的能力越强，对于投资者来说企业的投资风险越少。其计算公式如下：

$$资本收益率 = 企业税后利润/企业实收资本总额 \qquad (13.19)$$

（2）成本收益率（u_{62}），它表明单位成本获得的利润，反映成本与利润的关系，一般成本收益率越高，企业的运营效率越高。该指标是从成本优势方面反映企业的静态竞争能力。其计算公式如下：

$$成本收益率 = 企业税前利润/成本费用总额 \qquad (13.20)$$

（3）市场占有率（u_{63}），它是从产业地位方面反映企业的静态竞争能力，一般说来，企业的市场占有率越高，说明企业的品牌知名度越高，企业在产业中的势力和竞争力相对越强。其计算公式如下：

$$市场占有率 = 企业销售收入/企业所在产业当年销售收入$$

$$(13.21)$$

该指标越高，说明企业在产业中地位越强，对于购买专利组合的耐受力越大。

第七，动态成长能力（u_7）：

动态成长能力反映了企业持续的活力和竞争力，企业的成长能力主要表现为企业规模的扩张、产业地位和盈利能力的不断增强。

（1）总资产增长率（u_{71}），反映了企业在规模扩张方面的能力，企业规模的扩张，往往首先会带来资产的增加，是企业不断成长、持续积累的表现。其计算公式如下：

$$总资产增长率 = \frac{年末资产总额 - 年初资产总额}{年初资产总额} \times 100\%$$

$$(13.22)$$

总资产增长率越高说明企业资产的积累能力越强，其增长越有活力。该指标更多的是反映了企业增长的数量。

（2）盈利能力增长率（u_{72}），反映了企业在盈利能力方面的增长速度，更多的是反映了企业增长的质量。企业作为盈利性组织，获得利润是其经营的重要目的之一，企业盈利能力的不断增加反映了企业效率的不断提高，在规模不断增加的同时实现效率的提升才是真正有质量的增长。其计算公式如下：

$$盈利能力增长率 = \frac{当期成本收益率 - 上期成本收益率}{上期成本收益率} \times 100\%$$

$$(13.23)$$

（3）市场占有率增长率（u_{73}），反映了企业产业地位的变化趋势，如果企业的市场占有率不断增加，而且数值越来越大，说明相对于产业内的其他企业，目标企业正在以更快的速度进行扩张。其计算公式如下：

$$市场占有率增长率 = \frac{当期市场占有率 - 上期市场占有率}{上期市场占有率} \times 100\%$$

$$(13.24)$$

13.3.3 目标企业承受能力的评价方法

可以采用模糊综合评价法。模糊综合评价法是一种基于模糊数学的综合评标方法。该综合评价法根据模糊数学的隶属度理论把定性评价转化为定量评价，即用模糊数学对受到多种因素制约的事物或对象做出一个总体的评价。它具有结果清晰，系统性强的特点，能较好地解决模糊的、难以量化的问题，适合各种非确定性问题的解决。由于目标企业承受能力评价中，涉及的评价因素很多，为了尽可能全面考虑所有的评价因素，在此采用二级模糊综合评价模型。

1. 评价指标体系的建立

根据前面的分析，可以用两个层次来评价目标企业的承受能力。第一层次，总目标因素集 $u = (u_1, u_2, u_3, u_4, u_5, u_6, u_7)$。第二层次，子目标因素集：$u_1 = (u_{11}, u_{12})$；$u_2 = (u_{21}, u_{22}, u_{23})$；$u_3 = (u_{31}, u_{32}, u_{33})$；$u_4 = (u_{41}, u_{42}, u_{43})$；$u_5 = (u_{51}, u_{52}, u_{53})$；$u_6 = (u_{61}, u_{62}, u_{63})$；$u_7 = (u_{71}, u_{72}, u_{73})$。目标企业承受能力综合评价系统的结构及其各评价指标如图 13.3 所示。

2. 评价集的确定

评价集是对各层次评价指标的一种语言描述，是对各评价指标所给出的评语集合。本模型的评语共分五个等级。具体的评价集为

$v = (v_1, v_2, v_3, v_4, v_5) = \{强，比较强，一般，不太强，很不强\}$

3. 权重的确定

在进行模糊综合评价时，权重对最终的评价结果会产生很大的影响，考虑到本评价模型比较复杂，因此采用层次分析法来确定权重。

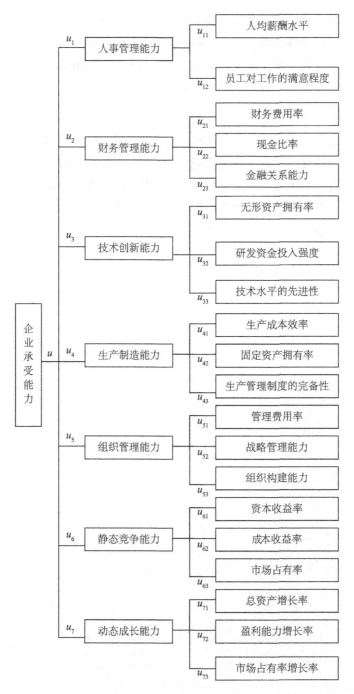

图 13.3　企业承受能力评价系统

层次分析法是一种定性与定量分析相结合的多准则决策方法，它是指将决策问题的有关元素分解成目标、准则、方案等层次，用一定的标度对人的主观判断进行客观量化，在此基础上进行定性分析和定量分析的一种决策方法。其步骤具体参照8.3.2，其中层次结构如图13.3所示。

4. 模糊判断矩阵的确定

选取专家对评价指标体系中的第二层各个元素进行单因素评价，具体做法可以采用问卷调查。根据产业或企业发展的相关指标数值的变化对其做出强、比较强、一般、不太强、很不强的评价。用模糊权向量将不同的单因素进行综合，就可得到对该项目从总体上来看对各等级模糊子集的隶属程度，即模糊综合评价结果向量。

第14章　专利组合和目标企业耦合度研究

根据 1996 年经济合作发展组织（Organization for Economic Co - operation and Development，OECD）发表的 *The Knowledge - Based Economy* 中谈到以知识为基础的经济即将改变全球经济发展形态，知识成为生产力提升与经济发展的主要驱动力。随着通信技术的快速发展与高度应用，世界各国的产值、就业及投资将明显的转向知识密集型产业。同时，OECD 定义以知识为基础的经济是建立在知识和信息的生产、分配和应用之上的经济，在 OECD 提出的知识经济衡量指标中，专利被认为是知识资产的指标。在现代知识经济时代下，Sullivan（2000）以 Know - how、专利、技术人员等为知识资本的无形资产创造对企业价值与经济优势的影响已经非常重要。● 然而 Amir，Lev，&Sougiannis（2003）认为传统的财务会计架构下并没有捕捉大多数的知识资产要素或有效的处理，忽视其对企业价值的贡献，致使财务报表无法充分反映知识资本的价值及其对企业价值的影响。● 同样，目前对专利的评价也存在着以上问题。回顾相关文献可知，影响专利价值的因素主要有以下几种类型：（1）专利基本特性。如专利的请求范围、专利的请求平均文字长度、专利应用范围以及专利优先请求的数目等。（2）专利市场特性。如专利被引证次数、专利占有率、专利分布状况等。（3）专利管理特性。如专利家族数、诉讼、并购以及交互授权等。

专利被认为是公司创新能力的指标，且专利本身也含有相当丰富的信息，是企业重要的知识资产。专利代表了企业的研发成果，专利的优劣会影响公司价值，因此无论是财务性指标（销售额或者销售增长率）或者市场指标（托宾 Q 值或股票市场价值），都有学者证明专利数量与品质对其价值存在正面影

● Sullivan P H. Value driven intellectual capital：How to convert intangible corporate assets into market value ［M］. John Wiley & Sons, Inc. New York，NY，USA.

● Amir E，Lev B，Sougiannis T. Do financial analysts get intangibles? ［J］ European Accounting Review，2003，12（4），635 - 659.

响。在中国企业中，中国专利申请数目已经超过了美国、日本等发达国家，然而中国企业从专利中所获得的收益却远不如欧美日等发达国家。原因在于专利质量参差不齐，无法使得企业从中获利，也就是说在已有的大多数专利中仅有少数专利存在巨大价值，其他大多数专利的价值并不高❶，这也就是专利的矛盾性。为了解释专利矛盾性产生的原因，Wanger（2005）提出专利组合的概念，理论依据是假设在一个精心构建的专利组合中加入一个新专利，其预期边际收益会大于取得该专利的边际成本，从而达到整体效益最大。由此可知，企业可以通过设计专利组合达到其价值最大化。

在专利组合的设计中，重点在于如何运用相关的专利组合工具来将公司的知识或者专利转换成商业价值的活动。从短期来看，专利组合的设计在于如何有效降低专利成本并做好专利的内部管理；而从长期来看，如何构造出好的专利组合或者知识资本为公司的长期战略发展提供依据才是专利组合设计的目的所在。事实上，拥有众多专利的企业，为回收其庞大的沉没成本，利用其所开发的技术和专利，竞相构建自身的专利组合，作为议价的筹码、用来交换授权或者作为诉讼保护等，因此形成了专利组合竞赛现象。一般而言，企业若采取保守的策略，其专利组合能够有效防止其他公司的侵略，保障自身权益。然而，大部分的公司倾向于采用进攻策略，因为防守策略只能保护自己免于专利诉讼案，但积极的进攻策略则可带来可观的经济收益。因此，单一专利与专利组合的价值不同。一项最终的产品通常有许多专利进行保护，单一专利必须搭配有其他专利才能生产出最终产品。因此，单一专利在其他相关专利组合的搭配下，价值增大，公司在评估自身情况后，必须选择对自身发展最有利的专利组合策略，从而为公司创造更大的附加价值（Wanger, Parchomovsky, 2005）。

14.1　专利组合和目标企业耦合度研究的理论基础

14.1.1　资源基础观

在通信技术快速发展与全球化的带动下，公司竞争环境较过去更为激烈，因此企业或组织对外在的动态环境的分析与掌握比过去更为困难。故当环境变

---

❶ Schankerman M, Pakes A. Estimates and the value of patent rights in European countries during the post‑1950 period [J]. The Econ. J. 1986 (96)：1052‑1076.

动得难以预测时，传统的战略思考方向需加以调整，因而由内向外的策略思考方向？开始受到重视。此观点认为组织或企业如何找出、评估或分析其具备的内部核心资源是重点，继而持续不断的累积及运用所具有优势的核心资源，最后发展适合的策略模式，这种由内向外的思考模式成为资源基础观点的思考逻辑。

资源基础理论实务上是以组织内部资源为出发点，并以资源为分析单位，探讨资源的特性与区别能力。而资源基础理论，亦有学者采用其他不同的名词，如核心能力、独特能力及公司特定资源，不论使用何种名词，以强调企业拥有物独特性的观点来分析企业行为的，通称为资源基础。基本上，资源基础观点强调厂商如何利用本身既有的特殊资源能力，达到企业经营目标，属于静态观点。静态观的企业成长，是在单一时点下透过追求本身既有资源与外在环境的适配，来获得成长；而动态观点则强调透过杠杆运用本身既有资源，或延伸资源来追求资源与外在环境的适配，即是厂商应发展与更新本身的能力，以适应环境的变动。

由于外部环境的变动越来越大，从公司内部资源为基础切入以研究其与竞争优势间关系的学者越来越多，认为竞争优势是来自于公司本身的资源，也就是企业绩效的差异主要来自于组织内部独特资源经过长时间的培养而有优于竞争者的特性，此理论被称为资源基础理论。资源基础理论的核心思想最早可追溯到学者提出的组织的独特能力。直到 Penrose 利用经济理论分析提出了组织不均衡成长理论，成为了资源基础理论的基础。[1] Penrose 认为企业战略的资源基础观点是企业搜集有形、无形、人力等资源用以发展运营的决策，也就是说企业被看作为一个各种不同资源的综合体。之后，陆续有人提出相关的论点，而直到 Wernerfelt 首先提出企业资源基础理论一词，才将资源基础的概念建立在企业的发展上，并强调企业基础理论的重点在于以企业独特的资源专有属性所形成的资源定位障碍，从而可限制新进入者进入获得竞争优势。[2]

Grant 认为市场的竞争优势来自资源，并具有以下四种特性：一是资源模仿障碍。持续性的竞争优势有赖于企业能阻碍竞争者挑战的能力。阻碍来自竞

❶ Penrose E T. The theory of the growth of the firm ［M］. Oxford University Press, Oxford, 1959 Prescott C. Ensign, The Concept of Fit in Organizational Research ［J］. International Journal of Organization Theory and Behavior. 2001 （4）: 287 – 306

❷ Wernerfelt B. A resource – based view of the firm ［J］. Strategic Management Journal, 1984, 5 （2）: 171 – 180

争优势的存在强化，通过声誉资源使顾客难以转移，或利用先占的优势限制竞争者模仿的机会。二是因果关系模糊。如组织内人员的无法言传的知识，使竞争者难以认知。三是不完全转移性。资源的不可移动性受限于交易成本。四是资源复制障碍。资源若需经由公司长期努力建设，程序复杂或者必须具有团队基础时，则竞争者难以复制。❶ Barney 认为资源是否具有持续的竞争优势潜力，取决于是否具有下列特性：（一）是价值性。资源的价值决定于是否能够协助企业在实施战略时增加效率与效能。（二）是稀少性。即对于特定具有价值的资源在市场上处于稀缺的状态。（三）是无法复制或模仿。（四）是不可替代性。当其他企业无法以不同方式来执行相同的战略时，企业拥有战略竞争优势。

14.1.2 专利组合系统与目标企业耦合发展的理论分析

中国电子信息制造业企业近几年来蓬勃发展，以联想、华为、中兴等一系列龙头企业为代表不断向外扩张，然而如 IBM、TI 以及日本企业利用专利战略向中国各企业收取高额的专利授权费用，甚至是遏制中国企业的国际化道路。同时，近年来专利诉讼也导致大量企业需要支付大量的专利授权费用或者受不定时的专利侵权诉讼威胁，这使得中国电子信息制造业企业认识到拥有专利特别是专利组合才是应对企业发展或专利诉讼的解决之道。之后，中国企业开始投入资源构建自己的专利组合。当公司自行研发而产出的专利组合不能有效满足企业发展需要时，就要考虑从外部获取专利，尤其是竞争剧烈高技术产业或者新兴产业。高利润蕴含着高风险，市场上相当的专利诉讼案反应了专利经常作为企业竞争和打击竞争对手、抢占市场的重要手段。一般外部专利取得的来源有以下两种类型：（1）因公司组织、产品、市场变动，如合并、并购、分割或合作开发而同时取得的专利权；（2）直接在公开或非公开专利交易市场购买取得，如在专利交易平台、通过专利中介机构等方式购买或者取得专利授权。

企业可以通过自身研发、购买或者并购等多种方式以获取专利组合，然而获取专利组合后企业通过各方面资源投入如进一步研发投入、人力资本投入、生产制造资源投入等挖掘专利组合价值，提升企业竞争优势，最终实现专利组合演变、企业转化投入与企业绩效协同发展。"协同"从狭义上来理解是与竞

❶ Grant R M. The resource – based theory of competitive advantage：Implications for strategy formulation [J]. Calif Manag Rev, 1991, 33（3）：114 – 135

争相对立的合作、互助和同步等行为；从广义上来理解，是指在复杂大系统内，为了实现系统的总体演进目标，各子系统或各个组成部分之间相互配合、相互支持而形成的一种良性循环状态。系统协同的目的就是通过某种方法来组织或调控系统，使系统整体功能大于各子系统功能之和，系统达到协同状态。❶ 实际上，企业专利组合演变、转化过程与企业绩效整体可看作为一个大系统，这个大系统是由三个子系统构成，即专利组合演变子系统、转化子系统与企业绩效子系统。在企业通过自主研发、购买或者并购等手段形成一个专利组合后，进一步通过运作转化为企业发展绩效，这个过程即为三个子系统耦合发展过程。本文可通过两个测度指标来度量这个发展运作过程的耦合程度：(1) 专利组合情况与企业承受能力之间的关联程度，即企业形成的专利组合与企业承受能力如战略规划、互补能力等的关联性。关联程度高则更有利于转化为企业绩效。(2) 专利组合演变、企业转化投入与企业绩效三者间耦合发展程度。以下的两个章节部分分别从静态耦合和动态耦合两个角度测度分析专利组合和目标企业的耦合状况。

14.2 专利组合和目标企业静态关联度测度研究

14.2.1 专利组合和目标企业关联研究综述

近年来，国内外学者对于专利组合的发展较为关注，研究方向多偏重于理论性分析，主要是针对专利组合的评价方法（岳贤平，2010❷）、评价模型（于晶晶等，2009❸）以及理论性战略分析（刘婷婷，2006❹）等。在专利组合对企业的实用性方面的研究内容较少，仅有少量文献涉及专利组合运营对企业绩效影响问题。

国外学者对专利与企业绩效关系研究的较早，得出了专利数量以及专利授权率促进企业绩效的研究结论。如 Ernst（2001）以德国 50 家工具制造业上市企业作为研究对象，分析专利数量与企业营业收入间相关关系，分析得出，企

❶ 顾培亮. 系统分析与协调 [M]. 第二版. 天津：天津大学出版社，2008：200 - 202.

❷ 岳贤平. 基于 R&D 资源配置的企业专利组合策略：一个分析框架 [J]. 情报杂志，2010 (12)：10 - 14.

❸ 于晶晶，谭思明. 专利组合分析评价指标体系的构建 [J]. 现代情报，2009，29 (12)：152 - 155.

❹ 刘婷婷，朱东华. 基于专利投资组合理论的专利战略研究 [J]. 情报杂志，2006，25 (01)：8 - 9.

业拥有的专利数量越多，企业的营业收入越高，绩效越好。国内学者的研究相对较晚，但也得出了与国外学者相似的研究结论。刘小青、陈向东等（2010）总结了专利对企业绩效影响的相关理论，并以中国电子信息产业为研究基准，选取了 55 家中国电子信息产业的百强企业，利用面板数据模型，研究发现采用专利可明显提高公司的绩效，并且专利申请与专利授权对公司绩效的影响存在差异性，专利申请增加销售收入，而专利授权提高公司利润。❶ 夏轶群（2012）从"创造专利"和"专利成果"两个策略方面进行探讨，他认为创造专利解决的是专利权项目研发投资价值评估问题和专利介入问题，而专利成果解决的是进行企业商业化价值判断以及商业化转化方法与策略问题，专利产品在企业实际推销过程中要着重于价格的分析，适当的价格会使得企业的专利产品提高企业销售收入，从而影响企业绩效。❷ 金志成（2012）利用中国医药制造业上市公司 11 年数据，将专利数量、专利质量和企业绩效的关系作为研究基础，研究得出中国医药制造业上市公司的专利申请量对公司绩效影响不大，而中国医药制造业上市公司的专利授权量和专利质量是影响公司绩效的原因，专利申请比例、授权率的变化使得中国医药制造业企业的绩效得到了一定的改善。❸

目前，单一的专利创新已经不能满足企业在竞争环境中的利益需求，一些国内外学者发现专利组合逐渐成为企业新型战略，因而部分学者从企业战略方面对专利组合进行研究。于晶晶（2010）提出了运用专利组合分析方法来评价企业在创新型项目上的技术水平以及发展状况，并运用相关技术指标分析得出企业的优势项目、潜力项目以及问题项目和弱势项目，通过这些指标也发现企业采用了专利组合后对公司的绩效有着正向的影响。❹ 国外学者 Rahul Kapoor（2015）等选取了欧洲轻工业上市公司 10 年的面板数据进行分析得出结论，技术创新更多的企业相应的营业额也更多。❺ 这个结论也同样适应于采取专利组合策略的企业，专利组合数量越多，该企业的绩效就越好。Tim de

---

❶ 刘小青，陈向东. 专利活动对企业绩效的影响——中国电子信息百强实证研究 [J]. 科学学研究，2010（1）：26 – 27.

❷ 夏轶群. 企业技术专利商业化经营策略研究 [D]. 上海交通大学，2012.

❸ 金志成. 专利与企业绩效的关系研究——以中国医药制造行业上市公司为例 [D]. 江苏大学，2012.

❹ 于晶晶. 基于专利组合分析的高新技术产业化项目评价研究——以青岛市 10 项高新技术产业化项目为例 [D]. 青岛科技大学，2010.

❺ Rahul Kapoor. Patent portfolios of European wind industry: New insights using citation categories [J]. World Patent Information，2015（41）：4 – 5.

Leeuw（2014）等以荷兰的大型企业为例，研究得出最优的生产技术可以达到最优绩效，并认为公司的专利组合是达到最优绩效的关键。❶

14.2.2 专利组合和目标企业承受能力评价指标体系的设计

1. 目标企业专利组合评价指标体系设计

专利组合评价的指标体系是综合反映专利组合状况的要素组合，国内外学者从不同的角度进行了研究。然而，到目前为止，专利组合的评价还缺乏较为一致的或者完全规范化的测量标准，更缺乏一套可以实际操作的指标体系。参照国内外已有研究成果，本课题将专利组合的评价分别从经济、技术和法律三个方面展开，分别体现为技术能力、产业化能力和法律状况。经过多方讨论和反复筛选，并考虑数据的可获得性，课题组具体选择了 15 个评价指标来反映此三方面情况，见表 14.1。

表 14.1 目标企业承受能力的评价指标体系

要素类指标	分类指标	计算公式
财务管理能力（u_1）	财务费用效率（u_{11}）	企业债务/财务费用
	现金比率（u_{12}）	年末现金及现金等价物/同期流动负债总额
	金融关系能力（u_{13}）	定性指标
技术创新能力（u_2）	无形资产拥有率（u_{21}）	无形资产的价值/企业拥有的资产总值
	研发资金投入强度（u_{22}）	研发投入/同期企业的主营业务收入
	技术水平的先进性（u_{23}）	定性指标
生产制造能力（u_3）	生产成本效率（u_{31}）	主营业务收入/主营业务成本
	固定资产拥有率（u_{32}）	固定资产/企业拥有的资产总值
	生产管理制度的完备性（u_{33}）	定性指标
组织管理能力（u_4）	管理费用率（u_{41}）	企业主营业务收入/管理费用
	战略管理能力（u_{42}）	定性指标
	员工对工作的满意度（u_{43}）	定性指标
静态竞争能力（u_5）	资本收益率（u_{51}）	企业税后利润/企业实收资本总额
	成本收益率（u_{52}）	企业税前利润/成本费用总额
	市场占有率（u_{53}）	企业销售收入/企业所在产业当年销售收入

❶ Tim de Leeuw. Returns to alliance portfolio diversity：The relative effects of partner diversity on firm's innovative performance and productivity［J］. Journal of Business Research，2014（67）：1839 – 1841.

要素类指标	分类指标	计算公式
动态成长能力（u_6）	总资产增长率（u_{61}）	（年末资产总额 – 年初资产总额）/年初资产总额
	盈利能力增长率（u_{62}）	（当期成本收益率 – 上期成本收益率）/上期成本收益率
	市场占有率增长率（u_{63}）	（当期市场占有率 – 上期市场占有率）/上期市场占有率

2. 目标企业承受能力评价指标体系设计

企业在生产运营过程中需要资金、技术、人员、设备等各种要素的投入，从而有效生产得到社会所需要的产品。一项高端技术从创意转化为产品是非常复杂的运作过程，不仅取决于企业的各种资源投入和具备的能力，同时也与企业生产过程中的组织管理能力和生产制造水平息息相关。因此，技术向产品商业化转换需要企业具备组织管理能力、资源配置管理能力和市场竞争能力等。按照本文对企业各种能力的解释，本部分中将人力资源能力和组织管理能力合并命名为组织能力，原因是其共同体现企业的组织运作过程。这样，本部分研究专利组合和目标企业承受能力关联分析时，选择了组织能力、财务能力、创新能力、生产制造能力、静态竞争能力和动态成长能力共6个维度，具体指标计算参见表14.1。

14.2.3 专利组合和目标企业承受能力的灰色关联模型构建

灰色系统理论主要研究的是"小样本""贫信息"的不确定性问题，而这正是模糊数学、概率统计所难以解决的，其特点是"少数据建模"。企业专利组合和承受能力耦合系统是一个复杂的、不确定的系统，具有非常强的灰色特征，因而灰色系统理论是研究专利组合和承受能力耦合系统的有效方法。本课题即是在以上模型的基础上，将灰色关联模型应用于本课题研究，对企业专利组合和承受能力耦合发展问题进行定量评价。灰色关联分析的理论基础是依据各序列之间的关系紧密程度来确定其关联程度，原理是序列几何曲线的相似程度来计算各序列之间的关联度。两个序列之间几何曲线越相似、越接近，则相应的序列之间的关联程度就越高，反之，关联程度就越低。

本课题利用灰色关联分析的思想建立模型来确定相互关联程度，得到的灰色关联度即为该系统的关联度，反映该系统各指标变量之间相互作用的关系。

建立灰色关联模型的步骤如下：

首先，设 $x_0(k)$ 为原始序列，本课题选取专利组合为参考序列。同时，本课题选择 $x_i(k)$ 为比较序列，$i = 1,2,\cdots,N$，同时选取了企业承受能力各相关指标为比较序列。

其次，对数据进行无量钢化处理：

$L' = 0.1 + 0.9(L - L_{\min})/(L_{\max} - L_{\min})$，其中 L' 为标准化后的数值，L 为原始数值，$L_{\min}$ 为数列中的最小值，$L_{\max}$ 为数列中的最大值。

最后，求解关联度。根据灰色关联度分析的思想，利用如下公式计算：对于 $\zeta \in (0,1)$，此处取值为 0.5

$$\gamma(X_0(k), X_i(k)) = \frac{\min_k |x_0(k) - x_i(k)| + \zeta \max_k |x_0(k) - x_i(k)|}{|x_0(k) - x_i(k)| + \zeta \max_k |x_0(k) - x_i(k)|}$$

(14.1)

14.3　专利组合和目标企业动态耦合度测度研究

14.3.1　相关研究综述

1. 专利组合与企业发展的相关研究

目前，国内外学者中对于专利组合和目标企业耦合研究的相关文献还较为鲜见，仅是个别学者利用面板数据分析研究了专利组合有助于企业绩效提升（Tim de Leeuw，2014）。[1] 如 Rahul Kapoor（2015）等选取了欧洲轻工业上市公司 10 年的面板数据进行分析，研究认为技术创新更多的企业相应的营业收入也更多。[2] 这个结论也同样适用于采取专利组合策略的企业，专利组合数量越多，该企业的绩效就越好。国内学者在专利组合方面的研究更为关注的是专利组合价值评价、评价模型等方面，在专利组合促进绩效方面的研究还较为鲜见。本课题试图从动态耦合的角度深入研究专利组合与企业资源投入耦合发展程度，从而为企业购买专利组合之后的运作提供理论依据。

[1]　Tim de Leeuw. Returns to alliance portfolio diversity：The relative effects of partner diversity on firm's innovative performance and productivity [J]. Journal of Business Research，2014（67）：1839 – 1841.

[2]　Rahul Kapoor. Patent portfolios of European wind industry：New insights using citation categories [J]. World Patent Information，2015（41）：4 – 5.

2. 耦合度测度的相关研究

专利组合和目标企业之间的耦合发展，在多数文献中亦称为协同发展，本课题即是应用协同度度量模型来测度两系统间耦合发展状况。因此，在以下论述中协同度是指耦合度。目前，国内外有关耦合度测量的研究主要归为以下 3 种类型。第一，国外许多学者从各职能的匹配（Ensign，2001）、协同机制（Koberg，2003）等方面进行研究。这些研究主要是通过定性的方法提出对协同程度的测度。这些方法多属于主观测度，容易受测度者个人的理解程度影响。第二，中国有许多学者建立协同指标体系进行测量。李先锋等（2005）研究协同商务应用时设计了四个层次的企业与商业伙伴的协同度测度指标。[1] 许学国、邱一祥（2005）运用协同学理论对企业的组织系统学习的协同性进行分析，构建了协同度指标评价体系。第三，许多学者利用各种方法建立了协同度模型来进行测量。[2] 如曾珍香（2000）利用模糊数学中的隶属度函数，构建了评价系统协调发展的协调度模型。[3] 兰卫国（2009）等采用此模型实证分析了美的企业多元化静态协同与动态协同的发展情况。[4] 孟庆松，韩文秀（2000）在分析复合系统协调的协同学特征基础上，提出了一个可以实际计算的复合系统的整体协调度模型，许多学者以此为基础进行了实证研究。[5] 郗英（2005）借助协同学原理，对企业生存系统进行了描述，并建立了企业生存系统协调度模型。[6] 樊华（2006）利用数据包络分析（DEA）方法和模糊数学的隶属度概念，构建了协调度模型对系统协调发展进行了定量评价。[7] 官建成（2000）在对影响界面管理的因素进行分析的基础上，利用具有区间数的灰色聚类方法来测量界面管理的集成度。[8] 汤铃（2010）在分析现有应用较为广泛的协调度模型基础上构建了距离协调度模型，并依此提出一种定量评价系统协

[1] 李先锋，白庆华，邓菘. 协同商务应用障碍及对策研究 [J]. 现代管理科学，2005（12）：12 - 13.

[2] 许学国，邱一祥，彭正龙. 组织学习协同性评价模型设计与应用 [J]. 系统工程. 2005，23（6）：6 - 11.

[3] 曾珍香，顾培亮. 可持续发展的系统分析与评价 [M]. 北京：科学出版社，2000.

[4] 兰卫国，张永安，杨丽. 基于协同度模型分析的企业多元化协同研究 [J]. 软科学. 2009（8）：140 - 144.

[5] 孟庆松，韩文秀. 复合系统协调度模型研究 [J]. 天津大学学报（自然科学版），2000（4）：444 - 446.

[6] 郗英，胡剑芬. 企业生存系统的协调模型研究 [J]. 工业工程，2005（3）30 - 33.

[7] 樊华，陶学禹. 复合系统协调度模型及其应用 [J]. 中国矿业大学学报，2006（4）：515 - 520.

[8] 官建成，张华胜. 界面管理水平评价的灰色聚类方法与应用 [J]. 北京航空航天大学学报，2000，26（4）：465 - 469.

调发展的新方法。❶ 现有的协调度模型是从子系统相互协调的角度分析系统整体协调发展状况，然而，许多整体系统在划分子系统时还缺乏理论依据。同时，现有研究选择的样本各不相同，在企业背景、规模、样本数量等方面差异很大，造成了测度模型无法相互借鉴和应用。目前针对专利组合演变与企业耦合发展系统测量的文献比较少见。因此，本部分内容将基于二象对偶理论与协同论融合来确定子系统，通过建立复合系统耦合度模型来对企业专利组合与承受能力耦合系统进行测度，以期能够为进一步评价专利组合与企业资源转化耦合发展提供定量分析工具。

14.3.2　专利组合和目标企业耦合系统二象特征分析

1. 二象对偶理论

西南交通大学高隆昌教授❷对二象对偶理论进行了深入研究，并在"系统学"这一更为广泛的意义下提出了"系统学二象论"，然后将其应用到管理学领域。用二象对偶理论来认识和解释系统现象称为二象对偶原理。根据二象对偶原理，来自管理者的信息能被系统虚象 X^* 接受（哪怕是被动的），使得新的系统虚象与原实象 X 间产生了不协调、矛盾，此时其内在机制将使实象 X 作相应改变以使系统（在新的水平上）达到新的协调。当然这一协调往往要经过若干次反复方能形成，这是一个自组织及其涨落过程。

根据二象系统的定义：系统 S 若由满足如下 5 个特征的 2 个部分构成，且从该角度去考察 S，称 S 为二象系统，记为 $S = (X^*, X)$：①二象间一虚（X^*）一实（X）（或称一软一硬，一个抽象一个实在），二象间融为一体、互为参照，只有从概念上才能将其分辨开来；②二象间具有空间实质差异，或说二者不可同时在一个坐标系里平等地体现出来，除非经过映射或变换手段；③二象间不具有一一对应关系，且 $x^* \in X^*$ 皆是 X 的一个全局映射；④二象间具有内在互动性，即任一象的改变都将内在地使另一象产生相应的改变；⑤二象间具有适当的比例关系，其比值具有一个适当的可变域。在一定意义下可简记为 $X^*: X = r \in (0, \delta)$，式中，$\delta$ 是个较小实数。

2. 二象对偶理论与协同论的融合

根据对二象对偶理论与协同论的分析，我们发现二象对偶理论与协同论都

---

❶ 汤铃，李建平，余乐安，等. 基于距离协调度模型的系统协调发展定量评价方法 [J]. 系统工程理论与实践，2010 (4)：594-602.

❷ 高隆昌，李伟. 管理二象对偶论初探 [J]. 管理学报，2009，6 (6)：718-721.

是从系统的角度分析管理运作。二象对偶理论认为管理是被管理系统通过其二象间对偶机制来实现的一个特殊的、高级的自组织过程，该过程把来自管理者的信息能转换成系统组织能。二象对偶理论实际上把系统通过二象对偶机制来描述一个协同运动过程。因此，对于任何系统的分析都可以通过二象对偶机制确定二象系统结构。随着二象在相互的竞争与合作，制约与协同的关系中动态变化，体现了二象之间的协同发展。根据协同理论确定二象系统的序参量，可以更有效的把握系统发展变化规律。同时，通过对二象系统的序参量进行调整，改变系统状态，促使系统达到有序。专利组合与目标企业发展管理可以通过二象对偶理论分析其二象系统，然后利用协同理论确定其序参量，从而有效测量其协调发展程度。

3. 专利组合和目标企业耦合系统二象特征分析

专利组合和目标企业耦合系统的二象性主要体现在整个系统进行耦合发展过程中具有明显的状态性质，即企业有可测度的绩效表现；而在发展过程中还存在行为动作的性质，即通过资源整合的行为（转化过程）才能达到一定的状态。因此，整个专利组合和目标企业耦合系统的发展演化过程中兼备状态性和行为性两个不同角色。"状态"是系统的静态描述，而"行为"是系统达到某种状态的动态反映。因此，对专利组合和目标企业耦合发展状况的评价可以从"状态"子系统和"行为"子系统相互影响、相互转化的轨迹进行测度。系统之间或系统组成要素之间在发展演化过程中彼此和谐一致的程度称为协同度。从系统论的角度看，专利组合和目标企业耦合系统需要技术资源与转化能力协同共进才能有好的绩效表现，因此，状态子系统和行为子系统是相互影响、相互制约的复合系统。专利组合和目标企业耦合发展系统是一个开放的系统，状态子系统和行为子系统不断与外界进行能量、信息交换的同时，在功能、职责等方面差异很大，远离平衡态。状态子系统和行为子系统间的相互作用是非线性的，某个子系统的涨落例如专利组合的发展或资源投入大小等，最终导致了整个系统从无序走向有序。根据以上分析，按照耗散结构形成必须具备的四个条件，二象系统具备应用复合系统协调模型的条件。

从哲学的角度来看，状态和行为又是相对立统一的，属于辩证唯物主义的范畴。客观上说，任何运动都表现为一定的状态，而状态的变化又是行为的结果，这与唯物主义中发展的观点是相一致的。具体论述如下：

（1）专利组合和目标企业耦合发展系统状态子系统。

在专利组合和目标企业耦合发展过程中，描述在某一个特定的时空状态下专利组合和目标企业耦合发展状况，必须要从"静止"的状态去衡量，这就是专利组合和目标企业耦合发展系统"二象"结构的状态子系统。专利组合和目标企业耦合发展的程度外在体现为最主要的是企业绩效。无论是专利组合演变还是企业转化资源投入，最终皆是以企业利益最大化为目标的。因此，企业绩效最能体现出专利组合和目标企业耦合发展系统的状态。

（2）专利组合和目标企业耦合发展系统行为子系统。

专利组合和目标企业耦合发展系统行为子系统是整个系统的"虚像"子系统，由于专利组合和目标企业耦合发展系统行为子系统的"虚像特征"，资源融合行为实际上是一种方法或手段，反映专利组合和目标企业耦合发展系统的运作过程。因此，专利组合和目标企业耦合发展系统耦合体现在专利组合构建与企业转化资源投入相互间匹配程度。

通过以上分析可知，从专利组合和目标企业耦合发展系统演化过程来看，专利组合和目标企业耦合系统是一个动态发展的系统，状态子系统和行为子系统是它的二象子系统。其中，状态子系统以企业绩效为表征，行为子系统以资源融合为测度工具。专利组合和目标企业耦合发展系统强调的是二象子系统之间相互促进、协调发展，最终实现专利组合价值实现最大化。

14.3.3　专利组合和目标企业耦合发展的测度模型

1. 专利组合和目标企业耦合发展水平测度模型

专利组合和目标企业耦合发展是一个复合系统，专利组合和目标企业耦合发展是指二象系统即状态子系统与行为子系统彼此协调一致的程度。根据协同学理论，序参量可以分为快弛豫变量和慢弛豫变量，慢弛豫变量决定了系统演化过程。系统从无序走向有序的关键在于慢弛豫变量的协调作用，它决定着系统演化的特征与规律。因此，在确定了专利组合和目标企业耦合发展系统二象系统之后，通过研究二象系统的少数序参量就可以确定专利组合和目标企业耦合发展路径，同时可以对专利组合和目标企业耦合发展状况进行有效测度。

按照孟庆松，韩文秀提出的复合系统协调度模型，结合专利组合和目标企业耦合发展系统特点，建立专利组合和目标企业耦合发展模型。假设专利组合和目标企业耦合发展系统中状态子系统与行为子系统为 $S_j, j \in (1,2)$，设其发展过程中的序参量变量为 $e_j = (e_{j1}, L, e_{jn})$，其中 $n \geq 1, \beta_{ji} \leq \alpha_{ji}, i \in [1, n]$。假定 e_{j1}，e_{j2}，L，e_{jn} 的取值越大，系统的有序程度越高，其取值越小，系统的有序程度越低；假定 $e_{jl_{1}+1} L e_{jn}$ 的取值越大，系统的有序程度越低，其取值越小，

系统的有序程度越高。状态子系统与行为子系统的序参量分量 e_{ji} 的有序度为

$$u_j(e_{ji}) = \begin{cases} (e_{ji} - \beta_{ji}) / (\alpha_{ji} - \beta_{ji}) & i \in [1, l] \\ (\alpha_{ji} - e_{ji}) / (\alpha_{ji} - \beta_{ji}) & i \in [l+1, n] \end{cases} \quad (14.2)$$

其中，α_{ji} 和 β_{ji} 分别是第 j 个系统在第 i 个指标上的上限值和下限值。由公式（14.2）可知，$u_j(e_j) \in [0, 1]$，其值越大，e_j 对系统有序的作用越大，对系统有序的功效越大。

从总体上看，指标变量对子系统协调程度的"总贡献"可通过集成的方法来实现。集成的方法是由系统的具体结构确定的，笔者则是采用了几何平均法来实现。

$$u_j(s_j) = \sqrt[n]{\prod_i^n u_j(e_{ji})} \text{ 或 } u_j(s_j) = \sqrt[n]{\prod_{i=1}^n \lambda_j u_j(e_{ji})} \lambda_i \geq 0, \sum_{i=1}^n \lambda_j = 1 s_j \text{ 表示}$$
第 j 个子系统。

$u_j(s_j)$ 表明了子系统的协调度，$u_j(s_j) \in [0, 1]$，$u_j(s_j)$ 越大，说明子系统的协调程度越高，对整个系统的贡献越大，反之则越低。

对给定的初始时刻 t_0，设状态子系统的系统协调为 $u_1^0(s_1)$，行为子系统的系统协调度为 $u_2^0(s_2)$，则对于整个系统在发展演变过程中的时刻 t_1 而言，如果此时状态子系统的协调度为 $u_1^1(s_1)$，行为子系统的协调度为 $u_2^1(s_2)$，且 $u_1^1(s_1) - u_1^0(s_1) \geq 0$，$u_2^1(s_2) - u_2^0(s_2) \geq 0$，或者这两个式子同时小于零，则系统耦合度可以表示为

$$c = \sqrt{|u_1^1(s_1) - u_1^0(s_1)| \times |u_2^1(s_2) - u_2^0(s_2)|}。 \quad (14.3)$$

由以上公式，可以得出：

（1）$c \in [0, 1]$，c 值越大，专利组合与目标企业耦合发展系统整体耦合程度越高，反之越低。

（2）公式中两个子系统相互影响，如果一个子系统的协调度提高幅度较大，而另一个子系统协调度提高幅度较小或下降，则整个系统处于较差的协调状态或不协调状态。只有两个子系统同步增长或降低，整个系统才处于协调状态。另外，在子系统协调度变化中把握整体专利组合与目标企业耦合发展系统的协调状态，是动态分析过程。

2. 序参量的确定

（1）专利组合和目标企业耦合发展状态子系统序参量的确定。

状态子系统的表征是企业绩效，因此，根据财政部颁布的企业绩效评价指标体系、国内外学者近年来的研究成果及本课题研究目的，并综合考虑中国电子

信息制造业企业的实际情况,本文选取反映盈利能力、海外市场扩展能力和发展能力三个维度构建企业绩效评价指标体系,并选取净资产收益率、主营业务收入增长率、海外市场收益增长率 3 个指标作为状态子系统的序参量。见表 14.2。

表 14.2 状态子系统序参量

代码	指标名称	计算公式
X1	净资产收益率	资产本期净利润/期间平均净
X2	海外市场增长率	海外业务收入增长额/上年海外业务收入
X3	主营业务收入增长率	主营业务收入增长额/上年主营业务收入

(2)专利组合和目标企业耦合发展行为子系统序参量的确定。

行为子系统包括专利组合演变子系统和企业资源转化子系统两个方面,而专利组合演变与资源转化都是为了企业能有效实现目标,以资源价值最大化为原则,通过一系列措施或行为方式达到资源配置最优状态而进行的一系列组织行为。资源融合过程中关键的是专利组合的不断完善和发展,因此,专利组合发展是其中的关键。本课题选择企业整体专利增长率、海外专利申请作为专利组合演变子系统序参量。资源融合过程体现了企业运作效率提升、生产效率提高以及专业化分工与合作,是以财务资源、人力资源和生产设备等为基础的。因此,资源转化能力就是从人力资源投入、财务资源投入、生产设备资源投入等角度进行选择、确定。鉴于此,本文选择了研发经费投入、费用比率、固定资产增长率 3 项指标作为行为子系统序参量。见表 14.3 和表 14.4。

表 14.3 行为子系统(专利组合演变子系统)序参量

代码	指标名称	计算公式
Y1	专利技术增长率	本期专利申请增长数目/期初专利申请数目
Y2	海外专利申请数量	在美国、日本、欧洲年度专利申请数量

表 14.4 行为子系统(资源转化子系统)序参量

代码	指标名称	计算公式
Z1	固定资产增长率	本期净增固定资产原值/期初固定资产原值
Z2	研发费用	研发过程中的投入
Z3	费用比率	销售费用/管理费用

第15章 专利组合与企业
发展耦合案例分析

创立初期的联想集团是知识产权的探索者，但在其发展的过程中，更侧重于市场扩张、渠道建立、资本运作等环节，在专利技术特别是核心技术上一直缺乏沉淀，逐渐的被国外大型企业超越，更为严重的是联想集团的国际化道路也变得崎岖不平。2001年联想就提出了国际化目标并在次年召开了技术创新大会，2003年联想为了进一步深化其国际化发展思路，将原来的名字lengend改为Lenovo，然而这一切都仅仅是一些策略性的步骤，对国际化发展并未形成关键要素。2005年，联想收购了IBM全球个人电脑业务，从中获得了大量的专利，在知识产权的发展上奠定了基础。之后，为应对激烈的国际竞争，联想必须及时抢占发展战略的制高点，建立健全专利发展战略，无论是采用专利进攻还是防守策略，都将使得联想能在未来全球市场中立于不败。

联想公司的发展历程大致经历了三个阶段：

1. 第一阶段（1988—1994年），早期大力发展跨国经营

联想公司于1984年开始创业，1988年香港联想公司成立。为了打入国际市场，联想制定了详细的"三步走"战略。首先，进军中国香港这个优良港口，建立一个贸易公司，以便积累资金、探索市场，积累丰富的国际化经验；然后，建立一个跨国公司，公司必须包括研发中心、生产基地和国际营销网络，并且集研究、生产和销售于一体；最后，增强竞争力，促进规模经济的形成，这样才能立于发达国家电脑产业的先进行列。1989年，香港联想公司在深圳成立，开始批量生产和出口主板机。1990年，联想集团转变为计算机生产与销售企业且拥有自己的知识产权和品牌。1994年，联想出口的主板机已经占到世界市场的10%，列为最大生产厂商前五名。同年，联想在香港证交所上市，按时完成了海外发展计划。

2. 第二阶段（1994—2003年），以国内为主，兼顾海外市场

1994年之后，联想集团开始走上了以国内市场为主并兼顾海外市场的发

展道路。到了 1997 年，联想个人电脑的市场占有率已经在国际市场上占有一席之地，在亚太市场排名第一。2001 年，联想开始了国际化过程中的多元化发展道路，但效果并不理想。2003 年，联想集团重新开始研究制定新的发展战略，将运营重点放在个人电脑业务上，并将目光转移到海外市场。

3. 第三阶段（2003 至今），全力推进国际化进程

加入 WTO 以后，中国经济发展逐渐融入国际社会，中国相当一部分龙头企业开始走出去，进入国际市场参与竞争。联想作为电子信息产业的领头羊，也积极响应国家号召，成为中国企业走出去的先锋。在这个过程中，联想集团做好了充分的准备，2003 年联想改变了沿用 15 年的商标，采用 lenovo 替代了原有的 lengend，并在全球进行注册。一年之后，联想并购了 IBM 集团的个人电脑业务，获得了 2000 多件专利，为其国际化发展迈出了关键一步。近几年来，联想动作频频，通过市场购买或者并购等手段获得了大量专利，为其市场竞争力提升以及应对企业海外市场扩张带来了专利诉讼奠定了基础。如 2011 年联想与日本的 NEC 创办新企业，之后，又购买了德国的 Medion AG36.6 的股份，在知识产权领域大肆扩张。2014 年联想又并购了摩托罗拉集团，获得了其品牌和商标以及 2000 多项专利。

15.1　联想公司的专利组合评价

随着企业逐步认识到知识产权对企业发展的作用，企业对专利这一"隐形武器"的重视程度也大大提升。在中国的专利交易市场，生物医药、新型材料、信息通讯、节能环保等领域的专利交易呈逐渐上升的态势。联想集团作为世界 500 强之一的中国 IT 公司，在专利交易市场上也异常活跃，而且联想大概是中国企业里为数不多的能够从专利上面获取收入的企业。联想集团是 1984 年中科院计算所投资 20 万元人民币，由 11 名科技人员创办的，是一家在信息产业内多元化发展的大型企业集团，富有创新性的国际化的科技公司。从 1996 年开始，联想电脑销量一直位居中国国内市场首位；2004 年，联想集团收购 IBM（International Business Machines Corporation）的 PC（Personal Computer）事业部；2013 年，联想电脑销售量升居世界第一，成为全球最大的 PC 生产厂商。联想公司主要生产台式电脑、服务器、笔记本电脑、打印机、掌上电脑、主板、手机、一体机电脑等商品。主要运营中心分布在美国 Raleigh、北京以及新加坡等地。根据国际知识产权局发布的年报数据，2013 年国内企业

（不含港澳台）有效专利拥有量前十位排行中，联想（北京）有限公司排名第十，2014年国内发明专利申请受理量居前十位的企业排名中，联想（北京）有限公司排名第五。在专利交易市场上，联想集团在2004年并购IBM PC事业部的时候，除了买了它的品牌，买了它的技术以外，还买了1000多项专利。所以，这也成为目前联想专利池重要的一部分，成为专利收入的一个重要的来源。除此之外，联想集团在收购Medion AG、摩托罗拉以及IBMx86服务器业务过程中也伴随着许多专利交易。2014年3月联想更是大手笔的购买Unwired Planet公司的21项专利组合，包括3G和LTE移动专利及其他重要的移动专利，总对价约为1亿美元，同时联想将获得Unwired Planet知识产权组合的多年期授权。可见联想集团在中国的专利交易中是非常具有典型性的一个企业，因此在本书中笔者将选取联想集团作为我们专利组合价值评价的案例进行分析。

在现实的专利交易中，大部分专利交易都是以专利组合的形式进行，而专利组合的规模也可能极其庞大。由于本章节的案例分析主要用来对上述的专利组合评价指标以及方法进行模拟测算，而且由于计算量及数据获取等方面的问题，因此本文仅选取少量的专利组成专利组合进行模拟。在中国国家知识产权局官网的专利数据查询中，利用中国专利公布公告查询，可以查询1985年以来的各类专利公布公告，包括专利权转移的公告。为了增加专利组合选取时的合理性，考虑到2004年联想并购IBM的PC事业部时同时购买了大量的专利组合，因此本文以此事件为基础，按照专利权转移时变更前权利人、变更后权利人、转移事务数据公告时间以及关键词查询的方法选择一定数量的专利模拟成为专利组合进行价值评估。经查询发现，2006年期间涉及联想集团的专利申请权和专利权的转移共计161件，类型都为发明专利，其中2006年12月期间由国际商业机器公司向联想集团共转移98件专利产品，见表15.1。在这98件专利中，首先去除其中专利申请权的转移数据。因为专利申请权转让是指专利申请人将国家知识产权局已接收但仍未授权的专利依法转让给他人的行为，并不能从根本上保证受让人未来一定能够成为受让发明创造的专利权人。同时，为了避免该98件专利产品有可能隶属于不同的专利组合，因此利用关键词查询，提取专利名称中含有计算机这一关键词的专利，共计44件专利构成我们作为模拟测算的专利组合的成员。

表 15.1　IBM 向联想集团转移的 98 件专利

专利申请号	专利名称
2005100041356	笔记本计算机和手持设备的显示屏面
981096026	无线信息处理终端及其控制方法
981089135	保证盲自动对接电气连接的完整性的装置和方法
971226571	用于便携式计算机的坞站设备
971026041	降低计算机功耗的方法及计算机系统
971018545	无绳数据/传真调制解调器
951196324	计算机系统的两种总线之间的桥接器
951168193	用于高级电源管理（APM）的自动备份系统
951168185	用于挂起系统的多功能电源开关和反馈发光二极管
951075616	一种手架和采用这种手架的数据处理装置
951075462	自行配置的计算机系统的方法
941195511	一种力传感器及计算机键盘
941151239	具有配置灵活性及检修性能的个人计算机
911085874	直接或交叉存储器存取用的存储器控制器
941065715	信息处理系统
911075763	电池供电计算机的电源管理系统
911085866	动态存储系统中动态调定各时标用的数据处理系统
911075763	电池供电计算机的电源管理系统
911075739	个人计算机的电池电量监视器
911075720	可泊接便携式计算机的自动设备配置
911045112	保护个人计算机中系统应用程序的装置
2004100624745	高效计算机病毒检测系统和方法
200410028707X	计算机或其它电子装置的远程支持方法和系统
31274250	连接器单元
02807940X	使用诱饵服务器检测网络上的计算机病毒的方法及装置
28035917	用于防止个人计算机被未经授权人员使用的安全系统
11230894	节省空间配置的机内槽形天线
89108195X	个人计算机
200410048594X	修改结合动态排序等点击装置功能的方法和装置
31524354	基于文本标签方向属性配置显示桌面的装置、系统和方法
31274382	用于增强便携式计算机的冷却能力的方法和装置
18230091	具有内置 USB 集线器的系统的电源管理方法及系统
2004100080695	信息处理器、控制电路和控制方法
991270797	插接天线和应用相同天线的电子设备
991258711	一种桌上型计算机系统和一种恢复计算机系统状态的方法

专利申请号	专利名称
991231783	远程访问客户系统个别初始化设定的数据处理系统和方法
991213734	对页面目录基寄存器值进行估算和验证的方法
991205588	存储器模块识别方法和电路
991106067	数据存储设备及其伺服系统的振动控制方法
991051599	带有集成总线和电源隔离开关的接插件
981225462	数据限幅电路和数据限幅方法
981209505	具有安全保护特性的个人计算机系统
981069533	手写汉字识别方法及装置
971215588	用于便携式计算机的电池连接机构
971179379	降低电子电路功耗的方法和处理机电路
971154988	信息处理设备
961226897	用于个人计算机存储卡的选择和弹出设备
95197887X	信息处理单元的机械结构
961020032	便携式信息处理装置
961185147	图象重叠处理器
961217499	信息处理设备
951040022	可拆卸地装配在计算机系统上的扩充设备及其控制方法
941198111	访问控制装置和方法
94113735X	个人计算机中容量超过 528 兆字节的 DASD 装置和方法
941129284	带有自设定接触插针并适于多国使用的通用电力插头
941075745	保护方式下保留和恢复执行代码的 CPU 状态的方法
941072428	台式计算机系统和用于保存计算机系统状态的方法
941058247	具有多级功率管理的台式计算机及其功率管理方法
931176972	带有数据传送用可编程门限先入先出寄存器的个人计算机
931176956	信息处理设备
931057825	具有外部天线的可移动数据终端设备
931010144	多媒体计算机诊断系统
931007011	具有安全保护特性的个人计算机系统的实现方法
921087306	多媒体信号处理器计算机系统
921033583	具有替换主控制器立卡连接器的个人计算机
921031114	带替代系统控制器的个人计算机
921031033	具有处理器复位控制的个人计算机
921004389	控制处理器时钟信号的方法及信息处理系统
911096345	用以保持高速缓冲存储器完整性的方法与装置
911083839	带分解式键盘的个人计算机

续表

专利申请号	专利名称
911041699	带有可拆卸介质标识的个人计算机
901096954	控制使用计算机的方法
901093718	计算机内夹持各装置用的机壳设备
901087661	可编程中断控制器
901084867	计算机中将设备装在轨道上用的可拆卸的导轨装置
90108431X	带有高速缓冲存储器的中心处理机优先控制
901082775	个人计算机存储单元奇偶错误指示器
901078573	个人计算机处理器插件相互连接系统
901071420	利用管道接口异步传送控制元素的设备与方法
901069558	减少个人计算机系统中 BIOS 存贮空间的装置和方法
901069302	个人计算机系统原始基本输入输出系统的装入
901068799	防止未授权存取基本输入输出系统的方法
901039683	具有把组块脉冲式操作转换为流水线操作装置的数据处理系统
891091149	在计算机存储空间增加定位 ROM 的选择
891064435	带键盘的电子装置
891026266	在有仲裁的 80386/82385 微机系统运行中 80386 对系统总线的抢用
881009628	具有可编程序直接存贮器存取控制的计算机系统
881007935	快速开启由路径名识别的磁盘文件的方法
881007625	可编程选件的选择
28064712	计算机装置、扩展卡、小型 PCI 卡、自动电源接通电路、自动启动方法以及信号激活方法
01137134X	图像处理设备和计算机系统
01125548X	带有自设定接触插针并适于多国使用的通用电力插头
11247878	协同手写输入的系统和方法
8098115	带有键盘照明器的计算机
881007560	计算机命令的方式转换
871064367	光栅扫描数字显示系统
2004100490577	信息处理装置和设置温度校正方法
2004100036300	对接站
28086201	不安全网络上的远端指纹认证方法

数据来源：国家知识产权局官网 http：//epub. sipo. gov. cn。

　　表 15.2 中列出了联想集团专利组合案例中的 44 个专利构成的数据，包括专利的申请号，授权公告号，专利名称，IPC 分类号，优先权，权利要求数

目，受保护的国家，PCT 申请以及专利申请日等方面的数据。除受保护的国家和 PCT 申请的数据来源于欧洲专利局官网外，其余数据均来源于国家知识产权局。

从表 15.2 中可以看出，该 44 件专利都是围绕计算机方面形成的专利。按照 IPC 分类标准，该专利组合中涉及了 G06F，G01L，G01R，H04L，H05K 和 G11B 共 6 个不同的 IPC 四维码，其中以 G06F（电数字数据处理）最多。各项专利的权利要求数目也差异较大，最小值仅为 1，即该专利中仅包含 1 个权利要求（专利号：901082775），最大值为 63（专利号：941072428），组合的权利要求平均数目为 17。由于该组合中各项专利权的转移发生在 2006 年，因此各专利的申请日期都相对较早，各项专利中申请日最早的为 1988 年，最晚的为 2004 年。利用国家知识产权局官网查询到的优先权号，以及申请日，专利申请人，专利发明人，IPC 分类号等信息在欧洲专利局网站上可以查询到该专利在其他国家、地区及组织受保护的情况以及申请 PCT 专利的情况。表 15.3 列出了专利文献中国家、地区及组织代码所代表的名称。从表 15.2 可以看出，除极少数专利外，组合中的大部分专利都在其他国家、地区及组织同时申请了专利保护，而且申请保护的国家大部分为美国、日本等发达国家。其中，以 WO 开头的专利是 PCT 申请公布号的开头，而以 EP 开头的专利则表明该专利向欧洲专利局提交了专利申请。在专利文献中，按照公开号最后 A 为申请公开，B 为授权公开，C 为无效等的公开来判断，我们在考察该专利是否受到保护时，仅选取了专利公开后最后以 B 为结尾的专利，即授权公开的专利，用以表明选取的合理性。

根据表 15.2 中的数据，以及第 13 章 13.1.3 中专利组合评价指标体系构建中各指标的计算说明，可以计算出该案例组合的各指标值。结果如表 15.4 所示。首先需要说明的是，由于该专利组合的市场交易时间发生在 2006 年，因此在指标计算时，所有指标的衡量标准都以 2006 年为参照，并不以研究的现在时间作为参照。在指标的计算过程中涉及的定性指标，如技术领先性，技术可替代性，技术依存度以及侵权检测难度指标，是根据计算机领域的技术人员的专业判断进行打分得到的。由于选取的专利都为发明专利，因此二级指标发明专利比重的计算值为 1。在计算专利组合范围时，该专利组合中包含的不同的 IPC 四维码的数量为 6，而计算专利组合关联度时，则使用了 IPC 五维码作为计算标准，包含 G06F1 这一五维码的专利共有 37 项。在计算专利组合政策匹配性时，由于选取的案例转移时间为 2006 年 12 月，而《"十二五"国家战略性新兴产业发展规划》是国务院 2012 年才印发的，因此我们在这个案例

表 15.2 专利组合案例数据

专利申请号	IPC	优先权	权利数目	专利名称	申请日	受保护国家、地区及组织
971226571/CN1114848C	G06F1/16	343946/1996 1996.12.24 JP	15	用于便携式计算机的坞站设备	1997.11.21	US
971026041/CN1094615C	G06F15/00	9603529.0 1996.02.20 GB	7	降低计算机功耗的方法及计算机系统	1997.02.05	EP, GB, TW, JP, KR
951196324/CN1089463C	G06F13/42	351186 1994.11.30 US	18	计算机系统的两种总线之间的耦接器	1995.11.17	WO, PL, JP, EP, HU, KR
951075462/CN1083124C	G06F9/312	284014 1994.08.01 US	18	自行配置的计算机系统的方法	1995.06.16	WO, EP, CZ, HU, JP, KR, PL
941195511/CN1076824C	G01L1/22; G06F3/023	181,648 1994.01.14 US	28	一种力传感器及计算机键盘	1994.12.20	EP, JP, KR
941151239/CN1091894C	G06F1/16	134199 1993.10.08 US	40	具有配置灵活性及检修性能的个人计算机	1994.09.07	EP, TW, KR, JP
911075763/CN1025252C	G06F1/00; G06F9/00	647,118 1991.01.25 US	7	电池供电计算机的电源管理系统	1991.12.31	EP, AU, JP, KR
911075739/CN1030940C	G01R31/36	647,120 1991.01.25 US	8	个人计算机的电池电量监视器	1991.12.31	AU, JP, KR
911045112/CN1029336C	G06F9/00	557,334 1990.07.23 US	4	保护个人计算机中系统应用程序的装置	1991.06.21	WO
200410062474 5/CN1285987C	G06F1/00	10/683,665 2003.10.10 US	29	高效计算机病毒检测系统和方法	2004.07.08	US, WO, TW, KR, JP, EP
200410028707X/CN1286011C	G06F11/00; H04L12/16	10/417,675 2003.04.17 US	21	计算机或其它电子装置的远程支持方法和系统	2004.03.10	US
028079400X/CN1256634C	G06F1/00; H04L29/06	09/829,761 2001.04.10 US	39	使用诱饵服务器检测网络上的计算机病毒的方法及装置	2002.04.09	WO, US

续表

专利申请号	IPC	优先权	权利数目	专利名称	申请日	受保护国家、地区及组织
028035917/CN1261841C	G06F1/00	01480003.1 2001.01.11 EP	17	用于防止个人计算机被未经授权人员使用的安全系统	2002.01.11	WO, EP
89108195X/CN1012922	G06F15/02	300808/88 1988.11.30 JP	7	个人计算机	1989.10.28	EP, JP, KR
031274382/CN1231826C	G06F1/20;H05K7/20	10/320, 180 2002.12.16 US	30	用于增强便携式计算机的冷却能力的方法和装置	2003.08.07	US, JP
99125871I/CN1209720C	G06F15/76	08/097250 1993.07.26 US	28	一种桌上型计算机系统和一种恢复计算机系统状态的方法	1994.06.27	EP, JP, KR
981209505/C1120431C	G06F15/00;G06F12/14;G06F12/16	840965 1992.02.26 US	10	具有安全保护特性的个人计算机系统	1993.01.26	KR, TW, JP, AU
971215588/CN1093651C	G06F1/16	309436/96 1996.11.20 JP	16	用于便携式计算机的电池连接机构	1997.10.29	JP
961226897/CN1160605C	G06F1/16	008091 1995.10.30 US;703611 1996.08.27 US	17	用于个人计算机存储卡的选择和弹出设备	1996.10.29	EP, JP, HU
951040022/CN1109280C	G06F1/32;G06F1/00;G11B7/00	088674/1994 1994.04.26 JP	18	可拆卸地装配在计算机系统上的扩充设备及其控制方法	1995.04.07	EP, JP, KR
94113735X/CN1096029C	G06F12/08	224846 1994.04.07 US	63	个人计算机中容量超过528兆字节的DASD装置和方法	1994.10.31	WO, JP, HU, PL, EP, KR
941072428/CN1209720C	G06F15/76	097250 1993.07.26 US	16	台式计算机系统和用于保存计算机系统状态的方法	1994.06.27	JP, EP, KR

续表

专利申请号	IPC	优先权	权利数目	专利名称	申请日	受保护国家、地区及组织
941058247/CN1109964C	G06F9/00	097251 1993.07.26 US	36	具有多级功率管理的台式计算机及其功率管理方法	2003.05.28	EP
931176972/CN1050917C	G06F13/14	07/947, 013 1992.09.17 US	5	带有数据传送用可编程门限先入先出寄存器的个人计算机	1993.09.14	EP, KR
931010144/CN1072372C	G06F11/00	07/847, 128 1992.03.06 US	9	多媒体计算机诊断系统	1993.02.05	EP
931007011/CN1044160C	G06F12/14; G06F15/76	07/840, 965 1992.02.26 US	19	具有安全保护特性的个人计算机系统的实现方法	1993.01.26	EP, TW, KR, JP, AU
921087306/CN1026733C	G06F15/00	07/761, 534 1991.09.18 US	18	多媒体信号处理器计算机系统	1992.08.18	EP
921033583/CN1031607C	G06F13/38; G06F9/44	713, 232 1991.06.10 US	11	具有替换主控制器立卡连接器的个人计算机	1992.05.08	JP, KR
921031114/CN1029164C	G06F9/02	706, 425 1991.05.28 US	15	带有代系统控制器的个人计算机	1992.04.28	AU, JP, KR
921031033/CN1030944C	G06F9/44	07/706, 490 1991.05.28 US	12	具有处理器复位控制的个人计算机	1992.04.28	AU, JP, KR
911083839/CN1024958C	G06F3/02; G06F3/023	621, 668 1990.11.30 US	45	带分解式键盘的个人计算机	1991.10.30	EP, JP, MX, KR
911041699/CN1024959C	G06F7/06; G06F13/00	556, 926 1990.07.20 US	7	带有可拆卸介质标识的个人计算机	1991.06.20	TW, PL, CA, AU
901096954/CN1018772	G06F1/00		10	控制使用计算机的方法	1990.12.05	
901093718/CN1022967C	H05K5/00; G06F1/16	428, 254 1989.10.27 US	2	计算机内夹持各装置用的机壳设备	1990.10.19	JP, KR
901084867/CN1022968C	H05K7/14	07/428, 252 1989.10.27 US	1	计算机中将设备装在轨道上用的可拆卸的导轨装置	1990.10.19	EP, JP, KR

续表

专利申请号	IPC	优先权	权利数目	专利名称	申请日	受保护国家、地区及组织
901082775/CN1017382	G06F11/10	07/422, 204 1989.10.16 US	5	个人计算机存储单元奇偶错误指示器	1990.10.12	
90107853/CN1018486	G06F1/16	425, 669 1989.10.23 US	19	个人计算机处理器插件相互连接系统	1990.09.21	EP, PL, AU, CZ, JP, KR
901069558/CN1017839	G06F15/78	398, 860 1989.08.25 US	4	减少个人计算机系统中 BIOS 存贮空间的装置和方法	1990.08.11	EP, AU, JP, KR
901069302/CN1017838	G06F15/78	398, 865 1989.08.25 US	26	个人计算机系统原始基本输入输出系统的装入	1990.08.11	EP, JP, KR
891091149/CN1014839	G06F9/318	07/281, 612 1988.12.09 US	7	在计算机存储空间增加定位 ROM 的选择	1989.12.08	EP, AU, JP, KR
881009628/CN1013068	G06F13/12	030, 786 1987.03.27 US	8	具有可编程序直接存贮器存取控制的计算机系统	1988.02.25	EP
028064712/CN1212556C	G06F1/26	73070/2001 2001.03.14 JP	18	计算机装置、扩展卡、小型 PCI 卡、自动电源接通电路、自动启动方法以及信号激活方法	2002.02.21	WO, JP
008098115/CN1157645C	G06F1/16	191780/1999 1999.07.06 JP	6	带有键盘照明器的计算机	2000.07.03	EP, WO
881007560/CN1012537	G06F9/06	029, 511 1987.03.24 US	12	计算机命令的方式转换	1988.02.23	GB, EP, JP, IT, KR

数据来源：国家知识产权局官网 http：//epub. sipo. gov. cn，欧洲专利局官网 http：//www. epo. org/。

表 15.3　专利文献的国家、地区及组织代码

代码	代表国家、地区及组织
AU	澳大利亚
CA	加拿大
CN	中国大陆
CZ	捷克
EP	欧洲专利局
GB	英国
HU	匈牙利
IT	意大利
JP	日本
KR	韩国
MX	墨西哥
PL	波兰
TW	中国台湾
US	美国
WO	世界知识产权组织

的计算中采用高新技术产业作为划分依据，考察专利组合中哪些专利属于高新技术产业的领域。高新技术产业是知识密集、技术密集的产业。产品的主导技术必须属于所确定的高技术领域。根据这一标准，高新技术产业主要包括信息技术、生物技术、新材料技术三大领域。中国高新技术产业园区从 20 世纪 50 年代起步以来，获得了一系列国家政策的支持和优惠，包括企业税收优惠，国家大学科技园和国家级科技企业孵化器税收减免，企业研发费用加计扣除等政策，以及不断建立和完善相应设施与机构，提供包括研发、信息、投融资、贸易、法律、担保、财务、评估、人才资源、国际交流与培训、产权及技术交易等多种创业发展所需要的服务。根据丁建业（2005）的文章中《高新技术产业与国际专利分类号（IPC）对照表》中的信息，案例中的专利组合中只有两个单项专利不属于高新技术产业的范畴。根据第三部分对核心专利的说明，我们在分析专利组合价值时，采用专家评价法鉴别核心专利。根据专家评价的结果，案例中的台式计算机系统和用于保存计算机系统状态的方法（专利申请号 94113735X）这一专利被认定为核心专利，专利 IPC 分类号为 G06F15/76，

IPC 含义为存储程序计算机的通用结构。根据丁建业（2005）的研究，该 IPC 分类隶属于国民经济分类号 4141，电子计算机整机制造业。在具体计算时，由于数据统计的原因，根据国家统计局的官方数据，我们采用按行业分规模以上工业企业主要经济指标中的工业销售产值计算产业增长率。申请人能力的计算公式为专利申请人在本行业的专利授权数量与该行业专利授权数量之比。该专利组合各专利的申请人均为国际商业机器公司（IBM）。在中国专利数据库中检索申请人为国际商业机器公司，地址为美国纽约，分类号为 G06F 的发明授权一共有 3997 件。而该分类号下总的发明授权共有 86913 件。在进行专利市场交易时，专利权利的转让人会向受让人提供关于该专利许可状态的数据，许可完成后还需向国际知识产权局进行许可备案，国家知识产权局建立专利实施许可合同备案数据库以供公众查询。我们以此为基础对该案例组合中的许可状态指标进行了计算。在权利要求数目的计算中，根据方程（13.1），首先需要对各单项专利的权利要求数目进行相对值的计算。计算中的分母为专利权人同一 IPC 类别下专利权利要求的最大数量。由于该专利组合的专利权人都为联想集团，而联想集团在该 IPC 分类（G06F）下拥有发明专利 1302 件，实用新型专利 1225 件，数量庞大，在国家专利数据库中寻找权利要求数量的最大值需要较大的工作量。因此在具体计算时，我们使用该专利组合中权利要求数量的最大值 63 作为方程（13.1）中的分母值进行计算。由于我们只是进行模拟计算，而且 63 个权利要求数量即便不是联想集团在该分类下的最大值，也一定属于较大值范畴，因此应该不会对结论产生实质性影响。在计算风险规避能力中的受保护范围这一指标时，主要参考方程（13.2）进行计算。C_A 的取值依据表 15.2 中受保护国家的名称，参考表 13.6 得出。C_B 的取值取决于该专利是否受到 PCT 或美日欧专利局的保护。根据表 15.3，进入 PCT 申请的专利一共 9 个，这 9 个专利的 C_B 的取值为 0.5，其余专利 C_B 的取值均为 0。只有一个专利（专利号：2004100624745）同时获得了美日欧三局的保护，而这个专利同时也进行了 PCT 申请，因此不必重复计算。关于涉诉情况指标的计算，主要参考 www. patentfreedom. com/网站关于联想集团涉诉情况的说明进行计算。搜索结果显示，在该案例中，共有三个专利涉及诉讼，专利号分别为 981209505，941058247，931007011。剩余有效期的计算按照 2006 年为参照，按照表 13.8 中的赋值情况进行计算得出。

15.4 专利组合评价指标计算结果

一级指标	二级指标	指标计算值
专利组合质量	发明专利比重	1
	技术领先性	0.75
	技术可替代性	0.75
	专利组合范围	0.1364
	专利组合关联度	0.8409
产业化能力	专利组合政策匹配性	0.9545
	核心专利产业增长率	0.2805
	技术依存度	0.75
	申请人能力	0.0460
	许可状态	0.25
风险规避能力	权利要求数目	0.2709
	受保护范围	0.4068
	侵权检测难度	0.66
	涉诉情况	0.0682
	剩余有效期	0.5

在计算出专利组合价值评估指标体系中各指标的具体数值后，需要对各指标进行权重的计算。计算方法为层次分析法（AHP）。图 15.1 展示了专利组合价值评估的三个维度，15 个指标的层次结构。以这一层次结构为基础，按照 Saaty 教授提出的 1～9 比列标度表构建判断矩阵，分别请 5 位技术人员对指标体系中的关联因素进行打分，并求出平均值，然后利用幂法进行权重赋值计算，并进行一致性检验。权重计算结果如图 15.2 所示。其中权重最大的为技术领先性。所有计算过程均由 yaahp10.0 软件完成。

这里需要说明的是，在准则层的两两比较过程中，考虑到企业在专利市场交易时考虑的战略方向可能不同，因此对技术、经济和法律三个维度的重视程度也将存在差异。一般来说，企业在购买专利组合时，主要考虑两方面的战略原因。一是进攻性的战略，即企业通过购买专利使得该企业在竞争中保持领先，如提升市场份额、行业排名、技术优势等方面。二是防御性的战略，企业在这类战略下主要通过专利组合来阻碍竞争者的发展或防止竞争者对自身提起诉讼。进攻性战略的企业往往更加重视专利组合的技术价值和经济价值，而采取防御性战略的企业则应该更加看重专利组合的法律价值。由于案例中的专利组合是由 IBM 转让给联想集团的专利构成，而这一转让的发生背景为联想收购 IBM 的 PC 事业部。联想收购的原因主要是为了扩大市场份额，即专利组合战略中的进攻性战略。因此我们在计算权重时赋予技术和经济两个维度更大的权重值。

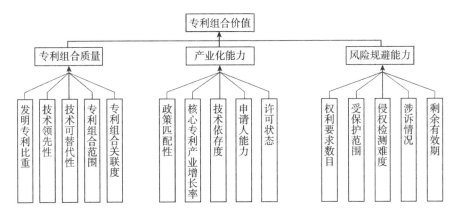

图 15.1　专利组合价值评价指标层次图

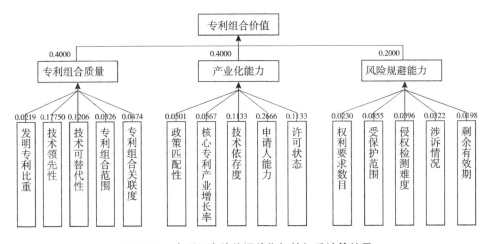

图 15.2　专利组合价值评价指标的权重计算结果

在利用 AHP 计算权重的基础上，利用模糊综合评价法进行计算。我们在这里设定了 5 个等级的评语集。即强 = 5 分，比较强 = 4 分，一般 = 3 分，不太强 = 2 分，很不强 = 1 分。然后邀请行业专家、企业技术人员、专利代理人等组成的评价小组共 5 人，确定评价的标准值。测评的最终结果见表 15.5 所示。

表 15.5 专利组合价值评价测评表

NO.	评测指标	评价
1	发明专利比重	强
2	技术领先性	比较强
3	技术可替代性	比较强
4	专利组合关联度	强
5	专利组合范围	一般
6	政策匹配性	强
7	核心专利产业增长率	强
8	技术依存度	比较强
9	申请人能力	强
10	许可状态	一般
11	权利要求数目	比较强
12	受保护范围	强
13	侵权检测难度	一般
14	涉诉情况	一般
15	剩余有效期	一般

通过导入测评数据，最终得到如下测评报告，如表 15.6 所示。最终计算结果为 4.0907，说明该专利组合的价值介于强和比较强之间，并偏向与较强。

表 15.6 综合测评报告

评测目标	综合评价得分
专利组合价值评测	4.0907

附表1. 评价等级域

评价等级	值
强	5
比较强	4
一般	3
不太强	2
很不强	1

续表

评测目标	综合评价得分

附表2. 权向量

指标	权重
发明专利比重	0.0219
技术领先性	0.1775
技术可替代性	0.1206
专利组合关联度	0.0474
专利组合范围	0.0326
政策匹配性	0.0501
核心专利产业增长率	0.0567
技术依存度	0.1133
申请人能力	0.0666
许可状态	0.1133
权利要求数目	0.023
受保护范围	0.0855
侵权检测难度	0.0396
涉诉情况	0.0322
剩余有效期	0.0198

从分析结果来看，我们构建的44个专利所组成的专利组合具有较高的价值。从层次分析法得出的权重来看，在一级指标领域，产业化能力和专利组合质量的权重相同，且大于风险规避能力的权重值，在二级指标内，技术领先性的权重最大，然后技术可替代性、许可状态、技术依存度以及受保护范围等指标依次权重递减，权重最小的二级指标为剩余有效期指标。而运用模糊综合评价后，专利组合质量的得分为4.09分，产业化能力的得分为4.15分，而风险规避能力的得分为3.97分。三个维度的得分有所区别，但区别并不是很大，说明该专利组合在三个价值维度上发展的较为平衡，并没有很明显的在某一方面的弱势。该专利组合案例的三个价值维度中，专利组合的产业化能力得分最高，评价结果属于较强的范畴，即该专利组合应该能够为企业带来较强的经济利益。专利组合的质量维度得分也在4分以上，评语等级为比较强，说明该专利组合拥有较强的技术能力。而三个维度中得分最低的是风险规避能力，评语

等级为一般到比较强之间，接近比较强等级。在后续的专利组合构建中，可以加强对风险规避能力的完善。整体来说，该专利组合具有较高的价值，这一分析结果可以为专利市场交易过程中专利组合的购买意向、磋商谈判、价格制定等提供参考。

15.2　目标企业承受能力的具体评价

以联想集团作为目标企业，在现有的技术条件下，可以借助 yaahp10.0 实现上述评价方法和步骤。

15.2.1　层次模型构造

根据理论分析构建层次模型如图 15.3 所示。

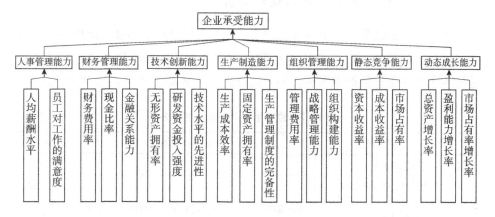

图 15.3　目标企业承受能力层次模型

15.2.2　计算各因素权重体系

首先，根据形成的层次模型，自动生成专家调查表，从而进行专家调研以获得专家数据。其次在层次模型中引入调研的专家数据。然后对引入的专家数据模型进行一致性检验，如果不能通过一致性检验，说明专家数据前后矛盾，要么要进行调整和重新判断，要么废弃这个专家数据。根据专家数据可以通过决策得出各因素的权重体系。如图 15.4 所示。

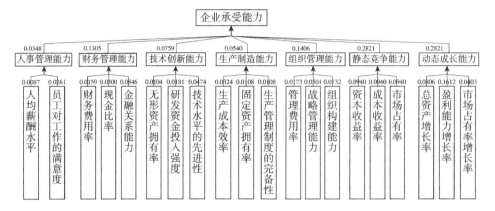

图 15.4　目标企业承受能力各因素指标的权重结果

15.2.3　对结果进行综合模糊评价

在专家判断结果页面下生成测评表，因为我们设定的多数是定性指标，根据指标计算结果和《工业统计年鉴 2014》中计算机、通讯和其他电子设备制造业主要经济指标数据做出相应的对比分析，得出如表 15.7 的专家测评表。

表 15.7　目标企业承受能力测评表

NO.	评测指标	评测指标说明	评价
1	人均薪酬水平		强
2	员工对工作的满意度		比较强
3	财务费用率	联想集团财务费用率为 570.56，而行业的平均水平为 125.37	强
4	先进比率	联想的现金比率为 81%，研究表明上市公司现金比率在 40%～80% 之间经营最稳定	强
5	金融关系能力		比较强
6	无形资产拥有率	联想集团无形资产拥有率为 5.68%，据测算 A 股上市公司无形资产拥有率平均为 4.6% 左右。	比较强
7	研发资金投入强度	联想集团的研发投入强度为 1.68%，而行业平均水平为 0.07%	强
8	技术水平的先进性		比较强
9	生产成本效率	联想集团的生活成本效率为 117.30%，而行业的平均水平为 112.93%	比较强

NO.	评测指标	评测指标说明	评价
10	固定资产拥有率	联想集团固定资产拥有率为 9.17%，行业平均水平为 24.55%	不太强
11	生产管理制度的完备性		比较强
12	管理费用率	联想集团管理费用率为 68.64，行业平均水平为 23.64	强
13	战略管理能力		强
14	组织构建能力		强
15	资本收益率	联想集团资本收益率 5.8，而行业平均水平为 29.18%	强
16	成本收益率	联想集团成本收益率为 58.64%，而行业平均水平为 5.07%	强
17	市场占有率	联想集团的市场占有率为 0.055%，而三星的市场份额超过 10%	不太强
18	总资产增长率	联想集团的总资产增长率为 8.27%，全行业资产分别比去年同期增加 15.23%，	不太强
19	盈利能力增长率	联想集团盈利能力增长率为 7.62%	不太强
20	市场占有率增长率	联想集团市场占有率增长率 14.07%，笔记本和手机整个市场的销售增长率为分别为 66% 和 31.9%	一般

通过导入测评数据，最终得到如下测评报告，如表 15.8 所示。最终计算结果为 3.67，说明联想集团的专利组合的承受能力介于一般和较强之间，并偏向与较强。

表 15.8　综合测评报告

综合评价报告	
生成日期：2015/10/14	
评测目标	综合评价得分
企业承受能力评测：2015/10/12	3.6677
附表 1. 评价等论域	
评价等级	值
强	5
比较强	4
一般	3
不太强	2
很不强	1

续表

附表2. 权向量

指标	权重
人均薪酬水平	0.0087
员工对工作的满意度	0.0261
财务费用率	0.0159
现金比率	0.03
金融关系能力	0.0846
无形资产拥有率	0.0104
研发资金投入强度	0.0181
技术水平的先进性	0.0474
生产成本效率	0.0324
固定资产拥有率	0.0108
生产管理制度的完备性	0.0108
管理费用率	0.0174
战略管理能力	0.0503
组织构建能力	0.0729
资本收益率	0.094
成本收益率	0.094
市场占有率	0.094
总资产增长率	0.0806
盈利能力增长率	0.1612
市场占有率增长率	0.0403

　　具体来看，联想集团的人事管理能力、财务管理能力、技术创新能力较强，因为这三种能力的所属测评指标都属于较强以上的等级。在生产制造能力方面，固定资产的拥有率的水平相对较低。作为上市公司，联想集团有明确的发展战略计划，其相应的生产规章制度较健全，因此其组织管理能力强。在静态竞争力方面，联想的资本收益率和成本收益率较高，但其市场份额相对较低，这可能也是联想集团收购 IBM 笔记本业务的原因之一。通过收购实现自己的进攻战略，拓展市场的占有率。而从 2006 年之后联想的表现来看，其市场的知名度和占有率确实每年在不断提高。相对于其他能力来看，联想的在专利组合购买前的动态成长能力较弱，主要表现在总资产增长率、盈利能力增长率和市场占有率增长率都处于一般偏弱的水平，这也可能是联想集团进行专利组合并购的目的之一，提高自己的市场竞争力和动态发展能力是其未来发展的

主要目标。

15.3　专利组合和目标企业耦合发展的实证分析

15.3.1　样本与数据来源

由于中国电子信息制造业企业目前多数是以自主创新为主，其走向海外并且开始进行海外专利申请布局的比较鲜见。中兴通讯、华为集团等是 2013 年后开始关注专利海外布局，但多数是以自主研发并在海外申请为主。联想集团在早期的战略选择中更多是以市场扩张为主，在自主研发上要偏弱一些。然而，在其确定了国际化发展道路以后更多的采用购买国外专利组合或者通过并购以获取专利组合等手段在知识产权积累上走出了不同的发展路径。以中国电子信息制造业企业上市公司联想集团为例，讨论它从 2005 年开始并购 IBM 之后一直到 2015 年的专利组合与目标企业耦合发展系统间的耦合发展状况。计算关联度的数据来源于本课题案例中联想集团购买专利组合专利评价结果和联想集团 2005 年购买专利组合时的承受能力情况分析数据。计算动态耦合度的所需数据主要来源于样本企业 2005 到 2015 年的年度报表，然后按照数据要求进行整理与计算得到。结果见表 15.9。

表 15.9　原始数据

年度	专利增长率	海外申请专利	研发投入	费用比率	固定资产投入增长率	固定资产投入	主营业务收入增长率	海外市场增长率	净资产收益率
2005	0.38	5.23	10.80	3.75	−0.12	11.58	−0.03	0.02	0.28
2006	−0.13	5.27	12.18	2.37	1.08	12.31	3.56	0.07	0.03
2007	0.20	5.53	12.19	2.12	0.47	12.69	0.05	0.14	0.14
2008	0.44	5.96	12.34	1.85	0.12	12.81	0.17	−0.17	0.30
2009	−0.33	5.47	12.30	1.49	−0.14	12.66	−0.09	0.03	0.17
2010	0.18	5.48	12.28	1.48	−0.21	12.42	0.11	0.33	0.08
2011	0.35	5.60	12.62	1.44	−0.16	12.25	0.30	0.48	0.15
2012	1.02	5.74	13.02	2.32	0.87	12.88	0.37	0.01	0.19
2013	0.11	6.33	13.34	1.57	0.22	13.08	0.15	0.39	0.24
2014	−0.14	6.16	13.50	1.35	0.39	13.41	0.14	0.32	0.27

15.3.2 专利组合和目标企业承受能力静态关联度计算及实证分析

1. 专利组合和目标企业承受能力总体关联度计算及分析

计算步骤如下：

①专利组合和承受能力两序列的始点零化像：

专利组合序列［1］：

0.0000，－0.2500，－0.2500，－0.8636，－0.1591，－0.0455，－0.7195，－0.2500，－0.9540，－0.7500，－0.7291，－0.5932，－0.3400，－0.9318，－0.5000，

承受能力序列［2］：

0.0000，0.1928，0.4064，0.2664，0.0764，－0.1503，－0.4368，－0.4768，－0.0936，－0.4019，－0.4452，0.0928，－0.4109，－0.4174，－0.3529，

②计算 $|s_0|$，$|s_1|$，$|s_1-s_0|$：$|s_0|=7.0858$；$|s_1|=1.97455$；$|s_1-s_0|=5.11125$

由公式（14.1）计算可得序列［1］和序列［2］的综合关联度 =0.7299。

根据以上计算结果可知，联想集团购买获得的专利组合与其承受能力之间的关联度为0.7299，关联度较高，可有效支撑其未来发展。

2. 专利组合和目标企业各分项能力之间的关联度计算与分析

继续采用前述关联度计算公式算出专利组合与目标企业各分项能力之间的关联度，如下。

表 15.10 专利组合与联想集团各分项能力之间的关联度及排序

	组织管理能力	财务管理能力	生产制造能力	技术创新能力	静态竞争能力	动态成长能力
专利组合	0.9112	0.8258	0.7762	0.8333	0.6999	0.8456
排序	1	4	5	3	6	2

从表15.10中可看出：

（1）与专利组合关联度最高的是联想集团的组织管理能力。这说明联想集团的组织管理水平已经能够适应新技术的应用和推广，在组织架构、战略构建、员工满意度等方面符合新技术商业化的要求。在购买专利之后可有助于技术向产品转化并有效推向市场。

（2）关联度排名第二的是动态成长能力。这说明联想集团在2005年发展

较为迅速，企业正处于高速成长期，与专利组合购买需要不谋而合。专利组合存在两方面价值，一方面是有效促进企业成长，转化为新产品或者拓展新市场，是进攻战略；另一方面是企业在发展过程中抵御其他企业的专利诉讼，是防守战略。而不论是进攻战略还是防守战略，都是需要企业具备良好的成长或者发展态势。

（3）关联度排名在第三、第四和第五的是技术创新能力、财务管理能力和生产制造能力，在实际关联度上这三者也是较为接近。实际上，这三者恰好反映了企业购买新的专利组合之后在资源上的投入。从结果来看，联想集团更倾向于利用研发投入、财务控制等手段来体现专利组合价值，关联度分别为 0.84 和 0.83，效果不错。然而，在生产制造能力上与专利组合的关联度还较低，说明在 2005 年生产设备等固定资产投入还无法有效支撑购买专利组合的转化需要。

（4）关联度排最末的指标是静态竞争能力。静态竞争能力主要包括资本收益率、成本收益率和市场占有率，反映了在 2005 年度时联想集团盈利能力和市场状况。显然，企业当时的状态还不能有效匹配购买专利组合，联想集团需要未来发展过程中进一步改善市场状况和成本费用状况。

15.3.3 专利组合和目标企业动态耦合测度与实证分析

1. 二象系统指标权重确定

在计算二象系统协调度之前，首先应确定二象系统指标变量的权重。权重是整个耦合度计量的关键环节，也直接影响最终的评价结果。对于权重的确定，本文采用因子分析定权法。计算步骤如下：

设有 n 个评价样本（p_1，p_2，$\cdots$，p_n），每个样本有 m 个观测指标（x_1，x_2，$\cdots$，x_n），这样就构成了一个 $n \times m$ 阶的矩阵 X，其元素为 x_{ij}

为了消除量纲的影响，将数据进行标准化。公式为

$$z_{ij} = \frac{x_{ij} - \min(x)}{\max(x) - \min(x)}, \quad i, j = 1, 2, \cdots, n; \quad i \neq j; （效应型指标）$$

$$(15.1)$$

$$z_{ij} = \frac{\max(x) - x_{ij}}{\max(x) - \min(x)}, \quad i, j = 1, 2, \cdots, n; \quad i \neq j; （成本型指标）$$

$$(15.2)$$

式中：$\max(x)$——矩阵 X 中的最大元素；

$\min(x)$——矩阵 X 中的最小元素。

经过降维处理，m 个指标可以由公共因子的 F_1，F_2，$\cdots$，F_n 的线性组合来表示，$Z = AF + E$，公共因子矩阵为 $F = (F_1, F_2, \cdots, F_n)$。

经过计算，$F_i = (\beta_1, \beta_2, \cdots, \beta_n) \times Z$，$(j = 1, 2, \cdots, m)$

那么，各指标的权重：

$$\omega_i = \frac{\sum\limits_{j=1}^{m} \beta_{ji}}{\sum\limits_{i=1}^{n} \sum\limits_{j}^{m} \beta_{ji}} \tag{15.3}$$

将专利组合和目标企业耦合发展系统的原始数据输入 SPSS18.0，因子分析后按照累计方差贡献率达到 85% 的原则，可得到因子分析得分矩阵，然后代入公式（15.3），可得

$\omega_1 = 0.726$，$\omega_2 = 0.274$，$\omega_3 = 0.23$，$\omega_4 = 0.03$，$\omega_5 = 0.74$，$\omega_6 = 0.225$，

$\omega_7 = 0.295$，$\omega_8 = 0.48$

2. 状态子系统与行为子系统协调度确定

将专利组合与目标企业耦合发展系统原始数据代入公式（14.2），得到状态子系统与行为子系统序参量各分量的有序度，得到表 15.11。

表 15.11　状态子系统与行为子系统序参量各分量的有序度

年度	专利增长率	海外申请专利	研发投入	费用比率	固定资产投入增长率	主营业务收入增长率	海外市场增长率	净资产收益率
2005	0.53	0.00	0.00	0.00	0.07	0.02	0.29	0.94
2006	0.15	0.04	0.51	0.57	1.00	1.00	0.36	0.00
2007	0.39	0.27	0.51	0.68	0.52	0.04	0.47	0.42
2008	0.57	0.66	0.57	0.79	0.25	0.07	0.00	1.00
2009	0.00	0.22	0.56	0.94	0.06	0.07	0.30	0.53
2010	0.38	0.23	0.55	0.94	0.00	0.06	0.76	0.20
2011	0.50	0.33	0.68	0.96	0.04	0.11	1.00	0.45
2012	1.00	0.47	0.82	0.60	0.84	0.13	0.27	0.61
2013	0.32	1.00	0.94	0.91	0.34	0.06	0.85	0.76
2014	0.14	0.84	1.00	1.00	0.47	0.06	0.75	0.89

将表 15.11 中的数据代入公式 $u_j(s_j) \sqrt[n]{\prod\limits_{i=1}^{n} \lambda_j u_j(e_{ji})}$，可求得行为子系统和状态子系统的协调度，见表 15.12。

表 15.12　各子系统协调度

年度	专利组合演变子系统协调度	资源转化子系统协调度	企业绩效子系统协调度
2005	0.3835	0.0542	0.0150
2006	0.1186	0.8748	0.9021
2007	0.3588	0.5265	0.2012
2008	0.5969	0.3439	0.2422
2009	0.0603	0.1969	0.2178
2010	0.3387	0.1540	0.2587
2011	0.4575	0.2148	0.3015
2012	0.8538	0.8293	0.2559
2013	0.5095	0.4920	0.2663
2014	0.3306	0.6048	0.2912

3. 专利组合与目标企业耦合发展系统耦合

将计算得到的行为和状态三个子系统协调度代入系统综合协调发展水平测度公式（14.3），可以得到该企业专利组合与企业发展耦合系统耦合度，见表 15.13。

表 15.13　系统耦合度

年度	2006	2007	2008	2009	2010	2011	2012	2013	2014
耦合度	0.64	0.14	0.24	0.21	0.13	0.18	0.38	0.24	0.22

4. 结果分析

根据以上计算结果，绘制联想集团专利组合与企业耦合发展系统耦合发展趋势图，如图 15.5 所示。

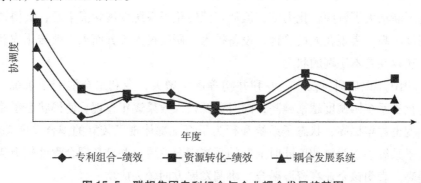

图 15.5　联想集团专利组合与企业耦合发展趋势图

图 15.5 表明，在 2006 年到 2014 年间，联想集团专利组合演变－绩效系统、资源转化－绩效系统及企业耦合发展系统均呈现了先降低后增长的趋势。在 2004 到 2010 年期间，各个子系统协调度逐年降低，表明该段时间内企业发展不够协调，特别是资源转化－绩效系统一直处于下降状态，与企业整体发展运营状况不相符合。2010 年以后，行为子系统与状态子系统的协调发展状况有所好转，表明企业整体有序度比较高，发展协调；整体来看，专利组合系统的发展趋势说明，联想集团在专利组合演变过程中注重了延续性和发展性，有序度不断提升；而资源转化子系统协调发展状况不够理想，一直处于下降状态，尽管在 2012—2013 年有所好转，但整体上有序度不高，发展不够协调。

企业整体耦合发展系统耦合度比较平稳，各序参量基本上协调发展。只有行为子系统和状态子系统协调发展才能有效促进整体系统的绩效提升。从联想集团专利组合和企业发展系统耦合度的变化趋势看，耦合程度不够理想，但2010 年后呈现逐年递增的趋势，逐渐走向协调发展。然而，专利组合与企业耦合发展系统的耦合度还一直在 0.3 以下，处于低位的运行状态，表明该企业还应认真研究专利组合与企业资源转化投入融合的有效方式，充分将专利组合的优势有效地产生价值并体现在企业绩效提升上。

从图 15.5 中还可以发现，2010 年成为专利组合与企业耦合发展系统协调发展的转折点，状态子系统耦合发展程度显著增加，两个子系统协调度同步增加。分析原因主要包括三点，一是联想集团在 2004 年确定了走国际化扩张道路以后，经历了 2005 年并购 IBM 个人电脑业务，企业终于走上了快速发展的道路。在 2006 年之后联想集团加大了对研发的投入，然而在专利组合运营上还不够成熟，专利管理部门才刚刚成立，使得专利组合运营与开发状况并不理想。二是资源投入在绩效表现上要有一个逐渐显现的过程。这也就使得2006—2009 年度出现了状态子系统与行为子系统有序度偏低。三是联想集团尽管不断加大了资源转化力度，但从资源转化子系统发展状况来看，其协调发展程度不高，表现在人员管理、设备投入、研发投入等方面未有效转化成竞争力，还存在着不协调的状况。

2010 年以后研发投入、专利并购等逐年增大，专利组合演变子系统、资源转化子系统协调度越来越高；同时资源投入效果逐年显现，使得状态子系统协调度也逐年提高，状态子系统和行为子系统都体现了较好的耦合发展态势。两个子系统表现为协调度同时上升的系统耦合发展，并且其耦合程度较上年大大提高。表明该企业在资源融合、协调发展方面较为成功。

15.4　联想集团专利组合演变分析

以 1999 年联想成立研究院为标志，联想成立专门的知识产权机构，逐渐走上系统化创新道路。截至目前，联想在中国申请的专利总量为 13531 件，在海外申请的专利总量为 3076 件。然而，无论是在电脑制造领域或者是联想移动核心技术"闪联技术"等，其技术壁垒并不高，整体专利水平与世界一流 IT 企业还有一定差距。出现上述情况是有其历史原因的。联想早期主要业务是 PC，而在这方面联想技术比较落后，大多掌握在 IBM、HP 等老牌企业手中。而且，联想在大规模进入海外市场之后，国际 PC 厂商也开始运用专利诉讼对付联想，导致其在海外的发展举步维艰。随着 2005 年 5 月 1 日，联想完成了对 IBM 的收购之后，联想开始面对国际企业如英特尔、微软以及朗讯等世界级公司的打击，专利大棒开始惊醒联想展开对专利技术的重视。之后，联想才开始通过专利购买、独立研发、交叉许可等形式补足对专利的需求。

15.4.1　联想在中国的专利布局

我们选择 2005-01-01 至 2015-01-01 期间深入分析联想集团的专利发展情况。

1. 总体趋势分析

表 15.14　联想在中国的专利申请状况

年度	2005	2006	2007	2008	2009	2010	2011	2012	2013	2014
专利数量	18	184	314	343	470	419	404	546	1431	3581

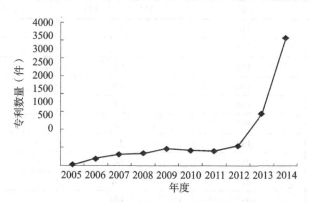

图 15.6　联想在中国的专利申请状况

从整体来看，联想的专利申请量一直处于增长状态，但其专利申请量绝对数值并不高。相对于中兴通讯、华为等其他国内电子信息产业中的领先企业来说，其申请量还处于落后状况。2013 年之后，联想集团突然加大了专利申请力度，构建自己的专利资源组合。在这一点上，国内其他几家大型 IT 企业也是类似，均在 2013 年之后大幅度增加专利申请力度。通过购买其他企业的专利组合或者增加自主研发力度使得自身的专利组合不仅能有效促进技术改进同时也能防止其他企业的恶意专利诉讼。

2. 联想在中国专利涉及技术领域分析（前 10 项重点领域）

表 15.15   联想在中国的专利涉及技术领域

专利技术领域	G06F	H04N	H04M	H04L	H04W	H05K	H04B	H01Q	14－02	G06K
专利数量	2664	577	568	508	304	234	150	137	131	128

根据表 15.15 中数据可知，联想的专利涉及范围较为广泛，这表明联想集团是一家多元化发展的企业。其技术领域主要集中在 G 物理和 H 电学两个领域，基本上覆盖了电子信息制造业所能涉及的技术范畴。从数量上来看，联想集团的专利主要是集中在 G06F 电数字数据处理、H04N 图像通信、H04M 电话通信以及 H04L 数字信息的传输等。尽管在各个细分领域上有部分专利作为支撑和基础，但总体上来看还不够丰富，在更多的一些关联度较低的领域联想集团还需增加专利申请数量和进一步扩大技术范围。

3. 联想在中国专利技术关联度分析

表 15.16   联想在中国申请专利技术关联状况

IPC	专利数	复合技术专利数	关联技术数量
F16C	110	49	8
H01H	115	32	8
G02B	118	53	16
G02F	144	45	23
H02J	162	70	13
H01M	183	65	12
F16M	194	58	18
G06T	214	54	11
G03B	227	91	19
G10L	237	85	11

IPC	专利数	复合技术专利数	关联技术数量
G06K	274	109	23
G09G	283	83	23
H04B	284	128	19
H01R	297	37	12
H05K	440	188	53
H01Q	524	56	10
H04W	1000	171	18
H04L	1107	321	24
H04M	1221	467	45
H04N	1698	321	42
G06F	8415	1085	90

　　限于篇幅，我们仅列出专利数超过 100 的专利技术领域。从表 15.16 中可知，联想集团在其各个专利技术领域，其技术关联程度并不高，表明其技术多元化程度较高。在专利数目超过 1000 的技术领域中，如 G06F、H04M、H04N、H04L 等，联想集团整体复合技术专利占比并不高，在关联技术数量一栏中占比更低，这说明联想集团申请的专利质量较高，突破性创新能力较强。

15.4.2　联想在国外市场的专利布局

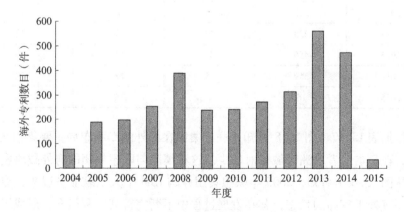

图 15.7　联想集团在海外申请专利情况

1. 联想在海外市场专利整体情况

联想集团在海外的专利布局主要集中在美国、日本、欧洲等，其中，以在美国申请的专利数目最多。在海外的专利组合中，也是主要集中在 G06F、H04M、H04N、H04L 等几个技术领域。2005 年以来，联想集团展开了快速的国际化扩张战略，特别是并购 IBM 个人电脑业务获得了 1000 多项专利资产，使得联想集团加大了专利运营的步伐。2005—2012 年的海外专利申请相对较为平稳，大约每年申请量在 300 件左右，而到 2013 年以后联想集团突然加大了专利申请，加快了海外专利布局。这与当今整体环境息息相关。近几年中国电子信息制造业在海外发展遭遇大量的海外专利诉讼，迫使联想、中兴通讯、华为等开始加大海外专利布局。特别是 2013 年后，联想集团和 NEC 合作运营业务以及并购摩托罗拉等策略，大大加快了联想专利的发展速度。

2. 联想在美国、日本、欧洲专利申请的对比

表 15.17　联想在海外市场专利申请

年度	美国	日本	欧洲	海外总数
2004	73	0	4	77
2005	112	19	55	186
2006	139	26	30	195
2007	121	57	74	252
2008	248	78	61	387
2009	155	55	28	238
2010	186	44	11	241
2011	218	45	7	270
2012	238	47	27	312
2013	455	54	51	560
2014	359	45	68	472
2015	16	1	18	35

根据表 15.17、图 15.8 可知，联想集团在海外的专利布局主要集中在美国市场，在日本或者欧洲区域相对较少。这种情况与联想集团的海外战略密切相关。从图 15.8 中可知，2005 年联想集团并购 IBM 个人电脑业务以来，专利申请量一直处于较高的状态，其在发展过程中不断完善其专利组合，形成了以产品为核心、以技术领域为专利组合构建目标的专利发展路径。

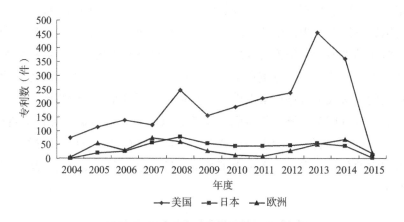

图 15.8　联想集团在美国、日本和欧洲专利申请情况对比

15.4.3　专利战略对比——华为与联想

在企业技术研发和市场拓展中，专利战略具有核心地位。专利权等知识产权越来越成为企业发展的战略性资源和国际竞争力的核心要素。智能手机行业是高专利密集型行业，近年来，手机行业专利大战烽火不断，对竞争对手专利战略的研究在市场角逐中更显得尤为重要。企业专利战略是专利战争中具有统领性、全局性、长远性的谋略和方案，不同企业的专利战略具有差异性。联想和华为虽同为中国通讯或电子制造行业的领导型企业，但是在国际市场竞争中的专利战略却存在着较为明显的区别。

（1）从专利申请量来看，华为专利申请量是联想的 4.6 倍。1998 年起，华为已经在美国申请了 5428 件专利，联想在美国已经申请了 1183 件专利，华为拥有的专利是联想的 4.6 倍。在 2006 年之前，华为和联想的专利储备数几乎是相同的，但是从 2006 年华为的专利申请量明显增长，华为在 2012 年就申请了 1104 件专利，专利储备总数已经是 2006 年时的 4 倍之多。联想方面，每年平均申请专利的数量仅为 74 件。自主研发获取专利成果是企业专利布局的基本技术来源，所形成的技术多为原创性的核心技术。2006 年起，华为公司专利申请量就远高于联想。这说明华为从 2006 年开始强化了自主研发为主的专利获取战略，而联想在自主研发上的投入和力度相对不足。

（2）从专利族和覆盖国家来看，华为每件专利拥有更多专利族和覆盖国家。平均来说，华为每件专利拥有 5.3 个专利族，覆盖 4.5 个国家；联想每件专利拥有 2.4 个专利族，覆盖 2.1 个国家。华为专利族申请的国家主要有美国、中国、欧盟、日本，联想储备的专利族主要在日本、德国、英国。专利族和覆盖国家是能够体现出企业全球市场专利防御布局强弱的重要指标，两家公司专利对比结果显示，华为在全球市场专利防御布局上更加突出。在专利申请的地域方面，企业往往考虑重点国家或区域，尤其选择在市场较大且工业科技水平较高的国家或地区进行重点申请。专利族分析可用于了解特定公司潜在的布局市场，也可用于了解一个专利的价值，因为专利的申请与维护费用极高，因此若不是重要专利，企业也不会花费巨额金钱进行全球布局。通过对专利族和覆盖国家的分析，竞争对手可以了解企业目标市场和重点市场，从而制定相应的对策。

表 15.18　华为与联想专利技术领域对比

华为			联想		
主要技术	专利数量	比重	主要技术	专利数量	占比
多路通讯技术	1904	35%	计算机数据处理系统（支持）	198	17%
电子通信	733	14%	计算机图形处理和选择性视觉显示系统	155	13%
计算机数据处理系统（多数据传输）	524	10%	电气系统和设备	81	7%
脉冲和数字通信	269	5%	信息安全	79	7%
光通讯	234	4%	计算机数据处理系统（多数据传输）	63	5%
电话通信	168	3%	通信技术	54	5%
信息安全	136	3%	数据处理：文档显示、操作界面、屏幕保护	52	4%
数据处理：语音信号处理、语言翻译、音频压缩/解压	130	2%	多路通讯技术	43	4%
计算机数据处理系统（支持）	100	2%	计算机数据处理系统（输入/输出）	36	3%
电视技术	97	2%	电池电容充放电技术	35	3%

（3）从专利领域来看，都与企业自身业务领域紧密相关。华为主要技术领域是通信相关技术，而联想主要技术领域有电脑、数字程序、计算机图形领

域。除了通信这一主要领域外，华为在电子脉冲、数位通信、数据处理、电视技术也表现出专利申请的增加趋势；联想在除了电脑、数字加工系统这些主要技术领域外，在电子系统和设备、通信、电池相关技术领域也正不断提高专利申请数量。

（4）从专利联合申请战略来看，联想联合申请数量远高于华为。联想联合申请的数量远高于华为，这些联合申请对象主要是在其集团企业之间。在独立专利申请之外，华为申请了 23 项联合专利，占到总数的 0.4％，而联想申请了 164 项联合专利，占到总数的 14％。华为最主要的联合专利申请者是清华大学，联想的联合专利申请者大部分是其子公司，如北京联想软件公司、联想新加坡公司以及联想控股公司，华为集团内部的联合专利申请很活跃。联合申请背后是企业专利开发的合作战略的实施。一家企业的研发能力是有限的，企业通过产学研合作、委托开发、技术联盟等合作形式提升研发实力，从而取得专利技术。

（5）从专利收购战略来看，联想侧重专利收购战略。专利收购战略分析是开放式创新水平的一个衡量指标。到目前，华为已经收购了 786 件专利，联想收购了 1529 件专利，联想专利收购数量是华为专利收购数量的近 2 倍，联想专利收购活动规模相对更大。观察每年的专利收购数量可知，在 2000 –2010 年，华为除了后期外，专利收购数量变化始终很平稳；联想从 2005 年增强专利收购策略实施力度，在收购 IBM 后专利收购数量开始显著上升，仅2005 年联想收购专利数量达到了 1300 件。华为的专利收购主要来自夏普、Future way、Avici、NCR 等多个公司；而联想的专利收购活动较为集中且规模很大，其 85％的专利收购来自收购 IBM PC 业务。联想的收购 IBM PC 业务被认为是一项成功的企业并购案例，这项并购使得联想成为全球最大的 PC 制造企业，并购后当年的收入比上一年增长了 456％，联想的 PC 业务收入从全球第八跃升到了第三的位置，专利收购策略的实施给联想的发展提供了强大的动力。

15.4.4　联想国际化中以专利组合为基础资源投入及绩效分析

1. 建立在专利组合基础上的资源投入分析

2005 年联想集团获得 IBM 的 1000 多项专利之后，在人力资源、科研经费、生产设备以及销售等方面加大投入，展开了国内外市场的大幅扩张。特别是在研发经费投入上，2005 年联想集团才投入 4 千多万美元，而到 2014 年度联想集团的研发经费投入达到了 7 个多亿美元，增长了近 18 倍。在费用比率

表 15.19　华为与联想专利收购涉及技术领域

华为		联想	
主要技术领域	占收购专利比	主要技术领域	占收购专利比
多路通讯技术	33%	计算机数据处理系统（支持）	13%
计算机数据处理系统（多数据传输）	10%	计算机图形处理和选择性视觉显示系统	11%
电子通信	10%	电气系统和设备	10%
光通讯	5%	计算机数据处理系统（输入/输出）	8%
脉冲和数字通信	5%	记录通信和信息检索设备	7%
数据库和文件管理或数据结构	4%	计算机数字处理系统（多数据传输）	5%
信息安全	3%	信息安全	4%
计算机数据处理系统（支持）	3%	数据处理：文档显示、操作界面、屏幕保护	3%
交互式视频分配系统	2%	计算机数据处理系统（存储）	3%
错误和故障检测和修复	2%	错误和故障检测和修复	2%

上（销售费用/管理费用），联想集团也从早期的 3.75 降到了现在的 1.35，表明为有效协调各种资源投入并充分发挥专利组合价值，企业在经营管理上加大投入。在生产设备投入上，固定资产不断增加，2005 年固定资产总额为 1 亿美元左右，然而到了 2014 年年底固定资产额度达到了近 7 个亿美元。

表 15.20　联想集团资源投入分析　　　　单位：千美元

年份	研发经费	销售费用	管理费用	固定资产
2005	48896	159118	42387	106796
2006	194932	1028323	433578	222364
2007	196225	1033296	488150	326058
2008	229759	1103713	595902	364778
2009	220010	938451	627903	314142
2010	214343	839388	566245	248261
2011	303413	1038455	719708	209417
2012	453334	1690778	730294	392474
2013	623987	1888101	1199841	479777
2014	732454	1900005	1402979	667413

2. 建立在专利组合基础上的企业绩效分析

从整体绩效来看，联想集团主营业务收入大幅增长，主营业务收入达到了 387 亿美元。其中，在 2006 到 2010 年联想主营业务收入增长率并不高，仅从 132 亿到 166 亿美元，表明联想集团在此期间还未打开市场，并购获得的专利效果并不明显。但在 2011 年后，主营业务收入得到了大幅增长，从 2011 年的 215 亿美元增长到了 387 亿美元，几乎翻番。同时，净利润也大幅增长，从 2005 年度的 1.9 亿美元到 2014 年度的 8.1 亿美元。特别是在海外市场的业务收入，海外市场的扩张极大的促进了企业集团盈利能力。2005 年海外市场销售收入为 84 亿美元，但到了 2011 年才 115 亿美元的营业收入。但之后的几年内，海外市场业务收入大幅增长，从 2012 年的 172 亿美元、2013 年度的 239 亿美元，直到 2014 年度的 315 亿美元，年年都上新台阶。这表明，联想集团的专利化运作取得了一定的效果，海外市场也不断拓展，促进了企业发展。

表 15.21　联想集团资源投入分析　　　　单位：千美元

年份	税后利润	主营业务收入	主营业务收入（海外市场）
2005	190910	8456292	2909554
2006	27670	13275751	9009447
2007	161138	13978309	10225749
2008	485157	16351503	8467319
2009	226389	14900931	8712540
2010	129368	16604815	11579000
2011	273236	21594375	17179114
2012	475416	29574438	17279114
2013	631592	33873401	23981000
2014	817470	38707129	31595323

15.4.5　联想集团专利组合演变与企业耦合发展建议

按照研究结果发现，联想集团专利组合与企业发展耦合系统耦合度如表 15.13 所示。整体来看，联想集团的专利组合运营与企业发展耦合并不理想，其耦合度一直处于下降状态，尽管在 2011 年后有所好转，但整体仍然一直处于低位运行状态。根据目前研究结论，提出以下建议。

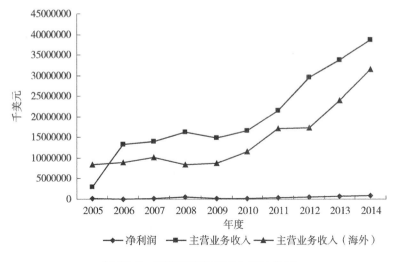

图 15.9　联想集团资源投入对比分析

1. 进一步完善专利组合构建

专利组合是促进企业技术创新能力、增强企业竞争力的重要方法和手段，同时又是抵御外部侵略即专利诉讼的重要工具，因而加强专利组合的构建是企业发展的关键。近年来，联想集团已经通过专利购买、并购等手段获得了大量专利，但并不完善。特别是一些重要的具有高价值、高技术含量的专利难以通过购买获取。因此，联想集团应当在购买的基础上，加大自身研发力度，在某个技术领域内具备充分的专利组合应对企业发展的需要。

2. 进一步加强资源转化投入，充分发掘专利组合价值

专利组合构建完善之后，企业需要投入各种资源如人力资源、财务资源、生产制造设备等才能发挥专利组合的价值。近年来，联想集团一直加大投入，在固定资产、管理费用、研发投入等方面呈现出了快速增长的态势。然而，这种投入并未换来绩效的快速增长，资源转化子系统的协调度一直处于低位运行切呈现下降趋势。这表明，资源投入虽然在增长但并未发挥作用。未来，企业应当重点分析专利组合运营中存在的问题，并购增加的专利是否发挥了价值等。特别是近年来联想通过购买并购等手段大量获取专利组合，资源投入无法发挥其价值的话，该种并购效果会显著的影响到企业发展的可持续性。

3. 平衡专利组合构建与资源转化投入的关系，提升企业绩效

专利组合构建一方面可以提升企业创新能力，另一方面抵御外部的专利诉讼，无疑是可以有效提升企业绩效的。然而，企业技术创新能力提升要转化为收益，其必须与资源投入相互协调。目前，联想集团整体上处于一种不协调的状态，难以提升其绩效。分析原因可能是企业通过购买等手段获取的专利难以快速提升其转化为产品的能力，因而加大研发投入，提升自主创新能力才能更有利于技术向产品的转化。

参考文献

[1] 白列湖. 协同论与管理协同理论 [J]. 甘肃社会科学, 2007, (5): 228-230.

[2] 鲍静海, 薛萌萌, 刘莉薇. 知识产权质押融资模式研究: 国际比较与启示 [J]. 南方金融, 2014 (11): 54-58.

[3] 曹晨, 胡元佳. 专利组合价值评估探讨——以药品专利组合为例 [J]. 科技管理研究, 2012, (13): 174-177.

[4] 曹雷. 面向专利战略的专利信息分析研究 [J]. 科技管理研究, 2005, 25 (3): 97-100.

[5] 曹阳. 跨国并购的专利问题研究 [D]. 复旦大学, 2008.

[6] 曾珍香, 顾培亮. 可持续发展的系统分析与评价 [M]. 北京: 科学出版社, 2000.

[7] 陈超. 基于上市公司案例的知识产权评估方法选择 [D]. 电子科技大学, 2015.

[8] 陈岱松, 论美英. 证券监管体制之新发展 [J]. 河北法学, 2006 (1): 129.

[9] 陈见丽. 中小型科技企业知识产权质押融资的风险控制. 经济纵横, 2011 (7): 113-116.

[10] 单飞跃, 罗小勇. 由善政到善治——从证券监管联想至经济法的本质 [J]. 法学学刊, 2002 (10): 4-10.

[11] 杜栋, 等. 现代综合评价方法与案例精选 [M]. 北京: 清华大学出版社, 2008.

[12] 樊华, 陶学禹. 复合系统协调度模型及其应用 [J]. 中国矿业大学学报, 2006 (4) 515-520.

[13] 方厚政. 专利质押贷款模式影响因素的实证研究——来自上海市的经验证据 [J]. 上海经济研究, 2014 (8): 50-56.

[14] 冯晓青. 中国企业知识产权运营战略及实施研究 [J]. 河北法学, 2014, 10 (32): 11-13.

[15] 高隆昌, 李伟. 管理二象对偶论初探 [J]. 管理学报, 2009, 6 (6): 718-721.

[16] 高霞. 城市环保企业发展的能力系统分析 [J]. 北京: 经济科学出版社, 2010.

[17] 戈登·史密斯, 罗素·帕尔著, 周叔敏, 译. 知识产权价值评估、开发与侵权赔偿 [M]. 电子工业出版社, 2012.

[18] 顾培亮. 系统分析与协调 (第二版) [M]. 天津: 天津大学出版社, 2008: 200-202.

[19] 官建成, 张华胜. 界面管理水平评价的灰色聚类方法与应用 [J]. 北京航空航天大学学报, 2000, 26 (4): 465-469.

［20］郭俊. 完善中国知识产权信托融资模式的相关思考——基于国际经验的比较与借鉴 ［J］. 学习与实践，2015（7）：24－32.

［21］郭磊，蔡虹. 基于专利组合分析的中国电信产业技术创新能力研究 ［J］. 科学学与科学技术管理，2013，34（9）：77－85.

［22］郭民生. 论知识产权经济理论的基本架构 ［J］. 经济经纬，2007，3：20－23.

［23］郭淑娟，常京萍. 战略性新兴产业知识产权质押融资模式运作及其政策配置 ［J］. 中国科技论坛，2012（1）：120－125.

［24］哈肯. 协同学导论 ［M］. 张纪岳译，西北大学出版社，1981.

［25］何慧芳，刘长虹. 基于模糊综合分析法的广东省知识产权质押融资的风险预警评价研究 ［J］. 科技管理研究，2013，33（14）：151－155.

［26］胡元佳，卞鹰，王一涛. Lanjouw and Schankerman 专利价值评估模型在制药企业品种选择中的应用 ［J］. 中国医药工业杂志，2007（2）：148－150.

［27］黄春花. 经济学视角下企业知识产权运营初探 ［D］. 暨南大学，2012.

［28］黄光辉，徐筱箐. 知识产权证券化中资产池的构建策略研究——以风险控制为中心. 经济问题 ［J］. 2011（2）：63－67.

［29］黄光辉. 知识产权证券化的风险：形成机理与化解途径 ［J］. 科技进步与对策，2010，27（4）：17－20.

［30］黄隆华. 论知识产权资产证券化的监管 ［D］，2008：29.

［31］黄鲁成，张红彩，李晓英. 中国电子及通信设备制造业的系统协同度分析 ［J］. 统计与决策，2006（6）：78－80.

［32］黄庆，曹津燕. 专利评价指标体系（一）——专利评价指标体系的设计和构建 ［J］. 知识产权，2004（5）：25－28.

［33］黄宙辉. 中国知识产权转化率仅3% ［N］，羊城晚报，2013－11.

［34］霍翠婷. 企业核心专利判定的方法研究 ［J］. 情报杂志，2012，31（11）：95－99.

［35］吉姆·柯林斯著，俞利军译. 从优秀到卓越 ［M］. 北京：中信出版社，2005.

［36］吉姆·柯林斯著，真如译. 基业长青 ［M］. 北京：中信出版社，2006.

［37］金志成. 专利与企业绩效的关系研究——以中国医药制造行业上市公司为例 ［D］. 江苏大学，2012.

［38］靳霞，朱东华，刘志强. 基于专利信息的专利战略决策支持研究 ［J］. 科技和产业，2005，（11）：59－60.

［39］靳晓东，谭运嘉. 一种专利组合价值评估模型的设计 ［J］. 数量经济技术经济研究，2013，30（4）：99－110.

［40］靳晓东. 基于多层次模糊综合评价法的专利资产证券化中的专利选择 ［J］. 科技进步与对策，2012：138－141.

［41］靳晓东. 专利资产证券化中专利价值的影响因素分析 ［J］. 商业时代，2011（24）：

66 - 69.

[42] 拉希德卡恩著，李跃然，张立译．技术转移改变世界［M］．经济科学出版社，2014.

[43] 赖院根，等．基于专利情报分析的高技术企业专利战略构建［J］．科研管理，2007，
（9）：75 - 78.

[44] 赖院根，等．专利申请信息与法律状态信息的整合分析研究［J］．科学学研究，
2007，（2）：56 - 59.

[45] 兰卫国，张永安，杨丽．基于协同度模型分析的企业多元化协同研究［J］．软科学，
2009（8）：140 - 144.

[46] 李春成．简谈知识产权运营之一：谁是运营主体［N］．知识产权日报，2016，02.

[47] 李春燕，石荣．专利组合理论研究［J］．图书情报工作，2009，53（4）：65 -
68，64.

[48] 李凤颖，郑蕾云．金融衍生工具监管法律制度刍议［J］．集团经济研究，2006
（02）：161.

[49] 李海清，刘洋，吴泗宗，等．专利价值评价指标概述及层次分析［J］．科学学研究，
2007，（2）：281 - 286.

[50] 李辉，霍江涛，许波，等．基于 TRIZ 的专利组合设计理论研究［J］．科学技术与工
程，2014，（36）：197 - 203.

[51] 李建英，欧阳琦．知识产权质押贷款走向市场化的路径研究［J］．河北经贸大学学
报，2012（02）：66 - 70.

[52] 李姝影，方曙．公司层面的专利组合分析方法研究及实证分析［J］．情报杂志，
2014，（33）：39 - 43.

[53] 李先锋，白庆华，邓菘．协同商务应用障碍及对策研究［J］．现代管理科学，2005
（12）：12 - 13.

[54] 李小丽．基于专利组合分析的技术并购对象甄选研究［J］．情报杂志，2009，28
（9）：1 - 6.

[55] 李振亚，孟凡生，曹霞．基于四要素的专利价值评估方法研究［J］．情报杂志，
2010，（8）：87 - 90.

[56] 理查德拉兹盖蒂斯著，中央财经大学资产评估研究所，中和资产评估有限公司译．
评估和交易以技术为基础的知识产权［M］．电子工业出版社，2012.

[57] 梁军．中国发明专利许可价值衡量指标研究［J］．电子知识产权，2011，（5）：52 - 55.

[58] 刘春田．知识产权法［M］．北京：高等教育出版社，2007.

[59] 刘红光，刘琼，刘桂锋．国内外光伏水泵系统专利情报分析——基于专利组合分析
视角［J］．情报杂志，2013，32（5）：87 - 93.

[60] 刘佳，钟永恒，董克，等．专利组合在企业技术评价中的应用研究［J］．情报杂志，
2011，30（8）：33 - 37.

[61] 刘林青，谭力文，赵浩兴. 专利丛林、专利组合和专利联盟——从专利战略到专利群战略 [J]. 研究与发展管理，2006，（4）：83－89.

[62] 刘林青，谭力文. 国外"专利悖论"研究综述——从专利竞赛到专利组合竞赛 [J]. 外国经济与管理，2005，27（4）：10－14.

[63] 刘婷婷，朱东华，胡望斌. 基于专利投资组合方法的专利信息管理 [J]. 集团经济研究，2005，（21）：128－129.

[64] 刘婷婷，朱东华. 基于专利投资组合理论的专利战略研究 [J]. 情报杂志，2006（1）：8－9.

[65] 刘伍堂. 专利资产评估 [M]. 知识产权出版社，2011.

[66] 刘小青，陈向东. 专利活动对企业绩效的影响——中国电子信息百强实证研究 [J]. 科学学研究，2010，（1）：26－27.

[67] 鹿峰，李竞成. 科技—经济系统协同度模型及实证分析：1998—2003 [J]. 太原理工大学学报（社会科学版），2007，25（3）：5－9.

[68] 栾春娟，王续琨，刘则渊，等. 基于《德温特》数据库的核心技术确认方法 [J]. 科学学与科学技术管理，2008，29（6）：32－34.

[69] 罗党论. 互联网金融 [M]. 北京大学出版社.

[70] 罗天雨. 核心专利判别方法及其在风力发电产业中的应用 [J]. 图书情报工作，2012，56（24）：96－101.

[71] 马维野，刘玉平. 知识产权价值评估能力建设研究 [M]. 知识产权出版社，2011.

[72] 马永涛，张旭，傅俊英，等. 核心专利及其识别方法综述 [J]. 情报杂志，2014，33（5）：38－43.

[73] 孟庆松，韩文秀. 复合系统协调度模型研究 [J]. 天津大学学报（自然科学版），2000（4）：444－446.

[74] 欧阳晖译. 寻找与留住优秀人才——《哈佛商业评论》精粹译丛 [M]. 北京：中国人民大学出版社，2004.

[75] 潘颖，卢章平. 专利优先权网络：一种新的专利组合分析方法 [J]. 图书情报工作，2012，56（16）：97－101.

[76] 钱坤. 专利权质押融资理论与实践研究. 社会科学文献出版社，2015.

[77] 乔纳森芒著，邱雅丽译. 实物期权分析 [M]. 中国人民大学出版社，2006.

[78] 任战江. 论企业商标的法律保护与运营 [D]. 山东大学，2010.

[79] 邵永同，王常柏. 科技型中小企业知识产权证券化中的资产组合构建 [J]. 科技管理研究，2014，34（3）：157－160.

[80] 孙曙伟. 证券市场个人投资者权益保护制度研究 [M]. 中国金融出版社，2006：110.

[81] 孙涛涛，唐小利，李越，等. 核心专利的识别方法及其实证研究 [J]. 图书情报工

作，2012，56（4）：80 – 84.

[82] 孙耀吾，曾科，赵雅. 基于专利组合的高技术企业技术标准联盟动力与策略研究 [J]. 中国软科学，2008（11）：123 – 132.

[83] 孙玉艳，张文德. 基于组合预测模型的专利价值评估研究 [J]. 情报探索，2010，(152)：73 – 76.

[84] 谭思明，于晶晶. 专利组合分析的应用研究 [J]. 情报理论与实践，2010，(03)：91 – 96.

[85] 谭思明. 专利组合分析：一个有效的企业竞争战略决策工具 [J]. 情报杂志，2006，25（4）：23 – 25.

[86] 汤铃，李建平，余乐安，覃东海. 基于距离协调度模型的系统协调发展定量评价方法 [J]. 系统工程理论与实践，2010（4）：594 – 602.

[87] 唐春. 基于国际专利制度的同族专利研究 [J]. 情报杂志，2012（06）：19 – 23.

[88] 陶长琪，陈文华，林龙辉. 中国产业组织演变协同度的实证分析——以企业融合背景下的中国 IT 产业为例 [J]. 管理世界，2007（12）：67 – 72.

[89] 田洪媛. 知识产权质押融资问题研究 [D]. 山东农业大学，2013.

[90] 万小丽，朱雪忠. 国际视野下专利质量指标研究的现状与趋势 [J]. 情报杂志，2009，(7)：49 – 54.

[91] 王国顺. 企业理论：能力理论 [M]. 北京：中国经济出版社，2006.

[92] 王立军，范国强. 中国知识产权金融发展模式研究综述 [J]. 金融经济，2016：37.

[93] 王玲，杨武. 基于中国创新实践的专利组合理论体系研究 [J]. 科学学研究，2007，25（3）：546 – 550.

[94] 王晓璐，陈向东，许珂. 专利联盟内成员的专利组合质量差别化分析——以 MPEGII 专利池为例 [J]. 技术经济，2011，(30)：1 – 4.

[95] 王旭，刘姝，李晓东. 快速挖掘核心专利——Innography 专利分析数据库的功能分析 [J]. 现代情报，2013，33（9）：106 – 116.

[96] 王言书，任燕. 《知识产权保护概论》[M]. 河南大学出版社，2005.

[97] 王玉娟. 基于专利技术宽度测度的外资在华合作专利价值研究 [J] 科技和产业，2011，(11)：86 – 89.

[98] 韦斯顿安森著，李艳译. 知识产权价值评估基础 [M]. 知识产权出版社，2009.

[99] 魏玮. 知识产权价值评估研究 [M]. 厦门大学出版社，2015.

[100] 吴雯芳译. 人员管理——《哈佛商业评论》精粹译丛 [M]. 北京：中国人民大学出版社，2004.

[101] 吴欣望，朱全涛. 专利经济学—基于创新市场理论的阐释 [M]. 知识产权出版社，2015，09：83 – 86.

[102] 吴志鹏，方伟珠. 试论专利制度对技术创新激励机制宏观安排的三个维度 [J]. 科

技管理研究，2003，23（2）：22－25.

［103］郗英，胡剑芬. 企业生存系统的协调模型研究［J］. 工业工程，2005（3）：30－33.

［104］夏轶群. 企业技术专利商业化经营策略研究［D］. 上海交通大学，2012.

［105］肖沪卫，顾振宇. 专利地图方法与应用［M］. 上海：上海交通大学出版社，2011：148－150.

［106］谢黎伟. 知识产权担保融资问题研究［M］. 社会科学文献出版社，2015.

［107］谢萍，袁润，钱过. 基于 TOPSIS 方法的核心专利识别研究［J］. 情报理论与实践，2015，38（6）：88－93.

［108］谢旭辉，郑自群. 知识产权运营之触摸未来［M］. 电子工业出版社，2016.

［109］谢智敏，等. 中国专利组合文献研究综述［J］. 科技管理研究，2015，6：112－117.

［110］徐浩鸣，等. 中国国有电子通讯设备制造业系统协同度模型及实证分析［J］. 工业技术经济，2003（2）：43－46.

［111］徐莉. 福建省企业知识产权质押融资模式探析［J］. 东南学术，2013（2）：122－130.

［112］徐绪松，魏忠诚. 专利联盟中专利许可费的计算方法［J］. 技术经济，2007，（07）：5－7.

［113］许学国，邱一祥，彭正龙，等. 组织学习协同性评价模型设计与应用［J］. 系统工程，2005，23（6）：6－11.

［114］许泽想. 新兴产业创业期企业无形资产评估——以专利组合价值评估为例［J］. 产业经济，2015，（1）：142－146.

［115］颜玲，孙玉甫. 知识产权出资估价问题研究［J］. 财务与会计，2011（3）：26－28.

［116］杨丹丹. 基于数据挖掘的企业专利价值评估方法研究［J］. 科学与科学技术管理，2006，（2）：42－46.

［117］杨建华. 中关村知识产权金融创新的探索、实践与思考［M］. 2014：566.

［118］于晶晶，谭思明. 专利组合分析评价指标体系的构建［J］. 现代情报，2009，29（12）：152－155.

［119］于晶晶，谭思明. 专利组合分析评价指标体系的应用［J］. 现代情报，2010，30（7）：155－158.

［120］于晶晶. 基于专利组合分析的高新技术产业化项目评价研究——以青岛市 10 项高新技术产业化项目为例［D］. 青岛科技大学，2010.

［121］余振刚，邱菀华，余振华. 中国知识产权证券化理论与发展策略研究［J］. 科学学研究，2007，25（6）：1077－1082.

［122］苑泽明，李海英，孙浩亮，王红. 知识产权质押融资价值评估：收益分成率研究［J］. 科学学研究，2012，30（6）：856－864.

［123］岳贤平. 基于 R&D 资源配置的企业专利组合策略：一个分析框架［J］. 情报杂志，2010，（12）：10－14.

[124] 岳贤平. 专利组合的存在价值及其政策性启示 [J]. 情报理论与实践, 2006, 25 (4): 21 - 24.

[125] 岳贤平. 基于价值和成本的专利组合的形成机制研究 [J]. 情报杂志, 2012, (12): 104 - 108.

[126] 岳贤平. 专利组合的存在价值及其政策性启示 [J]. 情报理论与实践, 2013, (02): 35 - 39.

[127] 詹宏海, 王伟君. 知识产权交易市场的信息披露监管 [J]. 电子知识产权, 2008 (9): 25.

[128] 张阿源. 数字出版的版权运营研究 [D]. 北京印刷学院, 2011.

[129] 张冬, 尹若凝. 专利运营风险与法律控制 [J]. 法学研究, 2016 (01): 90 - 95.

[130] 张世玉, 王伟, 潘玮, 等. 技术层面专利组合分析模型优化及市政研究 [J]. 情报理论与实践, 2015, (38): 86 - 89.

[131] 张希, 胡元佳. 非市场基准的专利价值评估方法的理论基础、实证研究和挑战 [J]. 软科学, 2010, (9): 142 - 144.

[132] 张晓惠. 浅析专利权的质押价值评估 [J]. 中国资产评估, 2007 (10): 35 - 37.

[133] 张新雯, 陈丹. 微版权概念生成的语境分析及其商业模式探究 [J]. 出版发行研究, 2016 (3): 30 - 32.

[134] 张兴旺, 李晨晖, 秦晓珠. 新信息环境下中小型企业专利组合战略研究 [J]. 情报理论与实践, 2012, 35 (8): 88 - 92.

[135] 张彦巧, 张文德. 企业专利价值量化评估模型实证研究 [J]. 情报杂志, 2010, (29): 51 - 54.

[136] 张燕舞, 兰小筠. 企业战略与竞争分析方法之一——专利分析法 [J]. 情报科学, 2003, 21 (8): 808 - 810.

[137] 张莹. 从核心和外围专利的关联性论企业专利战略 [J]. 科技创业月刊, 2013 (1): 17 - 19.

[138] 章洁倩. 科技型中小企业知识产权质押融资风险管理——基于银行的角度 [J]. 科学管理研究, 2013 (2): 98 - 101.

[139] 郑成思. 知识产权价值评估中的法律问题 [M]. 北京: 法律出版社. 1999.

[140] 郑成思. 知识产权论 [M]. 北京: 社会科学文献出版社, 2007.

[141] 钟华, 安新颖. 基于专利组合的医药技术情报分析——抗 HBV 制药企业实证 [J]. 医学信息学杂志, 2011, 32 (2): 64 - 68.

[142] 钟华, 安新颖. 专利组合理论及应用研究分析 [J]. 科技管理研究, 2011, (10): 141 - 145.

[143] 钟华, 单连慧, 李海存. 专利资产指数: 一种新的专利组合分析方法 [J]. 中华医学图书情报杂志, 2014 (23): 10 - 12.

［144］ 钟华，邓辉. 基于技术生命周期的专利组合判别研究［J］. 图书情报工作，2012，56（18）：87－92.

［145］ 钟瑞栋. 知识产权证券化风险防范的法律对策［J］. 厦门大学学报（哲学社会科学版），2010（2）：58－65.

［146］ 朱萍. 资产评估学教程［M］. 上海财经大学出版社，2008.

［147］ 朱相丽，谭宗颖. 专利组合分析在评价企业技术竞争力中的应用———以储氢技术为例［J］. 情报杂志，2013，32（4）：28－33.

［148］ 邹声冷. 25% 规则在确定专利许可费中的应用［J］. 经济视角，2011（3）.

［149］ 左玉茹. 知识产权质押融资热的冷思考——基于中国中小企业融资模式与美国 SBA 模式比较研究［J］. 电子知识产权，2010（11）：48－49.

［150］ Abert M B，Avery D，Narin F，et al. Direct Validation of Citation Counts as Indicators of Industrially Important Patents［J］. Research Policy，1991，20（3）：251－259.

［151］ Alcacer J，Gittelman M，Sampat B. Applicant and examiner citations in U. S. patents：an overview and analysis. Res Policy 2009，（38）：415－427.

［152］ Amir E，Lev B，Sougiannis T. Do financial analysts get intangibles？ European Accounting Review，2003，12（4），635－659.

［153］ Barro，Robert. Rational Expectations and the Role of Monetary Policy. Journal of Monetary Economics，1976，2：1－32.

［154］ Bemd Fabry，Ernst H，Jens Langholz. Patent portfolio analysis as a useful tool for identifying R&D and business opportunities－an empirical application in the nutrition and health industry［J］. World Patent Information，2006，28：215－225.

［155］ Benjam，Fabienne Orsi，Establishing a new intellectual property rights regime in the United States origins，content and problems［J］. Research Policy，2002（31）：1491－1507.

［156］ Brealey R，Myers S. principles of orporate［M］. inance. Ingapore：Mc Graw－Hill，McGrawHill，1984：68－82.

［157］ Brent Goldfarb，Magnus Henrekson. Bottom－up versus top－down policies towards the commercialization of university intellectual property［J］. Research Policy，2003（32）：639－658.

［158］ Business International Corporation，Investing，Licensing and Trading Conditions，New York：Business Corporation，1985.

［159］ Carpenter M P，Narin F. Validation study：Patent citations as indicators of science and foreign dependence［J］. World Patent Information，1983，5（3）：180－185.

［160］ Chandler A D. The visible hand：the managerial revolution in American business［M］. Cambridge，Massachusetts：Harvard University Press，1977.

［161］ Chandler A D. Strategy and structure：chapters in the history of the American industrial enterprise [M]. MIT Press, Cambridge, MA, 1962.

[162] Christine S, Koberg, Dawn R. Detienne, Kurt A. Heppard, An empirical test of environmental, organizational, and process factors affecting incremental and radical Innovation [J]. Journal of High Technology Management Research, 2003, 14 (1): 21 – 45.

[163] Correa C M. Intellectual Property Rights, the WTO and Developing Countries: The TRIPS Agreement and Policy Options [M]. Zed Book Ltd, 2000.

[164] Eaton Jonathan, Samuel Kortum. International Technology Discussion: Theory and Measurement [J]. International Economic Review, 1999, (40): 537 – 570.

[165] Eldor R. On the Valuation of Patents as Real Options. Foerder Institute for Economic Research, 1982 (9): 57 – 68.

[166] Erik A Borg. Knowledge, information and intellectual property: Implications for marketing relationships [J]. Technovation, 2001 (21): 515 – 524 .

[167] Ernst H. Patent information for strategic technology management [J]. World Patent Information, 2003, 25: 233 – 242.

[168] Ernst H. Patent portfolios for strategic R&D planning [J]. J. Eng. Technol. Manage, 1998, 15: 279 – 308.

[169] Ernst H, Bernd Fabry, Jan Henrik Soll. Enhancing Market – Oriented R&D Planning by Integrated Market and Patent Portfolios [J]. Journal of Business Chemistry, 2004, 1: 2 – 13.

[170] Ernst H. Patenting strategies in the German mechanical engineering industry and their relationship to company performance [J]. Technovation, 1995, 15 (4): 225 – 240.

[171] Gilbert R, Shapiro C. Optimal patent length and breadth [J]. RAND J. Econ. 1990, (21): 106 – 113.

[172] Grant R M. The resource – based theory of competitive advantage: Implications for strategy formulation [J]. Calif Manag Rev, 1991, 33 (3): 114 – 135.

[173] Grimaldi M, Cricelli L, Giovanni M D, et al. The patent portfolio value analysis: A new framework to leverage patent information for strategic technology planning [J]. Technological Forecasting and Social Change, 2015, (94): 286 – 302.

[174] Hall B H, Ham R M. The patent paradox revisited: an empirical study of patenting in semiconductor industry, 1979 – 1995 [J]. RAND Journal of Economics, 2001, 32 (1): 101 – 125.

[175] Harhoff D, Reitzig M. Determinants of opposition against EPO patent grants: the case of biotechnology and pharmaceuticals [J]. Int. J. Ind. Organ. 2004, 22 (4): 443 – 480.

[176] Harhoff D, Scherer F M, Vopel K, Citations, family size, opposition and the value of patent rights [J]. Res. Policy 2003, 32 (8): 1343 – 1363.

[177] Hirschey M, Richardson V J. Valuation effects of patent quality: a comparison for Japanese

and U. S. firms ［J］. Pacific – Basin Finance Journal, 2001, 9 (1): 65 – 82.

［178］ Holger Kollmer, Michael Dowling. Licensing as a commercialization strategy for new technology – based firms ［J］. Research Policy, 2004 (33): 1141 – 1151.

［179］ Jaffe A B , Fogarty M S , Banks B A. Evidence from patents and patent citations on the impact of NASA and other federal labs on commercial innovation ［J］. J. Ind. Econ. 1998, 46 (2): 183 – 205.

［180］ Jolly D R. Development of a two – dimensional scale for evaluating technologies in high – tech companies: an empirical examination ［J］. J. Eng. Technol. Manag. 2012, 29 (2): 307 – 329.

［181］ Schumpeter J A. The Theory of Economic Development ［M］. Kluwer Academic Publishers. 2003.

［182］ Klaus K Brockhoff. Indicators of firm patent activities ［J］. Technology Management: the New International Language, 1991, 27: 476 – 481.

［183］ Klemperer P. How broad should the scope of patent protection be? ［J］. RAND J. Econ. 1990, (21): 113 – 130.

［184］ Lai Yi – Hsuan, Che Hui – Chung. Evaluating patents using damage awards of infringement lawsuits: A case study ［J］. J. Eng. Technol. Manage, 2009, (26): 167 – 180.

［185］ Lanjouw J O, Ariel Pakes A, Putnam J. How to Count Patents and Value Intellectual Property: The Uses of Patent Renewal and Application Data ［J］. The journal of industrial economics, 1998, (46): 405 – 432.

［186］ Lanjouw J O, Schankerman M. Patent quality and research productivity: Measuring innovation with multiple indicators ［J］ . Economic Journal, 2004, 114: 441 – 465.

［187］ Larry M Goldstein. Paten portfolios: quality, creation, and cost ［M］. True value press, 2015.

［188］ Larry M Goldstein. True patent value: Defining quality in patents and patent portfolios ［M］. True value press, 2013.

［189］ Lerner J. The importance of patent scope: an empirical analysis ［J］. RAND J. Econ. 1994, (25): 319 – 332.

［190］ Mariani M, Romanelli M. " Stacking" or" picking" patents? The inventors′ choice between quality and quantity ［R］. LEM Working Paper Series, 2006.

［191］ Michael P Ryan. Patent Incentives, Technology Markets and Public – Private Bio – Medical Innovation Networks in Brazil ［J］. World Development , 2010 (10): 1082 – 1093.

［192］ Narin F. Patent Bibliometrics ［J］. Scientometrics, 1994, 30: 147 – 155.

［193］ Narin F, Noma E, Perry R. Patents as Indicators of Corporate Technological Strength ［J］. Research Policy, 1987, 16: 143 – 155.

[194] Penrose E T. The theory of the growth of the firm [M]. Oxford University Press, Oxford, 1959.

[195] Prescott C Ensign, The Concept of Fit in Organizational Research [J]. International Journal of Organization Theory and Behavior. 2001 (4): 287 – 306.

[196] Rahul Kapoor. Patent portfolios of European wind industry: New insights using citation categories [J]. World Patent Information, 2015, (41): 4 – 5.

[197] Reitzig M. Improving patent valuations for management purposes—validating new indicators by analyzing application rationales [J]. Res. Policy, 2004, 33 (6 – 7): 939 – 957.

[198] SAIKI T, AKANO Yuji, WATANABE C, et al. A new dimension of potential resources in innovation: a wider scope of patent claims can lead to new functionality development [J]. Technovation, 2006, 26 (7): 796 – 806.

[199] Sampat B N. Determinants of patent quality: an empirical analysis [J]. Columbia Univ. , New York, 2005.

[200] Schankerman M, Pakes A. Estimates and the value of patent rights in European countries during the post – 1950 period [J]. The Econ. J. 1986, (96): 1052 – 1076.

[201] Schankerman M, Pakes A. Estimates of the value of patent rights in European countries during the post – 1950 period. The economic journal, 1986: 1052 – 1076.

[202] Schettino F, Sterlacchini A, Venturini F. Inventive productivity and patent quality: Evidence from Italian inventors [J]. Journal of Policy Modeling, 2013, 35 (6): 1043 – 1056.

[203] Silverberg G, Verspagen B. The size distribution of innovations revisited: an application of extreme value statistics to citation and value measures of patent significance [J]. Journal of Econometrics, 2007, 139 (2): 318 – 339.

[204] Stephanie Monjon, Patrick Waelbroeck. Assessing spill – over from universities to firms: Evidence from French firm – level data [J]. International Journal of Industrial Organization, 2003 (21): 255 – 270 .

[205] Sullivan P H. Value driven intellectual capital: How to convert intangible corporate assets into market value. New York, USA: John Wiley & Sons, Inc, 2000.

[206] Takalo T, Kanniainen V. Do Patents slow down Technological Progress. New Developments in Intellectual Property: Law and Economic, St. Peter's College, Oxford, 1997.

[207] Tim de Leeuw. Returns to alliance portfolio diversity: The relative effects of partner diversity on firm's innovative performance and productivity [J]. Journal of Business Research, 2014 (67): 1839 – 1841.

[208] Tong X, Frame J D. Measuring National Technological Performance with Patent Claims Data [J]. Research Policy, 1994, 23 (2): 133 – 141.

[209] Tong X, Frame J D. Measuring national technological performance with patent claims data

［J］. Res. Policy 1994, 23（2）：133 – 141.

［210］Trajtenberg M. A penny for your quotes：patent citations and the value of innovations［J］. RAND J. Econ. 1990, 21（1）：172 – 187.

［211］Wagner R P, Gideon P. patent portfolios［J］. University of Pennsylvania Law Review, 2004.

［212］Wagner R P, Parchomovsky G. Patent portfolios. University of Pennsylvania Law Review, 2005, 154（1）.

［213］Wang X L, Garcia F, Guijarro F, et al. Evaluating patent portfolios by means of multicriteria analysis［J］. Spanish Accounting Review, 2010,（14）：9 – 27.

［214］Wernerfelt B. A resource – based view of the firm［J］. Strategic Management Journal, 1984, 5（2）：171 – 180.

网站信息：

国家知识产权局专利数据库：http：//www. sipo. gov. cn/.

世界贸易组织网站：http：//www. wto. org/.

搜狐财经：http：//business. sohu. com/20141028/n405539419. shtml.

360 百科《知识产权》：http：//baike. so. com/doc/5366160 – 5601865. html.

中国国家知识产权局网站：http：//www. sipo. gov. cn/.

中国资产评估协会网站：http：//www. cas. org. cn/.

中国经济网：http：//www. ce. cn/cysc/newmain/yc/jsxw/201701/19/t20170119_ 19732660. shtml.

中华人名共和国中央人民政府：国务院印发的《“十三五”国家知识产权保护和运用规划》，http：//www. gov. cn/zhengce/content/2017 – 01/13/content_ 5159483. htm.

《计算机软件评估案例》：https：//wenku. baidu. com/view/3f5c918da0116c175f0e4883. html.

EPO Worldwide patent statistical database, available online：http：//worldwide. espacenet. com/.

PRX database. Available online：https：//www. patentfreedom. com/.

WIPO database, Available online：https：//patentscope. wipo. int/search/.

附录一：知识产权资产评估指南

第一章　总则

1. 本准则规范无形资产的评估和相关信息的披露。

2. 本准则不涉及土地使用权的评估。

定义

本准则所称无形资产，是指特定主体所控制的，不具有实物形态，对生产经营长期发挥作用且能带来经济利益的资源。无形资产分为可辨认无形资产和不可辨认无形资产。可辨认无形资产包括专利权、专有技术、商标权、著作权、土地使用权、特许权等；不可辨认无形资产是指商誉。

基本要求

第一条　为规范资产评估师执行知识产权资产评估业务行为，维护社会公众利益和资产评估各方当事人合法权益，根据《资产评估准则——无形资产》，制定本指南。

第二条　本指南所称知识产权资产，是指权利人所拥有或者控制的，能够持续发挥作用并且预期能带来经济利益的知识产权的财产权益。知识产权资产包括专利权、商标专用权、著作权、商业秘密、集成电路布图设计和植物新品种等资产的财产权益。

第三条　本指南所称知识产权资产评估，是指资产评估师依据相关法律、法规和资产评估准则，对知识产权资产的价值进行分析、估算并发表专业意见的行为和过程。

第四条　资产评估师执行知识产权资产评估业务，应当遵守本指南。

第五条　资产评估师执行与知识产权资产价值估算相关的其他业务，可以参照本指南。

第二章　基本要求

第六条　从事知识产权资产评估业务的评估机构应当持有财政部门颁发的资产评估资格证书。

第七条　资产评估师执行知识产权资产评估业务，应当具备知识产权资产评估的相关专业知识和经验，具有从事知识产权资产评估的专业胜任能力。

第八条　资产评估师应当关注知识产权资产评估业务的复杂性，根据自身的专业知识和经验，审慎考虑是否有能力承接知识产权资产评估业务。

第九条　资产评估师执行知识产权资产评估业务，应当恪守独立、客观、公正的原则，勤勉尽责，保持应有的职业谨慎，避免出现对评估结论具有重大影响的疏漏。

第十条　资产评估师执行知识产权资产评估业务，应当明确评估对象、评估范围、评估目的、评估基准日、价值类型和评估报告使用者。

第十一条　知识产权资产评估目的通常包括转让、许可使用、出资、质押、诉讼、财务报告等。

第十二条　资产评估师执行知识产权资产评估业务，应当充分考虑评估目的、市场条件、评估对象自身条件等因素，恰当选择价值类型。

第十三条　资产评估师执行知识产权资产评估业务，在充分获取相关信息的同时，应当对信息来源的可靠性进行甄别和分析，对不同渠道获得的信息进行对比和查验，以判断信息的合理性。

第十四条　资产评估师执行知识产权资产评估业务，应当合理使用评估假设和限定条件，并考虑其与评估对象、评估目的和价值类型的相关性。

第十五条　资产评估师执行知识产权资产评估业务，涉及特殊专业知识和经验时，可以利用专家工作，但应当履行必要程序恰当利用专家工作。

第十六条　资产评估师执行知识产权资产评估业务，应当关注宏观经济政策、行业政策、经营条件、生产能力、市场状况、产品生命周期等各项因素对知识产权资产效能发挥的作用，关注其对知识产权资产价值产生的影响。

第十七条　资产评估师执行知识产权资产评估业务，应当关注知识产权资产的基本情况：

（一）知识产权资产权利的法律文件、权属有效性文件或者其他证明资料；

（二）知识产权资产特征和使用状况，历史沿革以及评估与交易情况；

（三）知识产权资产实施的地域范围、领域范围、获利能力与获利方式，知识产权资产是否能给权利人带来显著、持续的可辨识经济利益；

（四）知识产权资产的法定寿命和剩余经济寿命，知识产权资产的保护措施；

（五）知识产权资产实施过程中所受到相关法律法规或者其他限制，知识产权资产转让、许可使用、出资、质押等的可行性；

（六）类似知识产权资产的市场价格信息；

（七）其他相关信息。

第十八条　资产评估师执行知识产权资产评估业务，应当要求委托方明确评估对象，应当关注评估对象的权利状况以及法律、经济、技术等具体特征。

知识产权资产通常与其他资产共同发挥作用，资产评估师应当根据评估对象的具体情况和评估目的分析、判断被评估知识产权资产的作用，恰当进行单项知识产权资产或者知识产权资产组合的评估，合理确定知识产权资产的价值。

第十九条　专利资产，是指权利人所拥有的，能够持续发挥作用并且预期能带来经济利益的专利权益。专利资产评估业务的评估对象是指专利资产权益，包括专利所有权和专利使用权。专利使用权的具体形式包括专利权独占许可、独家许可、普通许可和其他许可形式。

资产评估师执行专利资产评估业务，应当明确专利资产的权利属性。评估对象为专利所有权的，应当关注专利权是否已许可他人使用以及使用权的具体形式，并关注其对专利所有权价值的影响。评估对象为专利使用权的，应当明确专利使用权的具体形式。

第二十条　商标资产，是指权利人所拥有或者控制的，能够持续发挥作用并且预期能带来经济利益的注册商标权益。注册商标包括商品商标、服务商标、集体商标、证明商标，商标资产评估涉及的商标通常为商品商标和服务商标。

商标资产评估对象是指受法律保护的注册商标资产权益，包括商标专用权、商标许可权。评估对象为商标专用权的，应当关注商标是否已许可他人使用以及具体许可形式。评估对象为商标许可权时，应当明确该权利的具体许可形式和内容。

第二十一条　著作权资产，是指权利人所拥有或者控制的，能够持续发挥作用并且预期能带来经济利益的著作权的财产权益和与著作权有关权利的财产权益。著作权资产评估对象是指著作权中的财产权益以及与著作权有关权利的财产权益。

著作权财产权利种类包括：复制权、发行权、出租权、展览权、表演权、放映权、广播权、信息网络传播权、摄制权、改编权、翻译权、汇编权以及著作权人享有的其他财产权利。

与著作权有关权利包括：出版者对其出版的图书、期刊的版式设计的权利，表演者对其表演享有的权利，录音、录像制作者对其制作的录音、录像制品享有的权利，广播电台、电视台对其制作的广播、电视所享有的权利以及由法律法规规定的其他与著作权有关的权利。

著作权资产的财产权利形式包括著作权人享有的权利，以及转让或者许可他人使用的权利。许可使用形式包括法定许可和授权许可；授权许可形式包括专有许可、非专有许可和其他形式许可等。

资产评估师执行著作权资产评估业务，应当明确著作权资产的权利形式。当评估对象为著作权使用权时，应当明确著作权使用权的具体许可形式和许可内容。

资产评估师执行著作权资产评估业务，应当关注原创著作权和衍生著作权之间的权利关系以及著作权与有关权利之间的关系。

第二十二条 商业秘密，是指不为公众所知悉、能为权利人带来经济利益、具有实用性并经权利人采取保密措施的技术信息和经营信息，包括设计、程序、产品配方、制作工艺、制作方法、管理诀窍、客户名单、货源情报、产销策略、招投标中的标底及标书内容等信息。设计、程序、产品配方、制作工艺、制作方法等在实务中通常称为专有技术或者技术诀窍。

资产评估师执行商业秘密资产评估业务，应当关注商业秘密的保密级别、保密期限、应用范围等，同时应当考虑权利人对商业秘密采取的保护措施，如竞业禁止协议等对商业秘密价值的影响。

第二十三条 集成电路布图设计，是指集成电路中至少有一个是有源元件的两个以上元件和部分或者全部互连线路的三维配置，或者为制造集成电路而准备的上述三维配置。其中，集成电路是指半导体集成电路，即以半导体材料为基片，将至少有一个是有源元件的两个以上元件和部分或者全部互连线路集成在基片之中或者基片之上，以执行某种电子功能的中间产品或者最终产品。

集成电路布图设计资产评估对象是指集成电路布图设计资产的权益，包括专有权和许可他人使用的权利。

资产评估师应当知晓，集成电路布图设计权利人享有下列专有权：

（一）对受保护的布图设计的全部或者其中任何具有独创性的部分进行复制；

（二）将受保护的布图设计、含有该布图设计的集成电路或者含有该集成电路的物品投入商业利用。

集成电路布图设计权利人可以将其专有权转让或者许可他人使用其布图设计。

资产评估师在执行集成电路布图设计评估业务时，应当关注是否存在反向工程、强制许可、独立创作的相同设计等情况，并考虑其对评估结论的影响。

第二十四条 植物新品种，是指经过人工培育的或者对发现的野生植物加以开发，具备新颖性、特异性、一致性和稳定性，并有适当命名的植物品种。

植物新品种资产评估对象是指权利人所拥有的，能够持续发挥作用并且预期能带来经济利益的由农业部门或者林业部门授予的植物新品种权益。

资产评估师执行涉外转让植物新品种资产的评估业务，应当要求委托方提供包括相应审批机关予以登记的证明、相应审批机关同意转让的批准回复以及相应审批机关发布的转让公告等经济行为依据。

资产评估师执行植物新品种资产评估业务，应当考虑植物新品种是否已经相关部门审定、以及审定对植物新品种应用范围的限制。

第二十五条 资产评估师执行知识产权资产评估业务，应当根据评估目的、评估对象、价值类型、资料收集情况等相关条件，分析收益法、市场法和成本法三种资产评估基本方法的适用性，恰当选择一种或者多种资产评估方法。

第二十六条 资产评估师对同一知识产权资产采用多种评估方法评估时，应当对各种方法评估形成的初步结论进行综合分析，形成最终评估结论。

第二十七条 资产评估师执行知识产权资产评估业务，应当在履行必要的评估程序后，根据《资产评估准则——评估报告》编制评估报告，并进行恰当披露，使评估报告使用者能够合理理解评估结论。

（一）资产评估师应当在知识产权资产评估报告中反映知识产权资产的特点，通常包括以下内容：

1. 知识产权资产的性质、权利状况及限制条件；

2. 知识产权资产实施的地域限制、领域限制及法律法规限制条件；

3. 宏观经济和行业的前景；

4. 知识产权资产应用的历史、现实状况与发展前景；

5. 知识产权资产的获利期限；

6. 评估依据的信息来源；

7. 其他必要信息。

（二）资产评估师应当在评估报告中明确说明评估过程和依据：

1. 价值类型的选择及其定义；

2. 评估方法的选择及其理由；

3. 各重要参数的来源、分析、比较与测算过程；

4. 对初步评估结论进行分析，形成最终评估结论的过程；

5. 评估结论成立的假设前提和限制条件；

6. 可能影响评估结论的特别事项。

第三章　以转让或者许可使用为目的
的知识产权资产评估

第二十八条　资产评估师执行以转让或者许可使用为目的的知识产权资产评估业务，应当知晓评估对象通常为知识产权资产的所有权或者使用权，并要求委托方明确评估对象。

第二十九条　资产评估师执行以转让或者许可使用为目的的知识产权资产评估业务，应当充分考虑评估目的、市场条件、评估对象自身条件等因素，恰当选择价值类型。

以转让为目的的知识产权资产评估价值类型通常采用市场价值或者投资价值。以许可使用为目的的知识产权资产评估价值类型通常采用市场价值。

第三十条　资产评估师执行以转让为目的的知识产权资产评估业务，应当关注委托方已经确定的转让方式和转让价款的支付方式等因素，合理确定其对评估结论的影响，并在评估报告中披露转让方式等事项。

第三十一条　资产评估师执行以许可使用为目的的知识产权资产评估业务，应当关注许可使用的具体形式、许可使用费支付方式、许可使用期限和范围等，合理确定其对评估结论的影响，并在评估报告中披露许可使用的具体形式、许可使用费支付方式、许可使用期限和范围等。

第四章　以出资为目的的知识产权资产评估

第三十二条　资产评估师执行以出资为目的的知识产权资产评估业务，应当熟悉知识产权管理部门以及工商管理部门关于知识产权出资的有关规定。

第三十三条 以出资为目的的知识产权资产评估业务包括：

（一）工商登记受理的有限责任公司或者股份有限公司设立或者增资时，对作为股东或者发起人出资的知识产权资产进行的评估；

（二）工商登记受理的其他非公司法人类型企业所涉及的以知识产权资产出资的评估；

（三）相关法律法规规定的其他需要进行知识产权资产评估的事项。

第三十四条 资产评估师应当知晓，知识产权出资，应当符合《公司法》《公司登记管理条例》《公司注册资本登记管理规定》等相关法律法规的要求。

第三十五条 资产评估师应当关注评估对象是否可以用于出资，但是不得对评估对象是否可以作为出资资产进行确认或者发表意见。

第三十六条 对重组、改制企业的知识产权资产进行评估时，资产评估师应当关注的内容通常包括：

（一）资产的权利人与出资人是否一致；

（二）出资人的经济行为是否需经批准，并经相关管理部门审查同意；

（三）设定他项权利的资产是否与其相对应的负债分离；

（四）企业重组、改制方案以及批复文件和相关法律意见书等。

第三十七条 资产评估师应当关注评估对象可使用期限对其价值的影响，结合知识产权资产法定保护期限以及受益期限评估其价值。

第三十八条 资产评估师采用收益法评估知识产权资产时，应当结合出资目的实现后评估对象合理的生产规模、市场份额、技术及管理水平等因素，综合判断未来收益预测的合理性。

第三十九条 企业以包含知识产权的资产负债组合出资时，资产评估师应当依据同口径的可靠财务数据，分别选用适当的评估方法对各项资产和负债价值进行评估，以资产组合方式列示其价值。

第五章　以质押为目的的知识产权资产评估

第四十条 资产评估师执行以质押为目的的知识产权资产评估业务，应当熟悉国家担保法、物权法以及知识产权管理部门、金融管理部门关于知识产权质押融资的相关规定。

第四十一条 资产评估师应当关注出质知识产权需要具备以下基本条件：

（一）出质人拥有完整、合法、有效的相关知识产权权利，产权关系明晰；

（二）出质的知识产权具有一定的价值，可以依法转让；

（三）以专利权出质的，应当符合国家知识产权局关于专利权质押登记的相关规定；以商标专用权出质的，应当符合工商登记管理部门关于注册商标专用权质权登记的相关规定；以著作权出质的，应当符合版权行政主管部门关于著作权质押登记的相关规定；

（四）构成知识产权组合的各单项知识产权，如果共同出质设定为质押对象，应当符合相关行政主管部门质押登记的有关规定；

（五）符合其他相关法律法规的规定。

第四十二条 资产评估师应当关注出质知识产权的具体情况：

（一）资产评估师在评估共有知识产权时，应当关注知识产权共有人是否一致同意将该知识产权进行质押；

（二）评估对象是否存在合同约定的出质限制，包括时间、地域方面的限制以及存在的质押、诉讼等权利限制；

（三）涉及知识产权质物处置评估时，资产评估师应当关注与质押知识产权资产实施和运用不可分割的其他资产是否一并处置。

第四十三条 资产评估师应当关注评估对象是否可以用于出质，但是不得对评估对象是否可以作为出质资产进行确认或者发表意见。

第四十四条 委托方将评估基准日设定在确定贷款审批发放或者作出其他质押融资决策之前的，为了解知识产权资产在通常条件下能够合理实现的价值并以此确定贷款额度，可以委托资产评估师评估其市场价值或者其他类型的价值。

委托方将评估基准日设定在出质人违约、拟处置知识产权资产时，为确定处置底价或者可变现价值提供参考依据，可以委托资产评估师评估其市场价值或者清算价值。

第四十五条 资产评估师应当关注知识产权资产质押风险对评估报告相关信息披露的特殊要求，并对相关事项作出充分的披露。

第四十六条 在存在重大不确定因素的情况下，资产评估师作出评估相关判断时，应当保持必要的谨慎，充分估计知识产权资产在处置时可能受到的限制、未来可能发生的风险和损失，并在评估报告中作出必要的风险提示。法定优先受偿权利等情况的书面查询资料，应当作为评估报告的附件。

第四十七条 在跟踪评估出质知识产权市场价值或者其他类型的价值时，

资产评估师应当对知识产权实施市场已经发生的变化予以充分考虑和说明。

第六章　以诉讼为目的的知识产权资产评估

第四十八条　资产评估师执行以诉讼为目的的知识产权资产评估业务，应当熟悉国家司法部门和知识产权管理部门有关知识产权诉讼的规定。

第四十九条　资产评估师应当与委托方和相关当事方进行充分沟通，了解案情基本情况，并且通过现场调查和资料收集等确认评估对象和评估范围，被评估知识产权资产通常为涉案资产或者其他相关经济利益。

其他相关经济利益是指一方当事人的行为给另一方当事人造成的经济损失以及费用增加等，通常包括侵权损失、资产损害，以及由于个人或者法人经营、合同纠纷等行为引起的相关经济利益变化。

第五十条　资产评估师应当提醒委托方根据评估对象和具体案件的不同，合理确定评估基准日。评估基准日可以是过去或者现在的某一时点。

第五十一条　资产评估师应当根据评估目的、评估对象、案件具体情况以及所处阶段的不同，合理确定涉案知识产权资产评估的价值类型。价值类型通常包括市场价值以及清算价值，当执行涉案知识产权资产变现处置评估业务时，通常采用清算价值。

第五十二条　执行以诉讼为目的的知识产权资产评估业务，资产评估师应当尽可能要求委托方和相关当事方提供相关资料，并要求其对资料的真实性、合法性、完整性进行确认，同时通过市场调查、专家访谈等方式收集评估资料。

第五十三条　执行以诉讼为目的的知识产权资产评估业务，资产评估师应当尽可能在委托方、相关当事方的配合下进行现场调查。

现场调查时应当保留必要的文字、语音、照片、影像等资料，以书面形式记录调查的时间、地点、过程、结果等，并且由评估机构、委托方、相关当事方等共同确认。

如果调查时出现委托方或者相关当事方不在现场，或者相关人员不予配合等情况，评估机构应当详细记录现场情况，收集必要的证据资料，并在报告中予以披露。

第五十四条　编制以诉讼为目的的知识产权资产评估报告时，资产评估师应当在评估报告中重点披露下列内容：

（一）是否存在业务约定书（委托要约）对评估基本事项约定不明确，或者评估对象和评估范围与业务约定书（委托要约）约定不一致的情形；

（二）涉案知识产权资产以及其他相关经济利益的具体内容以及价值构成；

（三）现场调查和资料收集过程中委托方和相关当事方的配合情况；

（四）其他可能影响理解评估结论和报告使用的事项。

第七章　以财务报告为目的的知识产权资产评估

第五十五条　资产评估师应当提醒委托方根据项目具体情况以及会计准则要求，合理确定评估对象。评估对象可以是单项知识产权资产，也可以是知识产权资产组合或者与其他有形和无形资产组成的资产组。

第五十六条　资产评估师应当知晓，在执行会计准则规定的合并对价分摊事项涉及的知识产权资产评估业务时，购买方取得的被购买方拥有的但在其财务报表上未确认的知识产权资产被确认为无形资产的，需满足以下条件之一：

（一）源于合同性权利或者其他法定权利；

（二）能够从被购买方资产分离或者划分出来，并能单独或者与相关合同、资产和负债一起，用于出售、转移、授予许可、租赁或者交换。

第五十七条　资产评估师应当知晓，在执行会计准则规定的合并对价分摊事项涉及的知识产权资产评估业务时，如果知识产权资产是不可分离的或者其市场价值不能可靠计量，应当将该项知识产权资产所在的最小资产组作为评估对象；如果与被评估的知识产权资产相联系资产的单独市场价值能可靠计量，且各单项资产具有相同或者近似的使用寿命，可以将该项知识产权资产所在的最小资产组作为评估对象。

第五十八条　资产评估师在执行会计准则规定的减值测试涉及的知识产权资产评估业务时，应当知晓，使用寿命不确定的知识产权资产，一般每年都进行减值测试，而使用寿命确定的知识产权资产只有在存在明显的减值迹象时才进行减值测试。

第八章　附则

第五十九条　本指南自 2016 年 7 月 1 日起施行。

附录二：深入实施国家知识产权 战略行动计划（2014—2020年）

自《国家知识产权战略纲要》颁布实施以来，各地区、各有关部门认真贯彻党中央、国务院决策部署，推动知识产权战略实施工作取得新的进展和成效，基本实现了《国家知识产权战略纲要》确定的第一阶段五年目标，对促进经济社会发展发挥了重要支撑作用。随着知识经济和经济全球化深入发展，知识产权日益成为国家发展的战略性资源和国际竞争力的核心要素。深入实施知识产权战略是全面深化改革的重要支撑和保障，是推动经济结构优化升级的重要举措。为进一步贯彻落实《国家知识产权战略纲要》，全面提升知识产权综合能力，实现创新驱动发展，推动经济提质增效升级，特制定本行动计划。

一、总体要求

（一）指导思想。

以邓小平理论、"三个代表"重要思想、科学发展观为指导，全面贯彻党的十八大和十八届二中、三中、四中全会精神，全面落实党中央、国务院各项决策部署，实施创新驱动发展战略，按照激励创造、有效运用、依法保护、科学管理的方针，坚持中国特色知识产权发展道路，着力加强知识产权运用和保护，积极营造良好的知识产权法治环境、市场环境、文化环境，认真谋划中国建设知识产权强国的发展路径，努力建设知识产权强国，为建设创新型国家和全面建成小康社会提供有力支撑。

（二）主要目标。

到2020年，知识产权法治环境更加完善，创造、运用、保护和管理知识产权的能力显著增强，知识产权意识深入人心，知识产权制度对经济发展、文化繁荣和社会建设的促进作用充分显现。

——知识产权创造水平显著提高。知识产权拥有量进一步提高，结构明显优化，核心专利、知名品牌、版权精品和优良植物新品种大幅增加。形成一批拥有国外专利布局和全球知名品牌的知识产权优势企业。

——知识产权运用效果显著增强。市场主体运用知识产权参与市场竞争的能力明显提升，知识产权投融资额明显增加，知识产权市场价值充分显现。知识产权密集型产业增加值占国内生产总值的比重显著提高，知识产权服务业快速发展，服务能力基本满足市场需要，对产业结构优化升级的支撑作用明显提高。

——知识产权保护状况显著改善。知识产权保护体系更加完善，司法保护主导作用充分发挥，行政执法效能和市场监管水平明显提升。反复侵权、群体侵权、恶意侵权等行为受到有效制裁，知识产权犯罪分子受到有力震慑，知识产权权利人的合法权益得到有力保障，知识产权保护社会满意度进一步提高。

——知识产权管理能力显著增强。知识产权行政管理水平明显提高，审查能力达到国际先进水平，国家科技重大专项和科技计划实现知识产权全过程管理。重点院校和科研院所普遍建立知识产权管理制度。企业知识产权管理水平大幅提升。

——知识产权基础能力全面提升。构建国家知识产权基础信息公共服务平台。知识产权人才队伍规模充足、结构优化、布局合理、素质优良。全民知识产权意识显著增强，尊重知识、崇尚创新、诚信守法的知识产权文化理念深入人心。

2014—2020 年知识产权战略实施工作主要预期指标

指标	2013 年	2015 年	2020 年
每万人口发明专利拥有量（件）	4	6	14
通过《专利合作条约》途径提交的专利申请量（万件）	2.2	3.0	7.5
国内发明专利平均维持年限（年）	5.8	6.4	9.0
作品著作权登记量（万件）	84.5	90	100
计算机软件著作权登记量（万件）	16.4	17.2	20
全国技术市场登记的技术合同交易总额（万亿元）	0.8	1.0	2.0
知识产权质押融资年度金额（亿元）	687.5	75.	1800
专有权得使用费和特许费出口收入（亿美元）	13.6	20	80
知识产权服务业营业收入年均增长率（%）	18	20	20
知识产权保护社会满意度（分）	65	70	80
发明专利申请平均实质审查周期（月）	22.3	21.7	20.2
商标注册平均审查周期（月）	10	9	9

二、主要行动

（一）促进知识产权创造运用，支撑产业转型升级。

——推动知识产权密集型产业发展。更加注重知识产权质量和效益，优化产业布局，引导产业创新，促进产业提质增效升级。面向产业集聚区、行业和企业，实施专利导航试点项目，开展专利布局，在关键技术领域形成一批专利组合，构建支撑产业发展和提升企业竞争力的专利储备。加强专利协同运用，推动专利联盟建设，建立具有产业特色的全国专利运营与产业化服务平台。建立运行高效、支撑有力的专利导航产业发展工作机制。完善企业主导、多方参与的专利协同运用体系，形成资源集聚、流转活跃的专利交易市场体系，促进专利运营业态健康发展。发布战略性新兴产业专利发展态势报告。鼓励有条件的地区发展区域特色知识产权密集型产业，构建优势互补的产业协调发展格局。建设一批知识产权密集型产业集聚区，在产业集聚区推行知识产权集群管理，构筑产业竞争优势。鼓励文化领域商业模式创新，加强文化品牌开发和建设，建立一批版权交易平台，活跃文化创意产品传播，增强文化创意产业核心竞争力。

——服务现代农业发展。加强植物新品种、农业技术专利、地理标志和农产品商标创造运用，促进农业向技术装备先进、综合效益明显的现代化方向发展。扶持新品种培育，推动育种创新成果转化为植物新品种权。以知识产权利益分享为纽带，加强种子企业与高校、科研院所的协作创新，建立品种权转让交易公共平台，提高农产品知识产权附加值。增加农业科技评价中知识产权指标权重。提高农业机械研发水平，加强农业机械专利布局，组建一批产业技术创新战略联盟。大力推进农业标准化，加快健全农业标准体系。建立地理标志联合认定机制。推广农户、基地、龙头企业、地理标志和农产品商标紧密结合的农产品经营模式。

——促进现代服务业发展。大力发展知识产权服务业，扩大服务规模、完善服务标准、提高服务质量，推动服务业向高端发展。培育知识产权服务市场，形成一批知识产权服务业集聚区。建立健全知识产权服务标准规范，加强对服务机构和从业人员的监管。发挥行业协会作用，加强知识产权服务行业自律。支持银行、证券、保险、信托等机构广泛参与知识产权金融服务，鼓励商业银行开发知识产权融资服务产品。完善知识产权投融资服务平台，引导企业拓展知识产权质押融资范围。引导和鼓励地方人民政府建立小微企业信贷风险补偿基金，对知识产权质押贷款提供重点支持。通过国家科技成果转化引导基金对科技成果转化贷款给予风险补偿。增加知识产权保险品种，扩大知识产权保险试点范围，加快培育并规范知识产权保险市场。

（二）加强知识产权保护，营造良好市场环境。

——加强知识产权行政执法信息公开。贯彻落实《国务院批转全国打击侵犯知识产权和制售假冒伪劣商品工作领导小组〈关于依法公开制售假冒伪劣商品和侵犯知识产权行政处罚案件信息的意见（试行）〉的通知》（国发〔2014〕6 号），扎实推进侵犯知识产权行政处罚案件信息公开，震慑违法者，同时促进执法者规范公正文明执法。将案件信息公开情况纳入打击侵权假冒工作统计通报范围并加强考核。探索建立与知识产权保护有关的信用标准，将恶意侵权行为纳入社会信用评价体系，向征信机构公开相关信息，提高知识产权保护社会信用水平。

——加强重点领域知识产权行政执法。积极开展执法专项行动，重点查办跨区域、大规模和社会反响强烈的侵权案件，加大对民生、重大项目和优势产业等领域侵犯知识产权行为的打击力度。加强执法协作、侵权判定咨询与纠纷快速调解工作。加强大型商业场所、展会知识产权保护。督促电子商务平台企业落实相关责任，督促邮政、快递企业完善并执行收寄验视制度，探索加强跨境贸易电子商务服务的知识产权监管。加强对视听节目、文学、游戏网站和网络交易平台的版权监管，规范网络作品使用，严厉打击网络侵权盗版，优化网络监管技术手段。开展国内自由贸易区知识产权保护状况调查，探索在货物生产、加工、转运中加强知识产权监管，创新并适时推广知识产权海关保护模式，依法加强国内自由贸易区知识产权执法。依法严厉打击进出口货物侵权行为。

——推进软件正版化工作。贯彻落实《国务院办公厅关于印发政府机关使用正版软件管理办法的通知》（国办发〔2013〕88 号），巩固政府机关软件正版化工作成果，进一步推进国有企业软件正版化。完善软件正版化工作长效机制，推动软件资产管理、经费预算、审计监督、年度检查报告、考核和责任追究等制度落到实处，确保软件正版化工作常态化、规范化。

——加强知识产权刑事执法和司法保护。加大对侵犯知识产权犯罪案件的侦办力度，对重点案件挂牌督办。坚持打防结合，将专项打击逐步纳入常态化执法轨道。加强知识产权行政执法与刑事司法衔接，加大涉嫌犯罪案件移交工作力度。依法加强对侵犯知识产权刑事案件的审判工作，加大罚金刑适用力度，剥夺侵权人再犯罪能力和条件。加强知识产权民事和行政审判工作，营造良好的创新环境。按照关于设立知识产权法院的方案，为知识产权法院的组建与运行提供人财物等方面的保障和支持。

——推进知识产权纠纷社会预防与调解工作。探索以公证的方式保管知识产权证据及相关证明材料，加强对证明知识产权在先使用、侵权等行为的保全证据公证工作。开展知识产权纠纷诉讼与调解对接工作，依法规范知识产权纠纷调解工作，完善知识产权纠纷行业调解机制，培育一批社会调解组织，培养一批专业调解员。

（三）强化知识产权管理，提升管理效能。

——强化科技创新知识产权管理。加强国家科技重大专项和科技计划知识产权管理，促进高校和科研院所知识产权转移转化。落实国家科技重大专项和科技计划项目管理部门、项目承担单位等知识产权管理职责，明确责任主体。将知识产权管理纳入国家科技重大专项和科技计划全过程管理，建立国家科技重大专项和科技计划完成后的知识产权目标评估制度。探索建立科技重大专项承担单位和各参与单位知识产权利益分享机制。开展中央级事业单位科技成果使用、处置和收益管理改革试点，促进知识产权转化运用。完善高校和科研院所知识产权管理规范，鼓励高校和科研院所建立知识产权转移转化机构。

——加强知识产权审查。完善审查制度、加强审查管理、优化审查方式，提高知识产权审查质量和效率。完善知识产权申请与审查制度，完善专利审查快速通道，建立商标审查绿色通道和软件著作权快速登记通道。在有关考核评价中突出专利质量导向，加大专利质量指标评价权重。加强专利审查质量管理，完善专利审查标准。加强专利申请质量监测，加大对低质量专利申请的查处力度。优化专利审查方式，稳步推进专利审查协作中心建设，提升专利审查能力。优化商标审查体系，建立健全便捷高效的商标审查协作机制，完善商标审查标准，提高商标审查质量和效率。提高植物新品种测试能力，完善植物新品种权审查制度。

——实施重大经济活动知识产权评议。针对重大产业规划、政府重大投资活动等开展知识产权评议。加强知识产权主管部门和产业主管部门间的沟通协作，制定发布重大经济活动知识产权评议指导手册，提高知识产权服务机构评议服务能力。推动建立重大经济活动知识产权评议制度，明确评议内容，规范评议程序。引导企业自主开展知识产权评议工作，规避知识产权风险。

——引导企业加强知识产权管理。引导企业提高知识产权规范化管理水平，加强知识产权资产管理，促进企业提升竞争力。建立知识产权管理标准认证制度，引导企业贯彻知识产权管理规范。建立健全知识产权价值分析标准和评估方法，完善会计准则及其相关资产管理制度，推动企业在并购、股权流转、对外投资等活动中加强知识产权资产管理。制定知识产权委托管理服务规范，引导和支持知识产权服务机构为中小微企业提供知识产权委托管理服务。

——加强国防知识产权管理。强化国防知识产权战略实施组织管理，加快国防知识产权政策法规体系建设，推动知识产权管理融入国防科研生产和装备采购各环节。规范国防知识产权权利归属与利益分配，促进形成军民结合高新技术领域自主知识产权。完善国防知识产权解密制度，引导优势民用知识产权进入军品科研生产领域，促进知识产权军民双向转化实施。

（四）拓展知识产权国际合作，推动国际竞争力提升。

——加强涉外知识产权工作。公平公正保护知识产权，对国内外企业和个人的知识产权一视同仁、同等保护。加强与国际组织合作，巩固和发展与主要国家和地区的多双边知识产权交流。提高专利审查国际业务承接能力，建设专利审查高速路，加强专利审查国际合作，提升中国专利审查业务国际影响力。加强驻外使领馆知识产权工作力度，跟踪研究有关国家的知识产权法规政策，加强知识产权涉外信息交流，做好涉外知识产权应对工作。建立完善多双边执法合作机制，推进国际海关间知识产权执法合作。

——完善与对外贸易有关的知识产权规则。追踪各类贸易区知识产权谈判进程，推动形成有利于公平贸易的知识产权规则。落实对外贸易法中知识产权保护相关规定，研究针对进口贸易建立知识产权境内保护制度，对进口产品侵犯中国知识产权的行为和进口贸易中其他不公平竞争行为开展调查。

——支持企业"走出去"。及时收集发布主要贸易目的地、对外投资目的地知识产权相关信息。加强知识产权培训，支持企业在国外布局知识产权。加强政府、企业和社会资本的协作，在信息技术等重点领域探索建立公益性和市场化运作的专利运营公司。加大海外知识产权维权援助机制建设，鼓励企业建立知识产权海外维权联盟，帮助企业在当地及时获得知识产权保护。引导知识产权服务机构提高海外知识产权事务处理能力，为企业"走出去"提供专业服务。

三、基础工程

（一）知识产权信息服务工程。

推动专利、商标、版权、植物新品种、地理标志、民间文艺、遗传资源及相关传统知识等各类知识产权基础信息公共服务平台互联互通，逐步实现基础信息共享。知识产权基础信息资源免费或低成本向社会开放，基本检索工具免费供社会公众使用，提高知识产权信息利用便利度。指导有关行业建设知识产权专业信息库，鼓励社会机构对知识产权信息进行深加工，提供专业化、市场化的知识产权信息服务，满足社会多层次需求。

（二）知识产权调查统计工程。

开展知识产权统计监测，全面反映知识产权的发展状况。逐步建立知识产权产业统计制度，完善知识产权服务业统计制度，明确统计范围，统一指标口径，在新修订的国民经济核算体系中体现知识产权内容。

（三）知识产权人才队伍建设工程。

建设若干国家知识产权人才培养基地，推动建设知识产权协同创新中心。开展以党政领导干部、公务员、企事业单位管理人员、专业技术人员、文学艺术创作人员、教师等为重点的知识产权培训。将知识产权内容纳入学校教育课程体系，建立若干知识产权宣传教育示范学校。将知识产权内容全面纳入国家普法教育和全民科学素养提升工作。依托海外高层次人才引进计划引进急需的知识产权高端人才。深入开展百千万知识产权人才工程，建立面向社会的知识产权人才库。完善知识产权专业技术人才评价制度。

四、保障措施

（一）加强组织实施。

国家知识产权战略实施工作部际联席会议（以下简称联席会议）负责组织实施本行动计划，并加强对地方知识产权战略实施的指导和支持。知识产权局要发挥牵头作用，认真履行联席会议办公室职责，建立完善相互支持、密切协作、运转顺畅的工作机制，推进知识产权战略实施工作开展，并组织相关部门开展知识产权强国建设研究，提出知识产权强国建设的战略目标、思路和举措，积极推进知识产权强国建设。联席会议各成员单位要各负其责并尽快制定具体实施方案。地方各级政府要将知识产权战略实施工作纳入当地国民经济和社会发展总体规划，将本行动计划落实工作纳入重要议事日程和考核范围。

（二）加强督促检查。

联席会议要加强对战略实施状况的监测评估，对各项任务落实情况组织开展监督检查，重要情况及时报告国务院。知识产权局要会同联席会议各成员单位及相关部门加强对地方知识产权战略实施工作的监督指导。

（三）加强财政支持。

中央财政通过相关部门的部门预算渠道安排资金支持知识产权战略实施工作。引导支持国家产业发展的财政资金和基金向促进科技成果产权化、知识产权产业化方向倾斜。完善知识产权资助政策，适当降低中小微企业知识产权申请和维持费用，加大对中小微企业知识产权创造和运用的支持力度。

（四）完善法律法规。

推动专利法、著作权法及配套法规修订工作，建立健全知识产权保护长效机制，加大对侵权行为的惩处力度。适时做好遗传资源、传统知识、民间文艺和地理标志等方面的立法工作。研究修订反不正当竞争法、知识产权海关保护条例、植物新品种保护条例等法律法规。研究制定防止知识产权滥用的规范性文件。

附录三："十三五"国家知识产权保护和运用规划

为贯彻落实党中央、国务院关于知识产权工作的一系列重要部署，全面深入实施《国务院关于新形势下加快知识产权强国建设的若干意见》（国发〔2015〕71号），提升知识产权保护和运用水平，依据《中华人民共和国国民经济和社会发展第十三个五年规划纲要》，制定本规划。

一、规划背景

"十二五"时期，各地区、各相关部门深入实施国家知识产权战略，促进知识产权工作融入经济社会发展大局，为创新驱动发展提供了有力支撑，进一步巩固了中国的知识产权大国地位。发明专利申请量和商标注册量稳居世界首位。与"十一五"末相比，每万人口发明专利拥有量达到6.3件，增长了3倍；每万市场主体的平均有效商标拥有量达到1335件，增长了34.2%；通过《专利合作条约》途径提交的专利申请量（以下称PCT专利申请量）达到3万件，增长了2.4倍，跻身世界前三位；植物新品种申请量居世界第二位；全国作品登记数量和计算机软件著作权登记量分别增长95.9%和282.5%；地理标志、集成电路布图设计等注册登记数量大幅增加。知识产权制度进一步健全，知识产权创造、运用、保护、管理和服务的政策措施更加完善，专业人才队伍不断壮大。市场主体知识产权综合运用能力明显提高，国际合作水平显著提升，形成了一批具有国际竞争力的知识产权优势企业。知识产权质押融资额达到3289亿元，年均增长38%。专利、商标许可备案分别达到4万件、14.7万件，版权产业对国民经济增长的贡献率超过7%。知识产权司法保护体系不断完善，在北京、上海和广州相继设立知识产权法院，民事、刑事、行政案件的"三合一"审理机制改革试点基本完成，司法裁判标准更加细致完备，司法保护能力与水平不断提升。知识产权行政保护不断加强，全国共查处专利侵权假冒案件8.7万件，商标权、商业秘密和其他销售假冒伪劣商品等侵权假冒案件

32.2 万件，侵权盗版案件 3.5 万件。全社会知识产权意识得到普遍增强。

同时，中国知识产权数量与质量不协调、区域发展不平衡、保护还不够严格等问题依然突出。核心专利、知名品牌、精品版权较少，布局还不合理。与经济发展融合还不够紧密，转移转化效益还不够高，影响企业知识产权竞争能力提升。侵权易发多发，维权仍面临举证难、成本高、赔偿低等问题，影响创新创业热情。管理体制机制还不够完善，国际交流合作深度与广度还有待进一步拓展。

"十三五"时期是中国由知识产权大国向知识产权强国迈进的战略机遇期。国际知识产权竞争更加激烈。中国经济发展进入速度变化、结构优化、动力转换的新常态。知识产权作为科技成果向现实生产力转化的重要桥梁和纽带，激励创新的基本保障作用更加突出。各地区、各相关部门要准确把握新形势新特点，深化知识产权领域改革，破除制约知识产权发展的障碍，全面提高知识产权治理能力，推动知识产权事业取得突破性进展，为促进经济提质增效升级提供有力支撑。

二、指导思想、基本原则和发展目标

（一）指导思想。

全面贯彻党的十八大和十八届三中、四中、五中、六中全会精神，以邓小平理论、"三个代表"重要思想、科学发展观为指导，深入贯彻习近平总书记系列重要讲话精神，紧紧围绕统筹推进"五位一体"总体布局和协调推进"四个全面"战略布局，牢固树立和贯彻落实创新、协调、绿色、开放、共享的发展理念，认真落实党中央、国务院决策部署，以供给侧结构性改革为主线，深入实施国家知识产权战略，深化知识产权领域改革，打通知识产权创造、运用、保护、管理和服务的全链条，严格知识产权保护，加强知识产权运用，提升知识产权质量和效益，扩大知识产权国际影响力，加快建设中国特色、世界水平的知识产权强国，为实现"两个一百年"奋斗目标和中华民族伟大复兴的中国梦提供更加有力的支撑。

（二）基本原则。

坚持创新引领。推动知识产权领域理论、制度、文化创新，探索知识产权工作新理念和新模式，厚植知识产权发展新优势，保障创新者的合法权益，激发全社会创新创造热情，培育经济发展新动能。

坚持统筹协调。加强知识产权工作统筹，推进知识产权与产业、科技、环保、金融、贸易以及军民融合等政策的衔接。做好分类指导和区域布局，坚持总体提升与重点突破相结合，推动知识产权事业全面、协调、可持续发展。

坚持绿色发展。加强知识产权资源布局，优化知识产权法律环境、政策环境、社会环境和产业生态，推进传统制造业绿色改造，促进产业低碳循环发展，推动资源利用节约高效、生态环境持续改善。

坚持开放共享。统筹国内国际两个大局，加强内外联动，增加公共产品和公共服务有效供给，强化知识产权基础信息互联互通和传播利用，积极参与知识产权全球治理，推动国际知识产权制度向普惠包容、平衡有效的方向发展，持续提升国际影响力和竞争力。

（三）发展目标。

到2020年，知识产权战略行动计划目标如期完成，知识产权重要领域和关键环节的改革取得决定性成果，保护和运用能力得到大幅提升，建成一批知识产权强省、强市，为促进大众创业、万众创新提供有力保障，为建设知识产权强国奠定坚实基础。

——知识产权保护环境显著改善。知识产权法治环境显著优化，法律法规进一步健全，权益分配更加合理，执法保护体系更加健全，市场监管水平明显提升，保护状况社会满意度大幅提高。知识产权市场支撑环境全面优化，服务业规模和水平较好地满足市场需求，形成"尊重知识、崇尚创新、诚信守法"的文化氛围。

——知识产权运用效益充分显现。知识产权的市场价值显著提高，产业化水平全面提升，知识产权密集型产业占国内生产总值（GDP）比重明显提高，成为经济增长新动能。知识产权交易运营更加活跃，技术、资金、人才等创新要素以知识产权为纽带实现合理流动，带动社会就业岗位显著增加，知识产权国际贸易更加活跃，海外市场利益得到有效维护，形成支撑创新发展的运行机制。

——知识产权综合能力大幅提升。知识产权拥有量进一步提高，核心专利、知名品牌、精品版权、优秀集成电路布图设计、优良植物新品种等优质资源大幅增加。行政管理能力明显提升，基本形成权界清晰、分工合理、责权一致、运转高效、法治保障的知识产权体制机制。专业人才队伍数量充足、素质优良、结构合理。构建知识产权运营公共服务平台体系，建成便民利民的知识产权信息公共服务平台。知识产权运营、金融等业态发育更加成熟，资本化、商品化和产业化的渠道进一步畅通，市场竞争能力大幅提升，形成更多具有国际影响力的知识产权优势企业。国际事务处理能力不断提高，国际影响力进一步提升。

"十三五"知识产权保护和运用主要指标

指标	2015 年	2020 年	累计增加值	属性
每万人口发明专利拥有量（件）	6.3	12	5.7	预期性
PCT 专利申请量（万件）	3	6	3	预期性
植物新品种申请总量（万件）	1.7	2.5	0.8	预期性
全国作品登记数量（万件）	135	220	85	预期性
年度知识产权质押融资金额（亿元）	750	1800	1050	预期性
计算机软件著作权登记数量（万件）	29	44	15	预期性
规模以上制造业每亿元主营业务收入有效发明专利数（件）	0.56	0.7	0.14	预期性
知识产权使用费出口额（亿美元）	44.4	100	55.6	预期性
知识产权服务业营业收入年均增长（%）	20	20	—	预期性
知识产权保护社会满意度（分）	70	80	10	预期性

注：知识产权使用费出口额为五年累计值。

三、主要任务

贯彻落实党中央、国务院决策部署，深入实施知识产权战略，深化知识产权领域改革，完善知识产权强国政策体系，全面提升知识产权保护和运用水平，全方位多层次加快知识产权强国建设。

（一）深化知识产权领域改革。

积极研究探索知识产权管理体制机制改革，努力在重点领域和关键环节取得突破性成果。支持地方开展知识产权综合管理改革试点。建立以知识产权为重要内容的创新驱动评价体系，推动知识产权产品纳入国民经济核算，将知识产权指标纳入国民经济和社会发展考核体系。推进简政放权，简化和优化知识产权审查和注册流程。放宽知识产权服务业准入，扩大代理领域开放程度，放宽对专利代理机构股东和合伙人的条件限制。加快知识产权权益分配改革，完善有利于激励创新的知识产权归属制度，构建提升创新效率和效益的知识产权导向机制。

（二）严格实行知识产权保护。

加快知识产权法律、法规、司法解释的制修订，构建包括司法审判、刑事司法、行政执法、快速维权、仲裁调解、行业自律、社会监督的知识产权保护工作格局。充分发挥全国打击侵犯知识产权和制售假冒伪劣商品工作领导小组作用，调动各方积极性，形成工作合力。以充分实现知识产权的市场价值为指引，进一步加大损害赔偿力度。推进诉讼诚信建设，依法严厉打击侵犯知识产权犯罪。强化行政执法，改进执法方式，提高执法效率，加大对制假源头、重复侵权、恶意侵权、群体侵权的查处力度，为创新者提供更便利的维权渠道。加强商标品牌保护，提高消费品商标公共服务水平。规范有效保护商业秘密。持续推进政府机关和企业软件正版化工作。健全知识产权纠纷的争议仲裁和快速调解制度。充分发挥行业组织的自律作用，引导企业强化主体责任。深化知识产权保护的区域协作和国际合作。

（三）促进知识产权高效运用。

突出知识产权在科技创新、新兴产业培育方面的引领作用，大力发展知识产权密集型产业，完善专利导航产业发展工作机制，深入开展知识产权评议工作。加大高技术含量知识产权转移转化力度。创新知识产权运营模式和服务产品。完善科研开发与管理机构的知识产权管理制度，探索建立知识产权专员派驻机制。建立健全知识产权服务标准，完善知识产权服务体系。完善"知识产权＋金融"服务机制，深入推进质押融资风险补偿试点。推动产业集群品牌的注册和保护，开展产业集群、品牌基地、地理标志、知识产权服务业集聚区培育试点示范工作。推动军民知识产权转移转化，促进军民融合深度发展。

四、重点工作

（一）完善知识产权法律制度。

1. 加快知识产权法律法规建设。加快推动专利法、著作权法、反不正当竞争法及配套法规、植物新品种保护条例等法律法规的制修订工作。适时做好地理标志立法工作，健全遗传资源、传统知识、民间文艺、中医药、新闻作品、广播电视节目等领域法律制度。完善职务发明制度和规制知识产权滥用行为的法律制度，健全国防领域知识产权法规政策。

2. 健全知识产权相关法律制度。研究完善商业模式和实用艺术品等知识产权保护制度。研究"互联网＋"、电子商务、大数据等新业态、新领域知识产权保护规则。研究新媒体条件下的新闻作品版权保护。研究实质性派生品种保护制度。制定关于滥用知识产权的反垄断指南。完善商业秘密保护法律制度，明确商业秘密和侵权行为界定，探索建立诉前保护制度。

专栏1　知识产权法律完善工程

推动修订完善知识产权法律、法规和部门规章。配合全国人大常委会完成专利法第四次全面修改。推进著作权法第三次修改。根据专利法、著作权法修改进度适时推进专利法实施细则、专利审查指南、著作权法实施条例等配套法规和部门规章的修订。完成专利代理条例和国防专利条例修订。

支持开展立法研究。组织研究制定知识产权基础性法律的必要性和可行性。研究在民事基础性法律中进一步明确知识产权制度的基本原则、一般规则及重要概念。研究开展反不正当竞争法、知识产权海关保护条例、生物遗传资源获取管理条例以及中医药等领域知识产权保护相关法律法规制修订工作。

（二）提升知识产权保护水平。

1. 发挥知识产权司法保护作用。推动知识产权领域的司法体制改革，构建公正高效的知识产权司法保护体系，形成资源优化、科学运行、高效权威的知识产权综合审判体系，推进知识产权民事、刑事、行政案件的"三合一"审理机制，努力为知识产权权利人提供全方位和系统有效的保护，维护知识产权司法保护的稳定性、导向性、终局性和权威性。进一步发挥司法审查和司法监督职能。加强知识产权"双轨制"保护，发挥司法保护的主导作用，完善行政执法和司法保护两条途径优势互补、有机衔接的知识产权保护模式。加大对知识产权侵权行为的惩治力度，研究提高知识产权侵权法定赔偿上限，针对情节严重的恶意侵权行为实施惩罚性赔偿并由侵权人承担实际发生的合理开支。积极开展知识产权民事侵权诉讼程序与无效程序协调的研究。及时、有效做好知识产权司法救济工作。支持开展知识产权司法保护对外合作。

2. 强化知识产权刑事保护。完善常态化打防工作格局，进一步优化全程打击策略，全链条惩治侵权假冒犯罪。深化行政执法部门间的协作配合，探索使用专业技术手段，提升信息应用能力和数据运用水平，完善与电子商务企业协作机制。加强打假专业队伍能力建设。深化国际执法合作，加大涉外知识产权犯罪案件侦办力度，围绕重点案件开展跨国联合执法行动。

3. 加强知识产权行政执法体系建设。加强知识产权行政执法能力建设，统一执法标准，完善执法程序，提高执法专业化、信息化、规范化水平。完善知识产权联合执法和跨地区执法协作机制，积极开展执法专项行动，重点查办跨区域、大规模和社会反映强烈的侵权案件。建立完善专利、版权线上执法办案系统。完善打击侵权假冒商品的举报投诉机制。创新知识产权快速维权工作机制。完善知识产权行政执法监督，加强执法维权绩效管理。加大展会知识产权保护力度。加强严格知识产权保护的绩效评价，持续开展知识产权保护社会满意度调查。建立知识产权纠纷多元解决机制，加强知识产权仲裁机构和纠纷调解机构建设。

4. 强化进出口贸易知识产权保护。落实对外贸易法中知识产权保护相关规定，适时出台与进出口贸易相关的知识产权保护政策。改进知识产权海关保护执法体系，加大对优势领域和新业态、新领域创新成果的知识产权海关保护力度。完善自由贸易试验区、海关特殊监管区内货物及过境、转运、通运货物的知识产权海关保护执法程序，在确保有效监管的前提下促进贸易便利。坚持专项整治、丰富执法手段、完善运行机制，提高打击侵权假冒执行力度，突出打击互联网领域跨境电子商务侵权假冒违法活动。加强国内、国际执法合作，完善从生产源头到流通渠道、消费终端的全链条式管理。

5. 强化传统优势领域知识产权保护。开展遗传资源、传统知识和民间文艺等知识产权资源调查。制定非物质文化遗产知识产权工作指南，加强对优秀传统知识资源的保护和运用。完善传统知识和民间文艺登记、注册机制，鼓励社会资本发起设立传统知识、民间文艺保护和发展基金。研究完善中国遗传资源保护利用制度，建立生物遗传资源获取的信息披露、事先知情同意和惠益分享制度。探索构建中医药知识产权综合保护体系，建立医药传统知识保护名录。建立民间文艺作品的使用保护制度。

6. 加强新领域新业态知识产权保护。加大宽带移动互联网、云计算、物联网、大数据、高性能计算、移动智能终端等领域的知识产权保护力度。强化在线监测，深入开展打击网络侵权假冒行为专项行动。加强对网络服务商传播影视剧、广播电视节目、音乐、文学、新闻、软件、游戏等监督管理工作，积极推进网络知识产权保护协作，将知识产权执法职责与电子商务企业的管理责任结合起来，建立信息报送、线索共享、案件研判和专业培训合作机制。

7. 加强民生领域知识产权保护。加大对食品、药品、环境等领域的知识产权保护力度，健全侵权假冒快速处理机制。建立健全创新药物、新型疫苗、先进医疗装备等领域的知识产权保护长效工作机制。加强污染治理和资源循环利用等生态环保领域的专利保护力度。开展知识产权保护进乡村专项行动，建立县域及乡镇部门协作执法机制和重大案件联合督办制度，加强农村市场知识产权行政执法条件建设。针对电子、建材、汽车配件、小五金、食品、农资等专业市场，加大对侵权假冒商品的打击力度，严堵侵权假冒商品的流通渠道。

专栏2 知识产权保护工程

开展系列专项行动。重点打击侵犯注册商标专用权、擅自使用他人知名商品特有名称包装装潢、冒用他人企业名称或姓名等仿冒侵权违法行为。针对重点领域开展打击侵权盗版专项行动，突出大案要案查处、重点行业专项治理和网络盗版监管，持续开展"红盾网剑""剑网"专项行动，严厉打击网络侵权假冒等违法行为。开展打击侵犯植物新品种权和制售假劣种子行为专项行动。

推进跨部门跨领域跨区域执法协作。加大涉嫌犯罪案件移交工作力度。开展与相关国际组织和境外执法部门的联合执法。加强大型商场、展会、电子商务、进出口等领域知识产权执法维权工作。

加强"12330"维权援助与举报投诉体系建设。强化"12330"平台建设，拓展维权援助服务渠道。提升平台服务质量，深入对接产业联盟、行业协会。

完善知识产权快速维权机制。加快推进知识产权快速维权中心建设，提升工作质量与效率。推进快速维权领域由单一行业向多行业扩展、类别由外观设计向实用新型专利和发明专利扩展、区域由特定地区向省域辐射，在特色产业集聚区和重点行业建立一批知识产权快速维权中心。

推进知识产权领域信用体系建设。推进侵权纠纷案件信息公示工作，严格执行公示标准。将故意侵权行为纳入社会信用评价体系，明确专利侵权等信用信息的采集规则和使用方式，向征信机构公开相关信息。积极推动建立知识产权领域信用联合惩戒机制。

（三）提高知识产权质量效益。

1. 提高专利质量效益。建立专利申请质量监管机制。深化专利代理领域

改革。健全专利审查质量管理机制。优化专利审查流程与方式。完善专利审查协作机制。继续深化专利审查业务国际合作，拓展"专利审查高速路"国际合作网络。加快建设世界一流专利审查机构。加强专利活动与经济效益之间的关联评价。完善专利奖的评审与激励政策，发挥专利奖标杆引领作用。

专栏3　专利质量提升工程

提升发明创造和专利申请质量。在知识产权强省、强市建设和有关试点示范工作中强化专利质量评价和引导。建立专利申请诚信档案，持续开展专利申请质量监测与反馈。

提升专利审查质量。加强审查业务指导体系和审查质量保障体系建设。完善绿色技术专利申请优先审查机制。做好基于审查资源的社会服务工作。构建专利审查指南修订常态化机制。改进审查周期管理，满足创新主体多样化需求。加强与行业协会、代理人、申请人的沟通，形成快捷高效的外部质量反馈机制，提高社会满意度。加大支撑专利审查的信息化基础设施建设。

提升专利代理质量。深化专利代理领域"放管服"改革，提高行业管理水平。强化竞争机制和行业自律，加大对代理机构和代理人的执业诚信信息披露力度。针对专利代理机构的代理质量构建反馈、评价、约谈、惩戒机制。

提升专利运用和保护水平。加快知识产权运营公共服务平台体系建设，为专利转移转化、收购托管、交易流转、质押融资、专利导航等提供平台支撑，提高专利运用效益。制定出台相关政策，营造良好的专利保护环境，促进高质量创造和高价值专利实施。

---

2. 实施商标战略。提升商标注册便利化水平，优化商标审查体系，建立健全便捷高效的商标审查协作机制。提升商标权保护工作效能，为商标建设营造公平竞争的市场环境。创新商标行政指导和服务监管方式，提升企业运用商标制度能力，打造知名品牌。研究建立商标价值评估体系，构建商标与国民生产总值、就业规模等经济指标相融合的指标体系。建立国家商标信息库。

3. 打造精品版权。全面完善版权社会服务体系，发挥版权社会服务机构的作用。推动版权资产管理制度建设。建立版权贸易基地、交易中心工作协调机制。充分发挥全国版权示范城市、单位、园区（基地）的示范引导作用。

打造一批规模化、集约化、专业化的版权企业，带动版权产业健康快速发展。鼓励形成一批拥有精品品牌的广播影视播映和制作经营机构，打造精品影视节目版权和版权产业链。鼓励文化领域商业模式创新，大力发展版权代理和版权经纪业务，促进版权产业和市场的发展。

4. 加强地理标志、植物新品种和集成电路布图设计等领域知识产权工作。建立地理标志联合认定机制，加强中国地理标志在海外市场注册和保护工作。推动建立统筹协调的植物新品种管理机制，推进植物新品种测试体系建设，加快制定植物新品种测试指南，提高审查测试水平。加强种子企业与高校、科研机构的协作创新，建立授权植物新品种的基因图谱数据库，为维权取证和执法提供技术支撑。完善集成电路布图设计保护制度，优化集成电路布图设计的登记和撤销程序，充分发挥集成电路布图设计制度的作用，促进集成电路产业升级发展。

（四）加强知识产权强省、强市建设。

1. 建成一批知识产权强省、强市。推进引领型、支撑型、特色型知识产权强省建设，发挥知识产权强省的示范带动作用。深入开展知识产权试点示范工作，可在国家知识产权示范城市、全国版权示范城市等基础上建成一批布局合理、特色明显的知识产权强市。进一步探索建设适合国情的县域知识产权工作机制。

2. 促进区域知识产权协调发展。推动开展知识产权区域布局试点，形成以知识产权资源为核心的配置导向目录，推进区域知识产权资源配置和政策优化调整。支持西部地区改善创新环境，加快知识产权发展，提升企业事业单位知识产权创造运用水平。制定实施支持东北地区等老工业基地振兴的知识产权政策，推动东北地区等老工业基地传统制造业转型升级。提升中部地区特色优势产业的知识产权水平。支持东部地区在知识产权运用方面积极探索、率先发展，培育若干带动区域知识产权协同发展的增长极。推动京津冀知识产权保护一体、运用协同、服务共享，促进创新要素自由合理流动。推进长江经济带知识产权建设，引导产业优化布局和分工协作。

3. 做好知识产权领域扶贫工作。加大对边远地区传统知识、遗传资源、民间文艺、中医药等领域知识产权的保护与运用力度。利用知识产权人才优势、技术优势和信息优势进一步开发地理标志产品，加强植物新品种保护，引导注册地理标志商标，推广应用涉农专利技术。开展知识产权富民工作，推进实施商标富农工程，充分发挥农产品商标和地理标志在农业产业化中的作用，培育一批知识产权扶贫精品项目。支持革命老区、民族地区、边疆地区、贫困地区加强知识产权机构建设，提升知识产权数量和保护水平。

（五）加快知识产权强企建设。

1. 提升企业知识产权综合能力。推行企业知识产权管理国家标准，在生产经营、科技创新中加强知识产权全过程管理。完善知识产权认证制度，探索建立知识产权管理体系认证结果的国际互认机制。推动开展知识产权协同运用，鼓励和支持大型企业开展知识产权评议工作，在重点领域合作中开展知识产权评估、收购、运营、风险预警与应对。切实增强企业知识产权意识，支持企业加大知识产权投入，提高竞争力。

2. 培育知识产权优势企业。出台知识产权优势企业建设指南，推动建立企业知识产权服务机制，引导优质服务力量助力企业形成知识产权竞争优势。出台知识产权示范企业培育指导性文件，提升企业知识产权战略管理能力、市场竞争力和行业影响力。

3. 完善知识产权强企工作支撑体系。完善知识产权资产的财务、评估等管理制度及相关会计准则，引导企业发布知识产权经营报告书。提升企业知识产权资产管理能力，推动企业在并购重组、股权激励、对外投资等活动中的知识产权资产管理。加强政府、企业和社会的协作，引导企业开展形式多样的知识产权资本化运作。

专栏4 知识产权强企工程

推行企业知识产权管理规范。建立政策引导、咨询服务和第三方认证体系。培养企业知识产权管理专业化人才队伍。

制定知识产权强企建设方案。建立分类指导的政策体系，塑造企业示范典型，培育一批具备国际竞争优势的知识产权领军企业。实施中小企业知识产权战略推进工程，加大知识产权保护援助力度，构建服务支撑体系，扶持中小企业创新发展。

鼓励企业国际化发展。引导企业开展海外知识产权布局。发挥知识产权联盟作用，鼓励企业将专利转化为国际标准。促进知识产权管理体系标准、认证国际化。

（六）推动产业升级发展。

1. 推动专利导航产业发展。深入实施专利导航试点工程，引导产业创新发展，开展产业知识产权全球战略布局，助推产业提质增效升级。面向战略性新兴产业，在新材料、生物医药、物联网、新能源、高端装备制造等领域实施一批产业规划类和企业运营类专利导航项目。在全面创新改革试验区、自由贸易试验区、中外合作产业园区、知识产权试点示范园区等重点区域，推动建立专利导航产业发展工作机制。

2. 完善"中国制造"知识产权布局。围绕"中国制造2025"的重点领域和"互联网＋"行动的关键环节，形成一批产业关键核心共性技术知识产权。实施制造业知识产权协同运用推进工程，在制造业创新中心建设等重大工程实施中支持骨干企业、高校、科研院所协同创新、联合研发，形成一批产业化导向的专利组合，强化创新成果转化运用。

3. 促进知识产权密集型产业发展。制定知识产权密集型产业目录和发展规划，发布知识产权密集型产业的发展态势报告。运用股权投资基金等市场化方式，引导社会资金投入知识产权密集型产业。加大政府采购对知识产权密集型产品的支持力度。鼓励有条件的地区发展知识产权密集型产业集聚区，构建优势互补的产业协调发展格局。建设一批高增长、高收益的知识产权密集型产业，促进产业提质增效升级。

4. 支持产业知识产权联盟发展。鼓励组建产业知识产权联盟，开展联盟备案管理和服务，建立重点产业联盟管理库，对联盟发展状况进行评议监测和分类指导。支持成立知识产权服务联盟。属于社会组织的，依法履行登记手续。支持联盟构筑和运营产业专利池，推动形成标准必要专利，建立重点产业知识产权侵权监控和风险应对机制。鼓励社会资本设立知识产权产业化专项基金，充分发挥重点产业知识产权运营基金作用，提高产业知识产权运营水平与国际竞争力，保障产业技术安全。

5. 深化知识产权评议工作。实施知识产权评议工程，研究制定相关政策。围绕国家重大产业规划、政府重大投资项目等开展知识产权评议，积极探索重大科技经济活动知识产权评议试点。建立国家科技计划（专项、基金等）知识产权目标评估制度。加强知识产权评议专业机构建设和人才培养，积极推动评议成果运用，建立重点领域评议报告发布机制。推动制定评议服务相关标准。鼓励和支持行业骨干企业与专业机构在重点领域合作开展评议工作，提高创新效率，防范知识产权风险。

专栏5　知识产权评议工程

推进重点领域知识产权评议工作。加强知识产权主管部门与产业主管部门间的沟通协作，围绕国家科技重大专项以及战略性新兴产业，针对高端通用芯片、高档数控机床、集成电路装备、宽带移动通信、油气田、核电站、水污染治理、转基因生物新品种、新药创制、传染病防治等领域的关键核心技术深入开展知识产权评议工作，及时提供或发布评议报告。

提升知识产权评议能力。制定发布重大经济活动评议指导手册和分类评议实务指引，规范评议范围和程序。实施评议能力提升计划，支持开发评议工具，培养一批评议人才。

培育知识产权评议服务力量。培育知识产权评议服务示范机构，加强服务供需对接。推动评议服务行业组织建设，支持制定评议服务标准，鼓励联盟实施行业自律。加强评议服务机构国际交流，拓展服务空间。

6. 推动军民知识产权转移转化。加强国防知识产权保护，完善国防知识产权归属与利益分配机制。制定促进知识产权军民双向转化的指导意见。放开国防知识产权代理服务行业，建立和完善相应的准入退出机制。推动国防知识产权信息平台建设，分类建设国防知识产权信息资源，逐步开放检索。营造有利于军民协同创新、双向转化的国防科技工业知识产权政策环境。建设完善国防科技工业知识产权平台，完成专利信息平台建设，形成更加完善的国防科技工业专利基础数据库。

（七）促进知识产权开放合作。

1. 加强知识产权国际交流合作。进一步加强涉外知识产权事务的统筹协调。加强与经贸相关的多双边知识产权对外谈判、双边知识产权合作磋商机制及国内立场的协调等工作。积极参与知识产权国际规则制定，加快推进保护广播组织条约修订，推动公共健康多哈宣言落实和视听表演北京条约尽快生效，做好中国批准马拉喀什条约相关准备工作。加强与世界知识产权组织、世界贸易组织及相关国际组织的交流合作。拓宽知识产权公共外交渠道。继续巩固发展知识产权多双边合作关系，加强与"一带一路"沿线国家、金砖国家的知识产权交流合作。加强我驻国际组织、主要国家和地区外交机构中涉知识产权事务的人才储备和人力配备。

2. 积极支持创新企业“走出去”。健全企业海外知识产权维权援助体系。鼓励社会资本设立中国企业海外知识产权维权援助服务基金。制定实施应对海外产业重大知识产权纠纷的政策。完善海外知识产权信息服务平台，发布相关国家和地区知识产权制度环境等信息。支持企业广泛开展知识产权跨国交易，推动有自主知识产权的服务和产品“走出去”。继续开展外向型企业海外知识产权保护以及纠纷应对实务培训。

专栏6　知识产权海外维权工程

健全风险预警机制。推动企业在人才引进、国际参展、产品和技术进出口、企业并购等活动中开展知识产权风险评估，提高企业应对知识产权纠纷能力。加强对知识产权案件的跟踪研究，及时发布风险提示。

建立海外维权援助机制。加强中国保护知识产权海外维权信息平台建设。发布海外知识产权服务机构和专家名录及案例数据库。建立海外展会知识产权快速维权长效机制，组建海外展会快速维权中心，建立海外展会快速维权与常规维权援助联动的工作机制。

五、重大专项

（一）加强知识产权交易运营体系建设。

1. 完善知识产权运营公共服务平台。发挥中央财政资金引导作用，建设全国知识产权运营公共服务平台，依托文化产权、知识产权等无形资产交易场所开展版权交易，审慎设立版权交易平台。出台有关行业管理规则，加强对知识产权交易运营的业务指导和行业管理。以知识产权运营公共服务平台为基础，推动建立基于互联网、基础统一的知识产权质押登记平台。

2. 创新知识产权金融服务。拓展知识产权质押融资试点内容和工作范围，完善风险管理以及补偿机制，鼓励社会资本发起设立小微企业风险补偿基金。探索开展知识产权证券化和信托业务，支持以知识产权出资入股，在依法合规的前提下开展互联网知识产权金融服务，加强专利价值分析与应用效果评价工作，加快专利价值分析标准化建设。加强对知识产权质押的动态管理。

3. 加强知识产权协同运用。面向行业协会、高校和科研机构深入开展专利协同运用试点，建立订单式发明、投放式创新的专利协同运用机制。培育建设一批产业特色鲜明、优势突出，具有国际影响力的专业化知识产权运营机构。强化行业协会在知识产权联合创造、协同运用、合力保护、共同管理等方面的作用。鼓励高校和科研机构强化知识产权申请、运营权责，加大知识产权转化力度。引导高校院所、企业联合共建专利技术产业化基地。

专栏7　知识产权投融资服务工程

建设全国知识产权运营公共服务体系。推进知识产权运营交易全过程电子化，积极开展知识产权运营项目管理。加快培育国家专利运营试点企业，加快推进西安知识产权军民融合试点、珠海知识产权金融试点及华北、华南等区域知识产权运营中心建设。

深化知识产权投融资工作。优化质押融资服务机制，鼓励有条件的地区建立知识产权保险奖补机制。研究推进知识产权海外侵权责任保险工作。深入开展知识产权质押融资风险补偿基金和重点产业知识产权运营基金试点。探索知识产权证券化，完善知识产权信用担保机制，推动发展投贷联动、投保联动、投债联动等新模式。创新知识产权投融资产品。在全面创新改革试验区引导创业投资基金、股权投资基金加强对知识产权领域的投资。

创新管理运行方式。支持探索知识产权创造与运营的众包模式，鼓励金融机构在风险可控和商业可持续的前提下，基于众创、众包、众扶等新模式特点开展金融产品和服务创新，积极发展知识产权质押融资，促进"互联网＋"知识产权融合发展。

（二）加强知识产权公共服务体系建设。

1. 提高知识产权公共服务能力。建立健全知识产权公共服务网络，增加知识产权信息公共服务产品供给。推动知识产权基础信息与经济、法律、科技、产业运行等其他信息资源互联互通。实施产业知识产权服务能力提升行动，创新对中小微企业和初创型企业的服务方式。发展"互联网＋"知识产权服务等新模式，培育规模化、专业化、市场化、国际化的知识产权服务品牌机构。

2. 建设知识产权信息公共服务平台。实现专利、商标、版权、集成电路布图设计、植物新品种、地理标志以及知识产权诉讼等基础信息资源免费或低成本开放共享。运用云计算、大数据、移动互联网等技术，实现平台知识产权信息统计、整合、推送服务。

专栏8　知识产权信息公共服务平台建设工程

建设公共服务网络。制定发布知识产权公共服务事项目录和办事指南。增加知识产权信息服务网点，加强公共图书馆、高校图书馆、科技信息服务机构、行业组织等的知识产权信息服务能力建设。

创建产业服务平台。依托专业机构创建一批布局合理、开放协同、市场化运作的产业知识产权信息公共服务平台，在中心城市、自由贸易试验区、国家自主创新示范区、国家级高新区、国家级经济技术开发区等提供知识产权服务。在众创空间等创新创业平台设置知识产权服务工作站。

整合服务和数据资源。整合知识产权信息资源、创新资源和服务资源，推进实体服务与网络服务协作，促进从研发创意、知识产权化、流通化到产业化的协同创新。建设专利基础数据资源开放平台，免费或低成本扩大专利数据的推广运用。建立财政资助项目形成的知识产权信息和上市企业知识产权信息公开窗口。

---

3. 建设知识产权服务业集聚区。在自由贸易试验区、国家自主创新示范区、国家级高新区、中外合作产业园区、国家级经济技术开发区等建设一批国家知识产权服务业集聚区。鼓励知识产权服务机构入驻创新创业资源密集区域，提供市场化、专业化的服务，满足创新创业者多样化需求。针对不同区域，加强分类指导，引导知识产权服务资源合理流动，与区域产业深度对接，促进经济提质增效升级。

4. 加强知识产权服务业监管。完善知识产权服务业统计制度，建立服务机构名录库。成立知识产权服务标准化技术组织，推动完善服务标准体系建设，开展标准化试点示范。完善专利代理管理制度，加强事中事后监管。健全知识产权服务诚信信息管理、信用评价和失信惩戒等管理制度，及时披露相关执业信息。研究建立知识产权服务业全国性行业组织。具备条件的地方，可探索开展知识产权服务行业协会组织"一业多会"试点。

（三）加强知识产权人才培育体系建设。

1. 加强知识产权人才培养。加强知识产权相关学科专业建设，支持高等学校在管理学和经济学等学科中增设知识产权专业，支持理工类高校设置知识产权专业。加强知识产权学历教育和非学历继续教育，加强知识产权专业学位教育。构建政府部门、高校和社会相结合的多元知识产权教育培训组织模式，支持行业组织与专业机构合作，加大实务人才培育力度。加强国家知识产权培训基地建设工作，完善师资、教材、远程系统等基础建设。加大对领导干部、企业家和各类创新人才的知识产权培训力度。鼓励高等学校、科研院所开展知识产权国际学术交流，鼓励中国知识产权人才获得海外相应资格证书。推动将知识产权课程纳入各级党校、行政学院培训和选学内容。

2. 优化知识产权人才成长体系。加强知识产权高层次人才队伍建设，加大知识产权管理、运营和专利信息分析等人才培养力度。统筹协调知识产权人才培训、实践和使用，加强知识产权领军人才、国际化专业人才的培养与引进。构建多层次、高水平的知识产权智库体系。探索建立行业协会和企业事业单位专利专员制度。选拔一批知识产权创业导师，加强创新创业指导。

3. 建立人才发现与评价机制。建立人才引进使用中的知识产权鉴定机制，利用知识产权信息发现人才。完善知识产权职业水平评价制度，制定知识产权专业人员能力素质标准。鼓励知识产权服务人才和创新型人才跨界交流和有序流动，防范人才流动法律风险。建立创新人才知识产权维权援助机制。

（四）加强知识产权文化建设。

1. 加大知识产权宣传普及力度。健全知识产权新闻发布制度，拓展信息发布渠道。组织开展全国知识产权宣传周、中国专利周、绿书签、中国国际商标品牌节等重大宣传活动。丰富知识产权宣传普及形式，发挥新媒体传播作用。支持优秀作品创作，推出具有影响力的知识产权题材影视文化作品，弘扬知识产权正能量。

2. 实施知识产权教育推广计划。鼓励知识产权文化和理论研究，加强普及型教育，推出优秀研究成果和普及读物。将知识产权内容全面纳入国家普法教育和全民科学素养提升工作。

专栏9　知识产权文化建设工程
加强宣传推广。利用新媒体，加强知识产权相关法律法规、典型案例的宣传。讲好中国知识产权故事，推出具有影响力的知识产权主题书籍、影视作品，挖掘报道典型人物和案例。 　　加强普及型教育。开展全国中小学知识产权教育试点示范工作，建立若干知识产权宣传教育示范学校。引导各类学校把知识产权文化建设与学生思想道德建设、校园文化建设、主题教育活动紧密结合，增强学生的知识产权意识和创新意识。 　　繁荣文化和理论研究。鼓励支持教育界、学术界广泛参与知识产权理论体系研究，支持创作兼具社会及经济效益的知识产权普及读物，增强知识产权文化传播的针对性和实效性，支撑和促进中国特色知识产权文化建设。

六、实施保障

（一）加强组织协调。各地区、各相关部门要高度重视，加强组织领导，明确责任分工，结合实际细化落实本规划提出的目标任务，制定专项规划、年度计划和配套政策，推动规划有效落实。加强统筹协调，充分发挥国务院知识产权战略实施工作部际联席会议制度作用，做好规划组织实施工作。全国打击侵犯知识产权和制售假冒伪劣商品工作领导小组要切实加强对打击侵犯知识产权和制售假冒伪劣商品工作的统一组织领导。各相关部门要依法履职，认真贯彻落实本规划要求，密切协作，形成规划实施合力。

（二）加强财力保障。加强财政预算与规划实施的相互衔接协调，各级财政按照现行经费渠道对规划实施予以合理保障，鼓励社会资金投入知识产权各项规划工作，促进知识产权事业发展。统筹各级各部门与知识产权相关的公共资源，突出投入重点，优化支出结构，切实保障重点任务、重大项目的落实。

（三）加强考核评估。各地区、各相关部门要加强对本规划实施情况的动态监测和评估工作。国务院知识产权战略实施工作部际联席会议办公室要会同相关部门按照本规划的部署和要求，建立规划实施情况的评估机制，对各项任务落实情况组织开展监督检查和绩效评估工作，重要情况及时报告国务院。

附录四：关于加快建设知识产权强市的指导意见

一、总体要求

（一）指导思想。

全面贯彻党的十八大和十八届三中、四中、五中、六中全会精神，深入贯彻习近平总书记系列重要讲话精神，按照党中央、国务院决策部署，紧紧围绕"五位一体"总体布局和"四个全面"战略布局，牢固树立创新、协调、绿色、开放、共享的发展理念，深入实施创新驱动发展战略和国家知识产权战略，以知识产权与城市创新发展深度融合为主线，以加强知识产权保护和运用为主题，以改革和创新为动力，以知识产权强县（区）、强局、强企建设为抓手，建设一批创新活力足、质量效益好、可持续发展能力强的知识产权强市，为建成中国特色、世界水平的知识产权强国奠定坚实基础。

（二）基本原则。

凝聚改革动力。以知识产权管理体制机制改革为突破口，促进知识产权保护和运用等重点领域改革，提升城市知识产权治理水平；坚持规划引领，充分发挥市场在资源配置中的决定性作用和更好地发挥政府的作用，增强城市持续发展能力。

深化创新引领。实行全面从严的知识产权保护，激发城市创新活力，营造良好的城市创新发展环境；注重知识产权发展质量，提升知识产权运用的综合效益，畅通创新价值实现渠道，让创新成为城市发展的主动力，释放城市发展新动能。

聚合发展优势。结合城市资源禀赋和区位优势，促进创新资源开放共享，引导创新资源向城市主导产业和特色产业集聚；以知识产权协同创新促进产业转型升级，培育具有产业特色优势的现代化城市，提升城市发展竞争力。

坚持统筹布局。结合实施"一带一路"建设、京津冀协同发展、长江经济带建设等战略，以国家重点规划发展城市群为主体，以国家知识产权示范城市群为基础，科学规划知识产权强市建设空间布局，打造具有引领示范效应的区域知识产权发展极。

（三）发展目标

按照"对标国际、领跑全国、支撑区域"的要求，采取"工程式建设、体系化推进、项目式管理、责任制落实"的方式推进知识产权强市建设。到2020年，在长三角、珠三角、环渤海及其他国家重点发展区域建成20个左右具备下列特征的知识产权引领型创新驱动发展之城：

——建成内容全面、链条完整、环节畅通、职责健全、服务多元的城市知识产权综合管理体系。顺应国际知识产权管理体制发展趋势，适应城市创新发展需求，知识产权政策与产业、科技、金融等政策高效融合，城市知识产权治理能力达到国内一流水平。

——建成覆盖创造获权、用权维权等知识产权全链条，集成授权确权、司法审判、刑事执法、行政执法、仲裁调解、行业自律、社会监督的知识产权大保护体系。城市知识产权执法水平和能力国际广泛认可，创新权益充分保护，创新活力全面激发，城市知识产权保护环境达到国内一流水平。

——建成开放创新、集聚融合、绿色低碳、可持续的知识产权产业发展体系。形成若干具备国际竞争力的知识产权领军企业和产业集群，打造形成市场主导的城市知识产权创新生态链，促进新业态、新商业模式不断涌现，知识产权对城市经济发展的贡献度达到国内一流水平。

——建成引领区域、均衡发展、互动协作、资源共享的知识产权协调发展机制。知识产权制度对经济发展、文化繁荣和社会建设的促进作用充分显现，区域发展带动能力更加突出。建成运用知识产权国际先进经验的先行地，知识产权国际国内协同创新资源高度集聚，城市知识产权对外合作交流达到国内一流水平。

到2030年，在国家主要城市群中全面形成特色鲜明、体制顺畅、集聚融合、充满活力、更加开放的知识产权强市建设发展格局。

二、重点任务和重大工程

（一）实施知识产权管理能力提升工程，适应创新需求。

1. 推进知识产权管理体制机制改革。积极开展知识产权综合管理改革，加强市、县（区）两级知识产权管理机构建设和工作队伍建设。建立集中高效的城市知识产权综合管理体系，打通创造、运用、保护和服务等制度运行关键环节，服务企事业单位、行业组织、服务机构、社会公众等多元主体。持续开展县域知识产权试点示范工作，积极培育国家知识产权强县。研究建立科技创新、知识产权与产业发展相结合的创新驱动发展指标，并纳入国民经济和社会发展规划。在对党政领导班子和领导干部进行综合考核评价时突出知识产权绩效评价导向。按照有关规定设置知识产权奖励项目，加大各类奖励制度的知识产权评价权重。

2. 建立专利导航城市创新发展决策机制。开展专利导航城市创新发展质量评价工作，优化知识产权区域布局，提升区域创新发展层次。以专利数据为信息获取主体，综合运用专利信息分析和市场价值分析手段，结合经济数据的分析和挖掘，准确把握知识产权在城市创新发展中的引领支撑作用，厘清知识产权资源与创新资源、产业资源、经济资源的匹配关系，通过专利导航促进创新链、产业链、资金链、政策链深度融合，逐步建立以专利导航支撑行政决策的创新决策机制，提高城市创新宏观管理能力和资源配置效率。

3. 建立知识产权促进创新创业服务机制。打造知识产权特色小镇，对各类知识产权创客项目给予资金扶持，打造专利创业孵化链。制定面向知识产权创客人才的专项扶持政策，加强集聚知识产权创客人才。建立健全创业知识产权辅导制度，为创客提供知识产权创业导师服务。加强专利布局、专利挖掘等实务培训，推广专利信息分析成果利用。在双创示范基地、重点园区推进知识产权公共服务点对点对接。面向创新创业主体推行知识产权服务券模式，加大财政扶持力度。

4. 完善知识产权公共服务和政策体系。提升城市知识产权公共服务能力和服务水平，增加高校、科研机构专利信息服务网点，实现区县专利信息服务网点全覆盖。制定发布知识产权公共服务事项目录和办事指南，建设线上线下相结合的"一站式"知识产权综合服务平台。运用云计算、大数据、移动互联等技术，完善各类知识产权管理在线服务，提升知识产权信息获取效率。建立完善激励创造、促进运用、严格保护、规范服务等方面的知识产权政策，推动知识产权政策与产业、经济、科技、贸易、金融、财税等政策融合支撑。建设城市知识产权智库，支持设立市长知识产权顾问，邀请国内外知识产权领域知名专家，为知识产权引领城市创新发展建言献策。

（二）实施知识产权大保护工程，营造创新创业环境。

1. 完善知识产权执法维权体系。建立市、县（区）主要领导知识产权保护负责制。建立统一、高效的市、县（区）知识产权行政执法体系，开展知识产权综合行政执法，积极创建知识产权执法强局。强化电商、民生等重点领域和展会、进出口等关键环节的知识产权保护机制。完善跨区域、跨部门知识产权协作执法、联合执法机制。扩大知识产权快速维权区域和产业覆盖面，加强海外知识产权维权援助。引导行业协会、中介组织等第三方机构参与解决海外知识产权纠纷，建立涉外知识产权争端联合应对机制。

2. 拓宽知识产权纠纷多元解决渠道。充分发挥产业知识产权联盟、行业协会等社会组织作用，针对不同类型知识产权纠纷的特点，鼓励引导创新主体通过调解、仲裁等渠道，低成本解决知识产权纠纷。建立知识产权纠纷技术鉴定、专家顾问制度，为知识产权维权提供专业支撑。试点建立专利无效确权与侵权仲裁的对接机制。开展知识产权纠纷诉讼与调解对接工作，推动建立知识产权纠纷调解协议的司法确认制度。探索仲裁与调解有机衔接、相互协调的知识产权纠纷非诉讼解决机制。

3. 建立知识产权保护社会监督网络体系。积极开展知识产权系统社会信用体系建设，依法将行政处罚案件相关信息以及不配合调查取证行为、不执行行政决定行为等纳入诚信体系。运用大数据先进理念、技术和资源，建设全面响应、全面公开、全程管理的知识产权监管网络平台，实现网络巡查、线上举报和投诉办案一体化。推动建立知识产权失信主体联合惩戒机制，制定知识产权失信主体联合惩戒备忘录。

4. 提升创新主体知识产权保护能力。积极探索开展重大科技活动知识产权评议试点。全面推行高校和科研机构知识产权管理国家标准，提升创新主体专利挖掘和布局能力。推动设立专利远程会晤接待站和复审巡回审理庭，为中小微企业提供便利化服务。依托国家专利审查资源，建立知识产权特派员制度，指导城市重大科研项目实施全过程知识产权管理。加强知识产权保护规范化市场培育工作，提升市场主办方知识产权保护管理能力。

（三）实施知识产权运用促进工程，推进产业转型升级。

1. 完善城市知识产权投融资服务体系。发挥金融与财政的联动效应，引导金融机构发挥专业优势和渠道优势，建立系统化、流程化、专业化的知识产权金融服务机制。建立完善城市知识产权质押风险补偿基金等风险分担机制，推进知识产权质押融资续贷服务，加大对首贷客户、初创企业的知识产权质押融资支持力度。开展知识产权金融创新试点，充分利用资本市场，鼓励企业利用知识产权开展直接融资。加快培育和规范专利保险市场，优化险种运营模式，支持保险机构深入开展专利保险业务，完善专利保险服务体系。

2. 完善城市专利导航产业创新发展工作体系。结合城市产业特点带动城市升级，研究开展知识产权密集型产业培育工作。围绕城市主导产业和特色产业，在各类产业园区推广建立专利导航产业发展工作机制。开展国家专利导航产业发展实验区建设，深入实施专利导航试点工程，推广实施产业规划类和企业运营类专利导航项目，实施一批专利储备运营项目，支撑产业创新发展。支持企业组建产业知识产权联盟，推动市场化主体开展知识产权协同运用。

3. 构建城市知识产权运营生态体系。建设城市知识产权运营交易中心，全面对接全国知识产权运营服务体系，链接国际一流知识产权创新主体、服务机构和产业资本。培育若干产业特色突出、运营模式领先的知识产权运营机构，以专利池、专利组合为主开展知识产权运营。推动高等院校、科研院所建立独立运行的知识产权运营机构，促进产业创新与市场需求有机对接。推动安排知识产权运营专项资金，鼓励带动社会资本共同设立产业知识产权运营基金，促进知识产权产业化。

（四）实施知识产权质量提升工程，增强发展后劲。

1. 建立城市知识产权创造质量提升体系。开展形成核心专利的促进工作，进一步提高优质知识产权拥有量。强化城市发明、实用新型、外观设计专利的评价、资助和奖励的质量导向，探索建立政策优化专家问诊机制，将资助重点转向高价值专利培育。改革完善知识产权考核政策，在技术研发类科技计划中增加专利质量、效益指标。加强对知识产权服务机构的指导、监督和奖惩。采取多种形式开展提升专利申请质量的实务培训，提升创新主体专利创造能力。

2. 完善城市知识产权强企建设体系。推行知识产权管理规范国家标准，指导企业建立标准化知识产权管理体系，推广第三方审核认证。支持国家知识产权示范企业、优势企业建设高价值知识产权培育中心，运用专利导航理念，聚焦产业重点领域和关键环节，支持开展知识产权订单式研发、投放式创新，创造一批技术创新水平高、权利状态稳定、市场竞争力强的专利，构建高价值专利池和专利组合。鼓励企业在关键技术、核心领域、新兴产业方面进行专利布局，以知识产权优势掌握国内外市场话语权。支持企业加强知识产权运营，全面推进知识产权跨国并购，积极谋求市场主动权、资本主导权和技术制高点，加快开放发展，推动市场链高端化。

3. 建立城市产业集聚高端发展体系。遵循区域城市间产业链布局和创新资源配置规律，加快建设知识产权服务业集聚区。强化知识产权特色打造战略引领产业，围绕战略性新兴产业部署知识产权服务链。促进创新资源开放共享，建立城市间产业知识产权协同创新机制，培育城市产业特色优势。加强产业知识产权集群管理，培育一批先进制造产业增长极。加强专利与标准的融合，形成一批具有自主知识产权、体现重点产业优势、反映国际先进水平、引领国内产业发展的技术标准。推广绿色低碳专利技术，推进产业可持续发展。

（五）实施知识产权发展环境建设工程，扩大开放合作。

1. 健全城市知识产权人才支撑体系。以促进知识产权服务业"智力集聚"为重点，加快构建以高层次知识产权人才、高水平管理人才和高素质实务人才为主体的知识产权人才队伍。统筹推进知识产权行政管理和执法人才、企业、服务业、高校和科研机构知识产权人才等各级各类专业人才队伍全面发展。加强对领导干部、企业家和各类创新人才的知识产权培训，加大知识产权管理、运营等重点领域急需人才的培养力度。建立人才引进使用中的知识产权鉴定机制，有效利用知识产权信息发现人才，积极探索产学研用相结合的知识产权人才引进培养模式。强化知识产权实务人才培养平台建设，支持企业与服务机构、高校等共同打造专利导航实训基地。

2. 构建城市知识产权文化环境体系。创新城市知识产权文化载体，探索建立城市标志性的知识产权街或文化长廊，定期举办知识产权公益讲座。在电视台、主流报纸等媒体开办知识产权栏目，宣传知识产权典型案例和先进人物。利用全国知识产权宣传周、中国专利周等宣传活动开展内容丰富的知识产权社会宣传教育，提高城市居民知识产权认知度。积极开展中小学校知识产权教育试点示范工作，引导各类学校把知识产权与学生思想道德建设、校园文化建设等紧密结合，增强学生的知识产权意识和创新意识。

3. 提升城市知识产权对外合作水平。加强与国外有关城市和机构合作交流，建立稳定友好、对等互利的合作关系，以互访交流、会议研讨等形式打造城市国际化知识产权交流合作平台，积极宣传城市知识产权保护进展和工作成就，营造国际一流的招商引资、对外贸易和开放创新环境。以"请进来"与"走出去"相结合的方式，开展面向海外的知识产权培训，为企业提供知识产权海外布局和风险预警服务。

三、组织实施

（一）加强组织领导和工作支持。

各城市人民政府作为知识产权强市建设的责任主体，要健全强市建设工作领导机制，明确责任分工，加大工作投入，制定具体实施方案，落实各项改革举措。各省知识产权局要认真谋划本省强市建设工作，指导相关城市编制建设方案，统筹省内各类资源，优先支持强市建设工作，督促检查强市建设进展情况。各知识产权强省建设试点省要将知识产权强市建设作为强省建设的战略支撑和工作重点，在项目安排、政策倾斜等方面给予切实有力的支持。国家知识产权局将建立强市建设统筹协调机制，加强局省市联动，全面、系统、深入地指导知识产权强市建设。优先布局知识产权管理体制机制创新、专利导航产业发展、知识产权市场化运营、知识产权金融服务创新、严格知识产权保护、知识产权服务业发展等方面的相关政策、重大工程和试点示范项目。安排专门工作经费用于支持知识产权强市建设工作的顶层设计研究、专家咨询、宣传推动、绩效评估等。

（二）做好申报组织和方案编制。

按照"响应式布局、滚动式推进、累积式发展"的工作思路，面向国家知识产权示范城市启动国家知识产权强市的申报、评定、指导和批复工作。符合申报条件的城市自愿申报、国家知识产权局组织集中评定，按照"成熟一个，批复一个"的原则，批复确定一批基础条件突出、工作业绩显著、方案具体可行的城市率先开展国家知识产权强市建设。各有关城市要按照本意见的要求，聚焦五大工程编制知识产权强市建设方案，按照体系化推进要求设立对应的工作项目予以落实推进。国家知识产权局将对各有关城市申报的知识产权强市建设方案组织专家进行论证评价，并予以具体指导。各有关城市须对照要求，制定完善知识产权强市建设方案后由各有关城市人民政府印发实施。

（三）强化督促考核和经验交流。

国家知识产权局建立知识产权强市建设评价指标体系，每年对各城市建设推进情况进行考核评价，并将考核评价结果作为知识产权强省建设考核评价的重要依据。建立激励、扩容和退出机制，每三年期开展一轮第三方评估，对水平领先、实绩突出的向全国推广，并逐步扩大知识产权强市建设范围；对推进力度不大、工作成效不明显的，进行督促整改，直至取消资格。加强对知识产权强市建设工作的跟踪研究和宣传报道，促进城市间的相互交流，积极探索知识产权强市建设的有效模式，为全国其他城市提供示范和参考。

附录五：关于全面组织实施中小企业知识产权战略推进工程的指导意见

2009 年，国家知识产权局与工业和信息化部联合实施中小企业知识产权战略推进工程，2014 年对中小企业知识产权战略推进工程实施城市的工作进行了验收总结和绩效评估。结果表明，这项工作取得了积极成效，中小企业的知识产权创造能力和创新能力显著增强，全国 32 个实施城市的中小企业集聚区专利结构不断优化，发明专利授权量持续增长，创新活力不断迸发。

"十三五"期间，随着"大众创业、万众创新"、《中国制造 2025》、"互联网 ＋""一带一路"等重大战略举措的加速实施，为中小企业提供了广阔的创新发展空间，亟需发挥知识产权激励创新的基本保障作用，激发创新活力，释放创新热情。为深入贯彻《国务院关于新形势下加快知识产权强国建设的若干意见》（国发〔2015〕71 号）、《国务院关于扶持小型微型企业健康发展的意见》（国发〔2014〕52 号），落实国家实施创新驱动发展战略和知识产权战略的部署，提高中小企业知识产权创造、运用、保护和管理能力，现就全面组织实施中小企业知识产权战略推进工程（以下简称"推进工程"）提出以下意见。

一、总体要求

（一）指导思想。

按照党的十八大和十八届三中、四中、五中全会关于加强知识产权运用和保护、健全技术创新激励机制的总体要求，以全面组织实施推进工程为抓手，以增强中小企业核心竞争力，促进企业创新发展为目标，以引导中小企业实施知识产权战略，提升知识产权创造、运用、保护和管理能力为主线，通过政策引导和强化服务，大幅提高中小企业知识产权的质量和效益，加快培育一批具有知识产权优势和市场竞争力的中小企业，促进大众创业万众创新，为中国转变经济发展方式、优化产业结构、建设创新型国家奠定坚实的基础。

（二）基本原则。

——坚持市场主导与政府推动相结合。发挥市场在资源配置中的决定性作用，健全市场导向机制，不断完善专业化服务，打造中小企业知识产权优势，增强市场竞争能力。发挥政府在战略规划、政策制定、行业管理、公共服务和环境营造方面的作用，有效整合和聚集社会资源，推动和支持中小企业实施知识产权战略。

——坚持统筹规划与协调发展相结合。发挥重点产业政策的引领和带动作用，构建系统性和基础性的支撑体系，推动创新资源合理配置，实现知识产权科学管理，提升知识产权质量。建立国家和地方各级有关部门共同实施推进工程的工作机制，做好统筹规划、分工负责、合力推进，形成横向协调、纵向联动的工作局面。

——坚持有序推进与探索创新相结合。推动中小企业创新机制和平台建设，不断优化中小企业的知识产权管理体系。改革中小企业知识产权管理体制机制，发挥知识产权制度在激励创新、促进创新成果合理分享方面的关键作用，不断提高创新的质量和效率。

——坚持分类指导与重点突出相结合。综合考虑行业特征和企业规模的差异，强化推进工程实施过程中的分类指导，促进创新要素的合理和高效配置。突出区域产业发展与知识产权要素资源的匹配，培育区域和企业的知识产权优势，务实促进推进工程的全面实施。

（三）主要目标。

到 2020 年，推进工程的实施范围在全国各省、市全面展开，中小企业知识产权创造、运用、保护和管理能力大幅提升，对中小企业转方式、调结构、上水平的贡献率明显提高，形成一批拥有知识产权、在产业链中具有竞争优势的中小企业，支撑知识产权密集型产业的培育和发展，为中国进入创新型国家行列提供强有力支持。

——中小企业知识产权创造数量和质量显著提升。到 2020 年，中小企业发明专利授权量占全国发明授权总量的比例大幅度提高。

——中小企业知识产权管理水平显著提升。力争五年内，培训 100 万名中小企业知识产权工作者和经营管理人员，提高中小企业知识产权管理人员专业水平和综合素质；鼓励和引导中小企业设立专职知识产权管理岗位，推动一批中小企业贯彻实施《企业知识产权管理规范》国家标准。

——中小企业知识产权服务能力进一步提升。建立更加完善的中小企业知识产权专业服务体系，实现知识产权信息资源有效共享，营造更加健全的知识产权保护和维权环境。有效利用社会资源服务小微企业，支持开展知识产权托管工作。

二、重点任务

（一）实施专利导航，支撑中小企业创新发展。

建立专利导航产业发展工作机制。发挥专利信息资源对产业运行决策的引导作用，依托各类平台探索建立专利导航研究推广中心，实施产业规划类专利导航项目，为中小企业定期推送高水平、高质量、低成本的产业知识产权信息。建立通畅的知识产权预警机制，加强对区域、行业和企业预警信息的收集发布，指导中小企业加强知识产权保护。

推动建立专利导航企业发展工作机制。发挥专利制度在产业竞争市场的控制作用，鼓励和支持中小企业实施企业运营类专利导航项目，帮助中小企业加强产业核心技术与关键环节的专利布局，提升企业应对竞争的主动权。

（二）建立激励机制，激发中小企业知识产权创造活力。

促进高价值专利培育。鼓励中小企业加大知识产权创造投入力度，引导中小企业建立知识产权激励和利益分配制度。推进产学研合作，引导高校、科研组织与中小企业建立健全订单式的专利技术研发机制。

优化知识产权考核评价体系。将中小企业知识产权申请、注册登记的数量和质量、增幅和实施情况纳入相关引导政策考核指标体系，将知识产权的数量与质量作为对科技人员和相关管理人员绩效考核的重要内容。

（三）坚持多措并举，提升中小企业知识产权运营能力。

创新知识产权转移转化方式。充分发挥全国知识产权运营平台体系作用，设立专业化的服务模块，促进中小企业知识产权转移转化。鼓励国有企事业单位将闲置专利低价向小微企业许可或转让，引导国有企事业单位支持中小企业知识产权转移转化活动。倡导社会资本参与中小企业知识产权转移转化，鼓励开展知识产权流转储备、转移转化风险补偿等活动。

完善支撑中小企业知识产权运营的融资渠道。完善知识产权间接融资渠道，鼓励商业银行、保险公司、担保公司、众筹平台公司等金融机构参与知识产权质押融资活动；推动各类金融机构创新知识产权金融服务，为中小企业提供知识产权资产证券化、专利保险等新型金融产品。发展知识产权直接融资渠道，引导和鼓励重点产业知识产权运营基金、相关政府性投资基金、天使基金、创业投资基金等，参与中小微企业开展知识产权运营活动。

（四）夯实工作基础，加强中小企业知识产权保护力度。

完善中小企业维权援助工作机制。整合现有社会资源，建立和完善中小企业知识产权保护和维权援助工作机制。指导中小企业运用专利、商标、版权、商业秘密等知识产权手段，构筑知识产权保护网，提高知识产权保护能力。围绕重点产业、展会、电子商务等重点领域，探索国家、省、市三级联动的知识产权维权援助工作体系，有序推进知识产权快速维权援助中心和知识产权保护中心建设。

加大知识产权执法力度。开展有针对性的专项行动，加大对中小企业知识产权保护的执法力度。畅通中小企业知识产权违法举报渠道，鼓励权利人和社会各界积极举报专利违法行为。推进建立相应层级的专利侵权纠纷快速调解机制，及时妥善化解知识产权纠纷。持续推进知识产权系统社会信用体系建设工作，加强事中事后监管。

（五）加强科学指导，提升中小企业知识产权管理水平。

优化中小企业知识产权管理体系。推动中小企业建立知识产权管理体系，引导有条件的中小企业加强知识产权管理机构、管理制度和人才队伍建设，将知识产权管理贯穿研发、生产和经营全过程。鼓励科技型中小企业实施《企业知识产权管理规范》国家标准，并对通过知识产权管理体系认证的中小企业予以合理的资助和奖励。

加强中小企业知识产权资产管理。完善知识产权评估方法，研究制定中小企业知识产权价值分析工作指引，引导中小企业建立专利分级管理制度，建立核心专利、高价值专利管理台账。推动中小企业在并购重组、股权流转、对外投资等活动中科学核算知识产权资产，加强知识产权资产管理。

实施中小企业知识产权托管工程。因地制宜，在政府引导下，探索建立行业性组织、知识产权服务机构、中小企业共同参与的知识产权托管工作体系。制定工作指引和业务规范，引导和支持知识产权服务机构为中小微企业提供知识产权委托管理服务；推动中小微企业充分利用社会资源，与知识产权服务机构对接，实现专业化管理，提升知识产权管理水平。

（六）深化对外交流，开展中小企业知识产权跨境合作。

支持中小企业"走出去"。推动中小企业、科研机构、高等学校等联合开展海外专利布局工作。加强国际合作中的知识产权工作，强化技术合作与技术进出口中的知识产权管理。开展专利审查高速公路推广帮扶项目，制定海外专利布局实务指引等，指导中小企业海外获权。

加强涉外知识产权风险防范。加强海外知识产权法律研究，发布推广国外特别是"一带一路"沿线各国的知识产权环境报告。加强对海外遭遇知识产权诉讼风险的中小企业的指导和保护，鼓励中小企业加强知识产权海外维权，积极开展知识产权的国际研讨和交流活动。

（七）转变政府职能，优化中小企业知识产权公共服务。

完善中小企业知识产权公共服务体系。支持各省市集聚现有服务资源，建设多功能、综合性的中小企业知识产权公共服务平台，与国家知识产权运营公共服务平台体系融合发展，为中小微企业提供全方位知识产权服务。对于服务中小企业业绩突出的知识产权服务机构给予奖励和项目优先委托。鼓励在众创空间等新型创业服务平台中建立中小企业知识产权服务等相关模块。实施知识产权特派员制度，为中小企业提供专业化服务。

发挥行业性组织提供知识产权服务的作用。引入竞争机制，探索行业性组织提供的知识产权服务的有效模式，激发服务热情，真正成为提供服务、反映诉求和规范行为的主体。倡导专利代理人为中小企业开展专利申请的公益服务。鼓励知识产权行业协会吸收中小企业入会，适当降低中小企业入会门槛及减免入会费用。引导建立以中小企业为主体的产业知识产权联盟，合理分配出资权、使用权和收益权，进一步推动知识产权在中小企业、研发机构等之间利益共享和风险共担。

三、保障措施

（一）组织领导。

国家知识产权局、工业和信息化部将会同有关部门加强对推进工程的宏观指导和工作协调，协调解决重大问题，加强对推进工程实施和中小企业知识产权发展情况的监测、统计和评估，逐步完善统计监测体系，建立推进工程的监测和信息发布机制。各省（区、市）要结合行业和地方发展实际，制定工作方案和配套政策措施，对中小企业知识产权服务平台给予引导和扶持，积极运用互联网和信息技术，组织社会服务资源，做到信息公开透明，推动持续发展。

（二）人才培养。

继续将中小企业知识产权专题培训作为国家中小企业银河培训工程的重点

内容，形成多层次、多渠道，包括远程教育在内的培训网络，为中小企业培训知识产权专业人才。依托国家知识产权培训基地，开展面向中小企业的创业创新知识产权培训。分别针对中小企业的经营管理者和专业技术研发人员开展不同类型的知识产权培训，培养一批善于运用知识产权进行发展和经营的中小企业高级管理人才和企业家。面向中小企业知识产权运用的需求，开展分行业、分领域的知识产权实务培训，全面提高中小企业知识产权管理水平和运用能力。

（三）财税支持。

充分发挥各类促进中小企业发展资金的作用，积极探索采用多渠道、多种方式资金支持推进工程实施工作。国家支持产业发展的资金和基金向促进科技成果产权化、知识产权产业化方向倾斜。鼓励设立知识产权质押融资风险补偿基金，建立市场化的重点产业知识产权运营基金。落实《专利收费减缓办法》有关规定，加大对中小微企业知识产权创造和运用的支持力度。完善会计准则及其相关资产管理制度，为企业科学核算知识产权资产提供依据。落实研究开发费用税前加计扣除政策，对符合条件的知识产权费用按规定实行加计扣除。

（四）重点推进。

选择一批产业集聚度高、创新能力强、知识产权运用基础扎实的中小企业集聚区作为实施推进工程的载体，制定实施工作规划，全面落实重点任务。支持建设具有产业特色的低成本、便利化、全要素、开放式的知识产权创新创业基地或创客空间等；选择具有一定知识产权和品牌创造力的中小企业，实施重点培育计划。优先支持科技型中小企业申报国家知识产权优势企业和示范企业；优先进行知识产权快速维权援助中心和知识产权保护中心布点；优先支持开展知识产权托管工作等。鼓励各地区、各部门和各类主体积极探索支持中小企业知识产权战略实施的新举措、新机制和新模式，先行先试，做出示范。

（五）宣传推广。

加强知识产权法律法规宣传，增强中小企业知识产权意识。交流推动中小企业实施知识产权战略的做法和经验，总结中小企业实施知识产权战略的典型案例，宣传推广中小企业知识产权服务的模式和绩效，充分利用各种媒体加大宣传报道力度，营造良好的舆论氛围。